Tercüme
Ayşegül Özdemir

Tashih
Polen Yayınları

Sayfa Düzeni
Polen Yayınları

Kapak Tasarımı
Ramazan Erkut

Baskı
Alioğlu Matbaacılık
Orta Mah. Fatin Rüştü Sok. No: 1-3/a
Bayrampaşa / İSTANBUL   Tel: 0212 612 95 59

Cilt
Alioğlu Matbaacılık
Orta Mah. Fatin Rüştü Sok. No: 1-3/a
Bayrampaşa / İSTANBUL   Tel: 0212 612 95 59

ISBN
978-625-7948-08-1

Mayıs 2020

KARINCA & POLEN YAYINLARI

(Karınca & Polen Yayınları
"Billbao Tekstil Yayıncılık Sanayi ve Tic. Ltd. Şti" kuruluşudur)

Adres ve Telefon

Yakuplu Merkez Mah. 31. Sk. No: 12A
Beylikdüzü / İSTANBUL

(0 212) 875 65 14 - 0532 356 47 44

www.karincakitap.net
karincakitap@hotmail.com

4 Büyük Halife

Hz. Ali

(radıyallâhu anh)

MAHMÛD EL-MISRÎ

İÇİNDEKİLER

ALİ İBN EBİ TALİB
(radıyallâhu anh)

GİRİŞ

Tüm övgüler Yüce Allah'a mahsustur. O'na hamdeder, O'ndan yardım ister, O'ndan bağışlanma dileriz. Nefislerimizin şerrinden ve amellerimizin kötülüklerinden Allah'a sığınırız. Allah (c.c.) kimi doğru yola iletirse o doğru yolu bulmuştur. Kimi saptırırsa ona yol gösterecek bir dost bulamazsın.

Şehadet ederiz ki Allah'tan başka hiç bir ilah yoktur, O tektir ve hiçbir ortağı yoktur. mülk sadece O'nundur, hamd ancak O'na mahsustur. Diriltir, öldürür ve O her şeye kadirdir. Hikmetiyle kaderleri belirlemiş, dilemesiyle zamanı çizmiş, hayatı kural ve nizamına uygun biçimde yürütmüştür. Allah müşriklerin eş koştuklarından münezzehtir.

Yine şehadet ederiz ki efendimiz, nebimiz ve imamımız Muhammed Allah'ın kulu ve elçisidir. O'nu -Peygamberlere ara verildiği bir zamanda-, gözler fırladıktan, akıl ve anlayışlar şaştıktan, insanlar iyice saptıktan sonra, tüm dinlere galip yapmak için hidayet ve hak dinle göndermiştir. O da mesajı ulaştırmış, emaneti eda etmiş ve ölüm gelene kadar Allah yolunda var gücüyle cihad etmiştir. Bizi, gecesi gündüz gibi olan ve ancak helak olmuş ve sapmış kişinin sapacağı beyaz, net bir yol üzere bırakmıştır. Allah'ın hesap gününe kadar devam edecek salat ve selamı; O'nun (sallallâhu aleyhi ve sellem), pak âlinin ve tüm ashabının üzerine olsun.

İmdi...

Bu emaneti O'ndan (sallallâhu aleyhi ve sellem) sonra raşid halifeler, Ebû Bekir, Ömer, Osman ve Ali taşıdı. Allah hepsinden razı olsun.

Her birinin, yaşadığı ve içinde bulunduğu farklı koşul ve olaylara göre- ki bu otuz yıl sürdü- farklılık arz eden bir rolü ve görevi ifa ediş tarzı vardı. Bu dönem, bazen devletin temellerinin ve fethin sağlamlaştırılması şeklinde, bazen ise, hala nefislerde etkisini gösteren kabilecilik/ırkçılık/hizipçilik kalıntılarının harekete geçirdiği "yönetim üzerindeki kavgalar" şeklinde tezahür eden bir hareketlilik ve canlılıkla doluydu.

Ayrıca İslâm ümmeti ve devleti ömrünün yirmilerinin sonlarından itibaren Yahudi'nin İslâm'a yönelik hile ve entrikalarına düçar olmuştu.

Buna rağmen, ortaya hakikatle çıkan bir taife mutlaka oluyor ve bunlar gevşeklik göstermiyor, ihmâlkarlık yapmıyorlardı. İşleri güçleri söz ve kılıçla cihaddı ve kendilerini Allah'a adamışlardı. Bunlar ilim ve amellerinde düzgün metod ve doğru yol üzere gitmeye devam ettiler. Merkezi yönetim ve hükümet muhitinde ses getiren bu kimseler sağa sola ve dört bir yana koşuyor, Allah'ın sancağını ve dinini yayıyor, gücünü kökleştiriyor; putçuluk ve şirkle ezilen halklardan cehalet körlüğünü, Allah'tan başkasına kulluk sarhoşluğunu kaldırıyorlardı.

Raşid halifelerden her birinin hayatını başından sonuna, müslüman olmasından, Rasûlullah'la arkadaşlığına, mesuliyet yüklendiği günlere kadar araştırdığımızda onların çektikleri sıkıntıları daha iyi anlıyoruz! Çünkü onların hiçbiri -Allah hepsinden razı olsun- o bilindik lüks yaşam, keyfi liderlik, saltanatın nimetleri, yönetimin sertliği, insanlar ve halklar üzerinde hakimiyetin zorbalığı içinde keyif sürmüyordu. Bilakis onlar gerçekten ve fiili birer örnek ve önderdiler! Hatta en zenginleri olan Hz. Osman (radıyallâhu anh), devletin düzenlemelerindeki ve yönetim şeklindeki gelişmelere rağmen, geçmiş hayatını (tüccar ve çok zengindi) hilafet sonrasına taşımamıştı.

Kendime ve değerli okuyucuya üç halifenin, Ömer, Osman ve Ali'nin hayatının noktalanış biçimini hatırlatmak istiyorum. Üçü de -üstelik bunların ikisi Allah'ın evinde- şehid oldu.

Hz. Ömer Rasûlullah'ın (sallallâhu aleyhi ve sellem) mescidinde, mihrapta ve bir mecusinin eliyle...

Hz. Osman (radıyallâhu anh) evinde, Allah'ın Kitabı'nı okurken, bir Yahudi olan İbn Sebe'nin teşvikiyle, bir, hatta iki sapığın eliyle.

Hz. Ali (radıyallâhu anh) da, yine mescidde ve Kur'an ayı Ramazan'da. İbn Sebe'nin ektiği fitne tohumunun bitirdiği şâibeli bir ağaç olan Harîcîlerden Abdurrahman b. Mülcem isimli Haricînin eliyle!

Bu kitabımızda şahısların, hatta onların -Allah hepsinden razı olsun- eliyle yetişen bir ümmetin hayatını ele aldık. Allah sabırlarının karşılığında onlara cennet ve türlü nimetler versin!

Allah'tan muvaffak kılınmış olmayı niyaz ediyorum. Bir eksiklik varsa bendendir.

Allah'a temiz bir kalple gelen dışında, hiçbir malın ve oğulların fayda vermeyeceği günde, alemlerin rabbinin hoşnutluğundan başka hiçbir ücret istemiyorum.

Duamızın sonu şudur: Hamd alemlerin rabbi Allah'a mahsustur.

MUHAMMED ÜMMETİNİN FAZİLETLERİ

Bizi diğer tüm insanlara tercih eden, en muhteşem marifet kadehiyle bizi sulayan, nebimizi insanları yönetip yönlendiren en üstün nebi kılan Allah'ı tesbih ederiz. O, Peygamberi bu ümmetin en faziletlisi kılıp bizi de yüce bir hedefe sahip olmakla nimetlendirdiği için şöyle buyurdu: *"Siz insanlar için çıkarılmış en hayırlı ümmetsiniz. İyiliği emreder, kötülükten nehyeder ve Allah'a iman edersiniz."* (Âl-i İmran: 110)

Biz bir risaleti insanlara ulaştırmak için var olan bir ümmetiz. Bu nedenle, bu risaletten vazgeçmemiz asla mümkün değildir. Allah İslâm ümmetini, diğer tüm ümmetler Allah'ın tüm beşeriyet için seçmiş olduğu yönde yürüsünler diye onlara yollarını aydınlatmak için var etmiştir.

Allah, *"Onlar dini yalnızca ona has kılan hanifler olarak Allah'a kulluk etmekten, namazı kılmaktan ve zekatı vermekten başka bir şeyle emrolunmadılar. Dosdoğru din işte budur"* (Beyyine: 5) âyetinde belirtildiği üzere geçmiş ümmetleri kendi içlerinde istikamet üzere olmakla yükümlü tutarken, İslâm ümmetine iki önemli şeyle yükümlü tutmuştur:

1- Allah'a kulluk etme yükümlülüğü: *"Allah'a ibadet edin ve O'na hiçbir şeyi ortak koşmayın."* (en-Nisa: 36)

2- Tüm beşeriyete yol gösteren ve tüm beşeriyete tanıklık eden bir ümmet olma yükümlülüğü: *"Böylece sizi insanlar hakkında şahitler olasınız ve Rasûl de sizin hakkınızda şahit olsun diye vasat bir ümmet kıldık."* (el-Bakara: 143) İşte bu müslüman ümmetin hayırlılığında gizli olan sır da budur: *"Siz insanlar için çıkarılmış en hayırlı ümmetsiniz. İyiliği emreder, kötülükten nehyeder ve Allah'a iman edersiniz."* (Âl-i İmran: 110)

Said el-Hudri'den rivayet edildiğine göre Nebi (sallallâhu aleyhi ve sellem) şöyle demiştir: *"Nuh kıyamet günü çağırılır ve 'Buyur ya Rabbi' der. Allah 'Tebliğ ettin mi?' diye sorar, o 'Evet' karşılığını verir. Ardından onun ümmetine 'Size tebliğ etti mi?' diye sorulur ve onlar 'Bize herhangi bir uyarıcı gelmedi' derler. Bu kez Nuh'a 'Sana kim şahitlik eder?' diye sorulur, o 'Muhammed ve ümmeti' der. Siz de onun halkına tebliğ ettiğine şahitlik edersiniz. İşte o zaman Rasûl de size şahit olur. Bu Allah'u Teâlâ'nın şu sözüdür: "Böylece sizi insanlar hakkında şahitler olasınız ve Rasûl de sizin hakkınızda şahit olsun diye vasat bir ümmet kıldık."* [1]

Ubey ibn Kab'ın (radıyallâhu anh) bu âyet hakkında şöyle dediği aktarılmıştır: *'Şahitler olasınız diye.'* Onlar kıyamet gününde şahitlerdirler. Nuh'un kavmine, Hûd'un kavmine, Salih'in kavmine, Şuayb'ın kavmine ve başkalarına, Peygamberleri onlara risaleti ulaştırdı ve onlar da Peygamberlerini yalanladılar, diye şahitlik ederler.

Ebu'l-Âliye (radıyallâhu anh) şöyle der: Bu Ubey'in kıraatine uygundur. O şöyle okur: *"Kıyamet günü insanlar hakkında şahitler olasınız diye."*

Cabir'in (radıyallâhu anh) Nebi'den (sallallâhu aleyhi ve sellem) rivayetinde o şöyle der: *"Başka ümmetlere mensup olup da bizden olmayı istemeyen hiç kimse yoktur, ey ümmet. Kavmi*

---

1   Buhârî tahric etmiştir, hd.no:4487, Kitabu't-Tefsir, "Böylece Sizi Vasat Bir Ümmet Kıldık…" Babı.

kendisini yalanlayan her nebinin bizler kıyamet günü şahitleriyizdir. Allah'ın risaletini kendilerine ulaştırdığı ve onlara öğüt verdiğine dair tanıklık ederiz." [2]

Hatta Nebi (sallallâhu aleyhi ve sellem) şöyle der: *"Sizler Allah'ın yeryüzündeki şahitlerisiniz, melekler ise O'nun gökteki şahitleridirler."* [3]

Daha sahâbenin faziletlerinden bahsetmeden, işte size Peygamber'in ümmetinin faziletlerinden bir demet:

"Sizinle ümmetler yetmişe tamamlanır.[4] Siz Allah yanında onların en hayırlısı ve en şereflisisiniz." [5]

"Ümmetim yağmur gibidir; başı mı hayırlıdır sonu mu hayırlıdır, bilinmez."[6]

"Ümmetim kendisine rahmet edilmiş bir ümmettir. Bu yüzden de ona ahirette azab yoktur. Onun azabı dünyada fitneler, zelzeleler, öldürülme ve belalar iledir." [7]

"Allah kulları arasından bir ümmete rahmet etmek isteyince, onlar hayatta iken nebilerini alır ve onu kendilerine selef kılar. Bir ümmeti helak etmek isteyince de, nebileri daha ha-

---

2　Hafız İbn Hacer Fethu'l-Bari'de şöyle der: Bu hadisi İbn Ebi Hâtim ceyyid bir senetle Ebu'l-Âliye-Ubey İbn Ka'b tarikıyla tahric eder.

3　Taberani, Seleme ibnu'l-Ekva'dan rivayet eder. Elbani 'Sahihu'l-Cami'de bu hadisin sahih olduğunu söyler (1490)

4　Buradaki sayı sınırlama maksadıyla değil çokluk bildirme maksadıyla söylenmiş de olabilir. O zaman mana "Siz gelmiş geçmiş pek çok ümmetin en sonuncususunuz" olur. (çev.)

5　Ahmed, Tirmizi ve İbn Mace Muaviye ibn Hayde'den rivayet etmişlerdir. Elbani 'Sahihu'l-Cami'de hadisin sahih olduğunu söyler (2301).

6　Ahmed ve Tirmizi Enes'ten rivayet etmişler, Elbani 'Sahihu'l-Cami'de hadisin sahih olduğunu söylemiştir (5854).

7　Ebû Davud, Taberani (el-Kebir'de) ve Hakim Ebe Musa'dan rivayet etmişlerdir. Bkz: Sahihu'l-Cami: 1396.

yatta iken onlara azab eder ve onun gözleri önünde onları helak eder ki, kendisini yalanladıkları ve emrine karşı çıktıkları için, onların helakıyla o nebinin gözünü aydın etsin." [8]

Allah'ın bu ümmete nasip olan rahmetleri bunun da ötesindedir ve başka bir ümmete nasip olmamış rahmetlerdir.

"Allah, onunla amel etmedikleri ya da onu dile getirmedikleri sürece, ümmetimin kalbine gelen vesveseleri ve kendilerine ikrah altında yaptırılan şeyleri bağışlamıştır." [9]

"Allah'u Teâlâ ümmetimi sapıklık üzere birleşmekten korumuştur." [10]

"Allah'u Teâlâ bu ümmete her yüzyılın başında, dinlerini yenileyecek birini gönderir." [11]

"Üç özellikle diğer insanlardan üstün kılındık: Saflarımız meleklerin safları gibi kılındı, tüm yeryüzü bize mescit kılındı, Bakara suresinin sonundaki şu âyetler bana Arş'ın altındaki hazineden verildi. Bunlar benden önce bir başka nebiye verilmemiştir." [12]

"Ganimetler sizden önce hiçbir insanoğluna helal kılınmadı. Eskiden onlar toplanır ve gökten üzerlerine bir ateş inerek onları yok ederdi." [13]

---

8   Müslim Ebû Musa'dan tahric etmiştir. Bkz: Sahihu'l-Cami: 1729.

9   İbn Mace ve Beyhaki Ebû Hureyre'den rivayet etmişler, Elbani ise hadisin sahih olduğunu belirtmiştir. Bkz: Sahihu'l-Cami: 1729.

10   İbn Ebi Âsım Enes'ten rivayet etmiştir. Elbani ise hasen olduğunu söylemiştir. Bkz: Sahihu'l-Cami: 1786

11   Ebû Davud, Beyhaki el-Marife'de Ebû Hureyre'den rivayet etmişlerdir. Elbani sahih olduğunu söyler. Bkz: age: 1874.

12   Müslim, Ahmed ve Nesai Huzeyfe'den rivayet ederler. Bkz: Sahihu'l-Cami: 4223.

13   Tirmizi Ebû Hureyre'den rivayet etmiştir. Elbani hadisin sahih olduğunu söyler. Bkz: age: 5196.

Bu mübarek ümmetin ömürlerinin kısalığından dolayı Hâlık celle celaluhu ecirlerini, diğer ümmetlerin ecirlerini katlayarak vermiştir.

"Diğer ümmetlere nazaran sizin varlık süreniz, ikindi namazı ile akşam güneşin batımı arasındaki süre gibidir. Sizin Yahudiler ve Hristiyanlara göre durumunuz ise şöyledir: Kendisine işçiler tutan bir adam düşünün. O önce 'Hanginiz sabah güneşin doğumundan gündüzün ortasına kadar bir kırata çalışır?' diye sorduğunda Yahudiler bunu kabul ederek çalışırlar. Adam 'Kim gündüzün ortasından ikindiye bir kırata kadar çalışır?' diye sorunca, bu kez Hristiyanlar kabul edip çalışırlar. Sonra 'Kim ikindiden güneş batıncaya kadar iki kırata çalışır' diye sorunca bunu kabul edip çalışanlar da sizsiniz.

Yahudilerle Hristiyanlar buna kızarlar ve '(Rabbimiz) Neden biz daha çok çalışıp da daha az ücret alıyoruz?' diye sorarlar. Bunun üzerine (Rab Teâlâ), 'Ben sizin hakkınızı vermeyerek zulmettim mi?' diye sorar. Onlar 'Hayır' deyince, 'Bu benim ihsanımdır, onu dilediğime veririm.' der." [14]

"Müslümanların Yahudiler ve Hristiyanlarla olan misali şuna benzer: Bir adam kendisi için geceye kadar ücret karşılığı çalışmaları için bir grup insanı tutar. Onlar ise gün ortasına kadar çalıştıktan sonra şöyle derler: 'Bize vermeyi vaat ettiğin ücretine bizim ihtiyacımız yok, şu ana kadar çalıştığımızın karşılığını da istemiyoruz.' O ise onlara 'Yapmayın, geriye kalan işi tamamlayın ve ücretinizi de tam olarak alın' dese de dinlemez ve bırakıp giderler. Adam da bunun ardından kendisine başka işçiler tutar ve şöyle der: 'Günün geriye kalanında çalışın, onlar için belirlediğim ücret sizin olsun.' Onlar da ikindi

---

14 Buhârî, Ahmed, Malik ve Tirmizi İbn Ömer'den rivayet ederler. Bkz: Sahihu'l-Cami: 2315.

vaktine kadar çalışırlar ve derler ki: 'Çalıştığımız senin olsun, bize vereceğin ücret de sende kalsın.' Adam onlara 'Geriye kalan işi tamamlayın, günün bitmesine çok az kaldı' der, ama onlar dinlemeyip giderler. Adam da günün geriye kalan kısmında çalışmaları için başka bir grup işçi tutar. Onlar da günün geriye kalan vaktinde, güneş batana kadar çalışır ve her iki grup işçinin ücretini alırlar. Onlarla bu nuru (İslâm'ı) kabul edenin örneği işte budur." [15]

Ahir zamanda İsa (aleyhisselam) yeryüzüne tekrar indiğinde, Nebi'nin (sallallâhu aleyhi ve sellem) ümmetinden birinin arkasında namaz kılar. Bu da bu mübarek ümmeti bir tür onurlandırmadır.

Nitekim Rasûlullah (sallallâhu aleyhi ve sellem) şöyle der: *"İsa ibn Meryem'in, arkasında namaz kılacağı kimse bizdendir."* [16]

Nebi (sallallâhu aleyhi ve sellem) ümmetini ve onların kıyamet günündeki durumlarını, hesaplarının nasıl olacağını vasfetmiş ve onların cennet ehlinin en çoğu olacaklarını belirtmiştir:

"Ümmetim kıyamet günü çağrılır ve üzerilerindeki abdest izlerinden dolayı pırıl pırıl parlar bir halde gelirler." [17]

"Bizler ümmetlerin en sonuncusu ama hesaba ilk çekilecek olanlarız. Denir ki: 'Nerede ümmi olan ümmet ve onların Nebisi?' Bizler hem sonuncular hem de ilkleriz." [18]

"Ümmetimden yetmiş bin ya da yedi yüz bin kişi cennete girer. Birbirlerine yapışmış ve el ele tutuşmuş haldedirler; son-

---

15 Buhârî Ebû Musa'dan rivayet eder. Bkz: Sahihu'l-Cami, 2852.
16 Ebû Nuaym "el-Mehdi" adlı kitabında Ebû Said'den rivayet eder. Elbani Sahih olduğunu söyler. Bkz: age: 6749.
17 Buhârî ve Müslim Ebû Hureyre'den rivayet etmişlerdir.
18 İbn Mace İbn Abbas'tan rivayet eder. Elbani sahih olduğunu söyler. Bkz: age: 6749.

dakiler girmeden baştakiler girmezler. Yüzleri ayın dolunay gecesindeki hali gibidir." [19]

"Ümmetimden yetmiş bin kişinin cennete hesapsız girmesi bana nasip edildi. Yüzleri ayın dolunay gecesindeki hali gibi, kalpleri tek bir kalp gibidir. Rabbimden bana bunu artırmasını istedim, O da her bir kişi için yetmiş bin daha artırdı." [20]

Bir başka rivayette ise şöyledir: *"Rabbim bana ümmetimden yetmiş bin kişinin hesapsız ve hiçbir azaba uğramadan cennete gireceklerini vaat etti. Her binin yanında yetmiş bin daha ve Rabbimin avucuyla üç avuç*[21] *daha girer.*" [22]

"Diğer ümmetlere mensup insanların kimi cehennemdedir kimi cennette. Benim ümmetimin ise tamamı cennettedir." [23]

Yani tevhid üzere ölen herkesin, -Mutezile'nin inandığının aksine- büyük günah sahibi olsa bile sonunda varacağı yer cennettir. Mutezile ise büyük günah sahibinin cehennemde ebedi kalacağını savunur. Nebi (sallallahu aleyhi ve selem) bu nedenle "benim ümmetim" demiştir. Zira bilindiği gibi müşrik ya da mürted olan onun ümmetinden değildir.

"Cennet ehli yüz yirmi saftır. Bunun seksen safını bu ümmet, geriye kalan kırk safını diğer ümmetler oluşturur." [24]

---

19 Buhârî ve Müslim Sehl ibn Sad'dan rivayet ederler.
20 Ahmed Ebû Bekir'den rivayet eder. Elbani sahih olduğunu söyler. Bkz: age: 1057.
21 Tirmizi şerhinde burada geçen "hasiyye" kelimesi "insanın iki avucuyla, ölçmeden ve tartmadan, bir kerede verdiği şey" olarak açıklanır. İfade "Kıyamet günü gökler onun sağ elinde dürülüdür" âyeti gibidir. Bkz: es-Sindî, Şerhu Suneni İbn Mace, hd.no: 4276 (çev.)
22 Ahmed, Tirmizi, İbn Hıbban Ebû Umame'den rivayet ederler. Elbani sahih olduğunu söyler. Bkz: age: 7111.
23 Hatîb el-Bağdadi İbn Ömer'den rivayet eder. Elbani sahih olduğunu söyler. Bkz: age: 5693.
24 Ahmed, Tirmizi, İbn Mace Bureyde'den rivayet etmişlerdir. Elbani sahih olduğunu söyler: bkz: age:2526.

Keşke bizler de sahâbe kadar İslâm nimetinin değerinin farkında olmuş olsak. Onlar bu değeri bildiler ve tüm dünyaya sahip oldukları gibi, Allah onları tüm yeryüzünde aziz de kıldı.

Hâlık celle celaluhu bizi bu nimeti fark etmeye ve onda sabit kalıp o nimet üzere ölmeye çağırıyor: *"Ey iman edenler, Allah'tan hakkıyla korkun ve ancak müslüman olarak can verin."* (Âl-i İmran: 102)

Nesiller boyunca sahip olduk dünyaya,

Boyun eğdirdik ona, hep yüce kalacaklar olarak.

Nurdan sayfalar yazdık tarihe,

Ne, zaman unuttu geçmişi, ne de biz...

Bizi ezmek isteyen olursa tuğyanla,

Biz onun alnını ezerdik;

Hidayetle dolup taşardı kalplerimiz,

Göz yummazdık zulme hiçbir zaman.

Yeryüzünde öyle bir mülk kurduk ki,

Desteği gayretli gençlerdi,

Öyle gençler ki, yüceye giden yolları çiğnediler

İslâm'dan başka bir din bilmediler.

O din onları yetiştirdi hoş bir bitki gibi,

Böylece hoş bir hayat sürdüler dünyada.

Savaşta yiğitlerdi onlar,

Sığınaklar, kaleler duramazdı önlerinde.

Gece çöktüğünde göremezdin onları

Rablerine secde hali dışında...

İşte İslâm böyle bir topluluk çıkardı,

Muhlis, özgür ve güvenilir gençlerden,

Ve ona öğretti şeref nasıl elde edilir,

Tutsaklıktan ve alçaklıktan nasıl uzak durulur.

İşte zaman böyle ilerledi

Şerefli bir topluluk daha geldi geçti

Ve görülmez oldu ortalıkta kavmim

İçlerinden nice önderler gelip geçtikten sonra.

Bana ve her özgüre acı verir oldu

Zamanın "Müslümanlar nerede?" sorusu...

Acaba geçmiş geri gelir mi?

Hasretten içinde eriyeyim diye...

Bana yalancı ümitlerden bahsetmesin kimse

Ben onları hayallerden ibaret görüyorum.

Bana imandan bir nur getirin

Ve iki yanımdan beni yakinle destekleyin

Ellerimi uzatayım ve dağları yerinden sökeyim

Sonra şerefi oturtayım yerine.[25]

Bize ihsan ettiği İslâm nimeti için Allah'a hamdolsun.

---

25 Dîvanu Haşim er-Rufai, Salâhu'l-Ümmet'ten naklen: 3/497-498.

ALİ İBN EBİ TALİB

(RADIYALLÂHU ANH)

"Benim yanımda Harun'un Musa yanındaki konumunda olmak istemez misin? Bir istisnayla ki, o da benden sonra nübüvvetin olmayışıdır."

Hz. Muhammed (sallallâhu aleyhi ve sellem)

Şimdi de zühtle, verayla, haşyetle, fedakârlıkla ve Allah yolunda cihadla dolu bir sayfa açmak üzereyiz.

Bu kez kendisinden bahsedeceğimiz kişi Ali ibn Ebi Talib'dir (radıyallâhu anh).

O bir kahraman, hatta tüm kalbi ve bedeni ile Allah için yaşamış olan, kahramanların kahramanıdır.

O İslâm tarlasında yetişmiş, vahiy suyuyla beslenmiş bir muttakidir. O kokusu her yeri saran taze bir çiçek gibidir. Bizler halen onun siretinin kokusunu içimize çekmekteyiz. Bu koku daha pek çok asırlar boyunca içimize dolacak ve insanlık Nebi'nin (sallallâhu aleyhi ve sellem) ashabını insanların yollarını aydınlatan birer yıldız olarak yetiştirdiğini öğrenecek.

Allah celle celaluhu Rasûlullah'ı tüm ümmetleri ve nesilleri eğitsin diye eğitmişken bunun aksini düşünmemiz zaten mümkün değildir.

O daha altı yaşında iken sadık ve emin Muhammed'in (sallallâhu aleyhi ve sellem) yanında yaşamaya başlamış, onun eliyle eğitilmiş, onun nezafetinden ve azametinden etkilenmiş, içiyle dışıyla çirkinliklerden uzak kalmıştır. On yaşına ulaştığında Rasûl'e vahiy gelip onu davetle yükümlü tutunca, Ali herkesten önce Müslüman olan kişi olmuştur. O andan Rabbine kavuştuğu güne kadar da onun hayatı Rasûl'ün yolunun ve Kur'an'ın öğretilerinin tatbikinden ibaret olmuştur.

Onun hayatı bereketli bir hayattı; çünkü o küçük yaştan itibaren omzuna sorumluluklar yüklenmiş, cahili tutumlardan ve arzulara esaretten selamette olmuştu.

Ali ibn Ebi Talib'in hayatında diğer çocukların hayatında olan oyun ve eğlenceye yer yoktu.

Onun hayatında ne badiyedeki kaval sesi, ne de gece sohbetlerindeki nameler mevcuttu. Hâlbuki o günün çocuklarının kulakları, gençlerinin kalpleri bu seslere doymuştu.

Sanki kader onun kulaklarını ve kalbini başka bir ses için, yeryüzünü ve hayatı değiştirecek ses için ayırıyordu!

Evet, bu gencin kulağı ve kalbi çok yakında, hiç kimsenin işitmediği şekilde yüce ve büyük olan Allah'ın âyetlerini işitecekti.

O Kur'an'ı Rasûl'ün ağzından en taze haliyle işitecekti.

Şimdi bir an kendimizi Kur'an'ı bizzat kendisine inenin ağzından dinlerken hayal edelim...

İşte Ali ibn Ebi Talib (radıyallâhu anh) hayatının en erken ve en verimli dönemlerini vahyin peş peşe getirdiği bu âyetlerin aydınlığı içerisinde geçirdi. Onlarla aydınlandı, onlarla coştu, dalgalandı.

Rasûl cennet âyetlerini okuyor, bu çocuk onu görüyor gibi etkileniyordu. Sanki elini uzatsa onun meyvelerini koparabilecekti!

Cehennem âyetlerini işitiyor, fırtınanın sarstığı bir serçe gibi titriyordu. Eğer namaza olan saygısı olmasa neredeyse onun yüzüne çarpan alevlerinden kaçacak gibi oluyordu![26]

Bazı alimlerin anlattığına göre namaz vakti geldiğinde Rasûlullah Ebû Talib'den, diğer amcalarından diğer Kureyşlilerden gizli bir şekilde yanına Ali'yi alıp Mekke'nin çukurda kalan yerlerine gider ve oradan namazlarını kılar, akşam olunca da geri dönerlerdi. Bu durum Allah'ın dilediği kadar bir süre devam etmişti.

Günlerden bir gün Ebû Talib bu durumu fark etti ve onları namazda yakaladı. Rasûlullah'a "Ey kardeşimin oğlu! Senin benimsediğin bu din neyin nesidir?" diye sorunca Rasûlullah "Ey amca, bu Allah'ın, meleklerinin, Peygamberlerinin ve babamız İbrahim'in dinidir" dedi yahut "Ey amca, Allah beni tüm kullarına elçi olarak gönderdi ve sen kendilerine öğüt verdiklerim ve hidayete davet ettiklerim arasında bu dine girmeye ve bana icabet edip yardımcı olmaya en layık olansın."

Ebû Talib şöyle cevap verdi: "Ey kardeşimin oğlu, ben babalarımın dinini ve onların yolunu terk edemem; lakin ben hayatta oldukça vallahi sana bir zarar dokunmasına da izin vermem."

Onun Ali'ye de şöyle dediğinden bahsederler: "Ey oğlum, senin benimsediğin bu din nasıl bir şeydir?" Ali "Babacığım, ben Allah'a ve onun Rasûlü'ne iman ettim, onun getirdiklerini tasdik ettim, onunla birlikte namaz kıldım, ona tabi oldum."

---

26   Halid Muhammed Halid, Hulefau'r-Rasûl, s: 473-474.

Onun şöyle dediği de söylenmiştir: "O seni ancak hayra çağırmakta, öyleyse ona uy." [27]

Nebi'nin evinde yaşadığı için onun tüm içişlerini biliyordu. Onun hareketlerini ve ahlakını yakından tanıyıp öğrendi, onun huylarını kaptı, alışkanlıklarını edindi. Küçüklüğünden itibaren şirkten uzak kaldı ve putlara tapmadı, daha o zamandan onların düşmanı oldu. Hayatı boyunca Nebi'nin işleriyle meşgul oldu. Çünkü o her zaman onun yakınındaydı, onunla ilişki içerisindeydi, onun rahatını sağlamak için çalışmakta, ona hizmet etmekte, dolayısıyla da onun ışığıyla aydınlanmakta ve onun içtiği kaynaktan herkesten çok o içmekteydi. Bunun yanı sıra güçlü bir hafızaya, algılamaya açık bir akla, az bulunur bir zekaya, benzersiz bir cesarete, kimsede olmayan bir beden gücüne sahipti.

Zühtte, verada, Allah korkusunda, hakka bağlılıkta ve ona davette Nebi (sallallâhu aleyhi ve sellem) gibi davranmaya alışmıştı.

Onda Ömer'deki azim, kararlılık, Allah yolunda şiddet ve sertlik, hızlı karar verme, batılı ve batıl ehlini ortadan kaldırma hırsı ve onlara hiçbir şekilde yumuşaklık göstermeme gibi özellikler vardı.

Ali (radıyallâhu anh) hakkı destekleyip batılı yok etme yolunda kimseye yaranma gibi bir kaygı taşımazdı. O insanları yönetirken dinin usulünden ve furuundan, Rasûlullah'ın ve ondan sonraki iki halifenin tutumundan uzak, halkın arzularını tatmine yönelik bir siyaset gütmezdi.[28]

---

27 İbn Hişam, es-Sira, 1/209-210.
28 Hasen Eyyub, el-Hulefai'r-Raşidin, s: 251.

Rasûlullah'ın Onun Göğsüne Taktığı Madalya

İşte onun menkıbelerinden bir demet:

Ebû Hureyre'den (radıyallâhu anh): Ebû Hureyre'den (radıyallâhu anh): Rasûlullah, Ebû Bekir, Ömer, Osman, Ali, Talha ve Zübeyr Hira'da iken altlarındaki kaya hareket eder. Bunun üzerine Rasûlullah (sallallâhu aleyhi ve sellem) şöyle der: *"Sakin ol, senin üzerinde bir nebi ya da bir sıddık ya da bir şehit var."*[29]

Ali (radıyallâhu anh) şöyle anlatmakta: Rasûlullah beni Yemen'e gitmekle görevlendirmişti. Ona "Ey Allah'ın Rasûlü, beni aralarında hüküm vermem için benden yaşça daha büyük bir halka gönderiyorsun!" dedim. Şöyle karşılık verdi: *"Sen git; Allah'u Teâlâ dilini sabit kılıp, kalbini doğruya ulaştıracaktır."* [30]

Rasûlullah (sallallâhu aleyhi ve sellem) şöyle demekte: *"Ebû Bekir cennettedir, Ömer cennettedir, Osman cennettedir, Ali cennettedir, Talha cennettedir, Zübeyr cennettedir, Abdurrahman ibn Avf cennettedir, Sa'd ibn Ebi Vakkas cennettedir, Said ibn Ebi Zeyd cennettedir, Ebû Ubeyde ibnu'l-Cerrah cennettedir."* [31]

Veda haccında bulunmuş olan Habeşi ibn Cunade es-Selûli'den: Rasûlullah şöyle dedi: *"Ali bendendir, ben de Ali'denim, benden bir şeyi ya ben kendim eda ederim ya da Ali eda eder."*[32]

---

29 Müslim, 2417; Tirmizi, 3696; Ahmed, 2/419.

30 Ahmed, 1/88; Nesai, el-Hasais, s: 35; Adevi, tariklerinin toplamına nazaran sahih olduğunu belirtir.

31 Ahmed Said ibn Zeyd'den rivayet eder. Elbani sahih olduğunu söyler: age: 50.

32 Ahmed, 4/165; Tirmizi, 3719. Elbani hasen olduğunu söyler: age: 4091.

Ali (radıyallâhu anh) yine şöyle der: 'Ebû Talib vefat ettiğinde Rasûlullah'a gittim ve ona "Yaşlı amcan öldü" dedim. *"Git onu göm ve hiçbir şey konuşmadan yanıma gel"* dedi. Ben de onu gömdüm ve Rasûlullah'ın yanına gittim. *"Git yıkan, sonra yanıma gelene kadar hiçbir şey konuşma"* dedi. Gittim, yıkandım sonra onun yanına döndüm. Bana beni mutlu edecek dualar etti. Bu duadan dolayı hep her şeyin iyisine sahip oldum.'

Ali (radıyallâhu anh) bir ölü yıkadığında mutlaka kendisi de yıkanırdı.[33]

Zer'den: Ali şöyle der: Taneyi yeşerten ve mahlûkatı yaratana yemin olsun ki, ümmi Nebi'nin bana olan ahdi "Beni ancak mü'min olanın seveceği ve benden ancak münafık olanın nefret edeceği" dir.[34]

İbn Ebi Leyla'dan: Bana Ali şöyle anlattı: Fatıma un öğütmenin zorluğundan şikâyetçiydi. O sıralarda Nebi'ye esirler getirilmişti. Fatıma bu esirler arasından kendisine hizmetçi tayin etmesini istemek için ona gitti, fakat kendisini bulamadı. Orada olan Âişe'ye durumu bildirdi. Nebi gelince Âişe kendisine Fatıma'nın geldiğini söyledi. Bunun üzerine Nebi bizim yanımıza geldi. Biz o sırada yatağımıza girmiştik. Ben hemen kalkmak istedim ancak o "Yerinizde kalın" dedi ve ikimizin arasına oturdu. Ayağının soğukluğunu göğsümde hissediyordum. *"Benden istediğinizden daha hayırlı bir şeyi size öğreteyim mi? Yatağınıza girdiğinizde otuz dört kez tekbir okur, otuz üç kez tesbih okur, otuz üç kez elhamdulillah dersiniz. Bu sizin için hizmetçiden daha hayırlıdır"* dedi.[35]

---

33 Ahmed, 1/103; Ebû Yala Musned'de, 1/335. Adevi tariklerinin hepsine nazaran hasen olduğunu belirtir.

34 Müslim, 78; Tirmizi, 3736.

35 Buhârî, 3705; Müslim, 2727; Ahmed, 1/136.

İbn Ebi Hâzim'in anlattığına göre bir adam Sehl ibn Sa'd'a gelip –Medine emirini kastederek- "Falan minberde Ali'ye dua ediyor" der. O da "Ne diyor?" diye ona sarar. Adam "Ona Ebû Turab diyor" deyince Sehl güler ve "Vallahi onu böyle isimlendiren Nebi'den başkası değil. Onun bundan daha çok sevdiği bir ismi de yoktur zaten" dedi.

Ben Sehl'den bu adlandırmanın nereden geldiğini bana anlatmasını isteyerek ona "Bu nasıl oldu?" diye sordum. O da şöyle anlattı: "Ali bir keresinde Fatıma'nın yanına girdikten sonra çıktı ve gidip mescide yattı. Nebi Fatıma'ya 'Amcanın oğlu nerede?' diye sorunca o 'Mescitte' diye cevapladı.[36] Nebi çıkıp mescide gitti ve onu ridası sırtından düşmüş, sırtına toprak bulanmış halde buldu. Sırtından toprağı eliyle çırparken bir taraftan da ona 'Kalk ey Ebû Turab, kalk ey Ebû Turab' diyordu."[37]

Musab ibn Sa'd Babasından şöyle rivayet eder: Rasûlullah Tebuk seferi için çıktığında yerine Ali'yi bırakmak isteyince Ali ona "Beni çocukların ve kadınların arasında mı bırakıyorsun?" dedi. Nebi'nin cevabı şu oldu:*"Benim yanımdaki konumunun Harun'un Musa yanındaki konumu gibi olmasını istemez misin? Bir istisnayla ki, benden sonra Nebi olmayacaktır."* [38]

Sa'd ibn Ebi Vakkas (radıyallâhu anh) şöyle der: Bir gün yanımda iki kişiyle birlikte mescitte otururken Ali'yi çekiştirmiştik. Biraz sonra Rasûlullah (sallallâhu aleyhi ve sellem) öfkesi yüzünden okunur bir halde geldi. Onun öfkesinden Allah'a sığındım. Bize *"Size ne oluyor? Ali'ye eziyet eden bana eziyet etmiştir"* dedi.[39]

---

36 Buhârî'nin (441) ve Müslim'in (2409) rivayetinde "Aramızda bir şey geçti ve bana kızıp çıktı, yanımda uyumadı" şeklindedir.
37 Buhârî, 3703.
38 Buhârî, 4416; Müslim, 2404.
39 Ebû Yala, 2/109; Ahmed, 1078. Hasendir.

Ebû Bekir (radıyallâhu anh), Nebi (sallallâhu aleyhi ve sellem) kendisini Berae (Tevbe) suresini tebliğ etmek üzere Mekke halkına gönderdiğini söyler. O da, o seneden sonra hiçbir müşriğin hac edemeyeceğini, Kâbe'yi çıplak olarak tavaf edemeyeceğini, cennete ancak Müslüman olanın girebileceğini, Nebi ile arasında ahit olanların süre dolana kadar ahitlerinin geçerli olacağını, Allah'ın ve Rasûlü'nün müşriklerden beri olduklarını kendilerine bildirmek üzere oraya gider.

Üç gün sonra Ali'ye *"Ona yetiş ve Ebû Bekir'i bana geri gönder, sureyi sen tebliğ et"* der. Ali de onun söylediğini yapar.

Ebû Bekir (radıyallâhu anh) Nebi'nin (sallallâhu aleyhi ve sellem) yanına gelince ağladı ve ona "Ya Rasûlallah, benimle ilgili bir şey mi oldu?" diye sorar. Rasûlullah *cevaben "Seninle ilgili olarak hayırdan başka bir şey yok; ancak bunu ya benim ya da benden olan birinin tebliğ etmesi emredildi"* der.[40]

Bera (radıyallâhu anh) anlatıyor:

Nebi Zulkade ayında umre yapmak üzere çıkmıştı, fakat Mekkeliler onun Mekke'ye girmesine izin vermediler. Bunun üzerine o orada (bir sonraki sene) üç gün kalma şartı koydu.

Onlara yazdıkları anlaşma metninde "Bu Allah'ın Rasûl'ü Muhammed'in verdiği hükümdür" ifadesi vardı. Diğer taraf "Biz senin hakkındaki bu ifadeyi kabul etmiyoruz, eğer senin Allah'ın Rasûl'ü olduğunu bilsek zaten seni herhangi bir şeyden alıkoymazdık; sen sadece Muhammed ibn Abdullahsın" deyince, Rasûlullah *"Ben hem Allah'ın Rasûl'üyüm, hem de Muhammed ibn Abdullah'ım"* diye karşılık verdi. Sonra Ali'ye

---

40 Ahmed 1/3, tariklarının bir araya getirilmesiyle sahih derecesine ulaşır.

dönerek "Rasûlullah ibaresini sil" dedi. Ali "Hayır, vallahi senin adını silmem" diyerek bunu yapmayı kabul etmeyince Rasûlullah yazılı metni eline aldı ve –kendisi güzel yazamamasına rağmen- şöyle yazdı: "Bu Muhammed ibn Abdullah'ın verdiği hükümdür: Mekke'ye kınına sokulmuş kılıçtan başka silah giremez, onun halkından (Muhammed'e) uymak isteyen biri olursa oradan çıkarılamaz, (Muhammed'in) ashabından biri Mekke'ye gelip orada ikamet etmek isterse engellenemez."

Rasûlullah Mekke'ye girip de orada kalma süresi dolunca (müşrikler) Ali'ye gelerek "Arkadaşına söyle artık çıksın, çünkü süre doldu" dediler. Bunun üzerine Nebi oradan çıktı. Hamza'nın kızı arkasından onu takip ederek "Amca, amca" diye seslendi. Ali onunla ilgilenip elinden tuttu ve Fatıma'ya –aleyhasselam- "Amcanın kızını al ve sen (hevdecinde) taşı" dedi. Ali, Zeyd ve Cafer onun hakkında aralarında tartıştılar. Ali "Onu ben aldım, zira o amcamın kızı" derken, Cafer "O benim hem amcamın kızı hem de teyzesi benim eşim" , Zeyd "O benim kardeşimin kızı" diyordu. Sonunda onun hakkında Nebi (sallallâhu aleyhi ve sellem) hüküm vererek onu teyzesine verdi ve *"Teyze anne yerindedir"* dedi. Ali'ye dönerek *"Sen bendensin, ben de sendenim"* dedi. Ardından Cafer'e *"Sen bana hem görünüm olarak hem de ahlak olarak benziyorsun"* dedi. Sonra da Zeyd'e *"Sen bizim hem kardeşimiz hem azatlımızsın"* dedi.

Ali (Nebi'ye) "Hamza'nın kızıyla evlenmez misin?"[41]

---

41 Bir başka rivayette onun kendisi ölene kadar Cafer'in (radıyallâhu anh) yanında kaldığı, onun vefatından sonra ise Cafer'in vasiyeti üzerine Ali'nin (radıyallâhu anh) yanında kalmaya başladığı ve onun bu teklifi Nebi'ye (sallallâhu aleyhi ve sellem) onun buluğ çağına ulaşmasından sonra yaptığı geçmektedir. (çev.)

diye sorduğunda o *"O benim sütkardeşimin kızı"* karşılığını vermiştir.[42]

Dünya'dan ve İçindekilerden Değerli Olan Üç Şey

Sa'd ibn Ebi Vakkas'ın (radıyallâhu anh) şöyle dediği rivayet edilmekte: Muaviye ibn Ebi Süfyan Sa'd'a emir vererek "Seni Ebu't-Turab'a sövmekten alıkoyan şey nedir?" deyince Sa'd şöyle cevap verdi: "Rasûlullah'ın ona söylediği üç şeyi hatırlıyorum, ona sövmem, çünkü bunlardan birine dahi sahip olabilmeyi dünyadaki en değerli şeylerin benim olmasına tercih ederdim.

Rasûlullah (sallallâhu aleyhi ve sellem) bir Gazveye çıkarken yerine onu bırakmıştı. Ali kendisine "Ya Rasûlullah, beni kadınlarla ve çocuklarla mı bırakıyorsun?" deyince Rasûlullah'ın *ona "Benim yanımdaki konumunun Harun'un Musa yanındaki konumu gibi olmasını istemez misin? Tek farkla ki, benden sonra nübüvvet olmayacaktır"* dediğini duydum.

Hayber Gazvesi günü *"Sancağı Allah'ı ve onun Rasûl'ünü seven, Allah'ın ve Rasûl'ünün de kendisini sevdiği birine vereceğim"* dedi. Biz hepimiz onu almak istedik, fakat Rasûlullah *"Bana Ali'yi çağırın"* dedi. Ali gözü iltihaplanmış bir halde getirildi. Rasûlullah onun gözüne tükürdü ve sancağı kendisine verdi, Allah da ona fetih nasip etti.

"De ki, 'Gelin, biz çocuklarımızı, siz de çocuklarınızı çağırın" (Âl-i İmran: 61) âyeti inince Rasûlullah Ali'yi, Fatıma'yı, Hasan'ı ve Hüseyn'i çağırarak *'Allah'ım, bunlar benim ailem'* dedi.[43]

---

42 Buhârî, 4251; Tirmizi özetle rivayet eder.
43 Müslim, 2404; Tirmizi, 3724; Ahmed, 1/185.

Nebi'nin (sallallâhu aleyhi ve sellem) Uğrunda Canını Ortaya Koyuşu

İbn Kesir el-Bidaye ve'n-Nihaye'de Kureyş şeytanlarının Darunnedve'de toplanarak nasıl plan yaptıklarını, kendilerine şeyh en-Necdi'nin suretinde görünen İblis'le aralarında geçen konuşmaları ve Ebû Cehl ibn Hişam'ın görüşü üzerinde birleşmelerini anlatır.

Ebû Cehl şöyle der: "Her kabileden güçlü ve hepimizle akrabalık bağı olan birer genç seçelim sonra her gence keskin birer kılıç verelim, onların hepsi aynı anda ona saldırarak öldürsünler. Böylece ondan kurtulmuş oluruz. Eğer böyle yaparsak, onun kanının dökülmesine tüm kabileler karışmış olur ve Abdimenafoğulları kavimlerinin hepsiyle birden savaşamayacakları için bizden alacakları diyete razı olurlar. Biz de diyetlerini veririz, olur biter."

Hepsi de bu öneriyi onaylayarak oradan ayrıldılar. Cebrail Rasûlullah'a (sallallâhu aleyhi ve sellem) gelerek ona "Bu geceyi kendi yatağında geçirme" dedi.

Gece karanlığı basınca onun kapısında toplanıp yatmasını beklemeye başladılar. O yatınca üzerine saldıracaklardı. Onların yerini gören Rasûlullah Ali ibn Ebi Talib'e "Benim yatağıma yat ve benim şu yeşil cübbeme sarınarak onun içinde uyu. Sana asla kötü bir şey yapamayacaklar" dedi. Kendisi uyuduğu zaman buna sarınırdı.

Sonra Rasûlullah (sallallâhu aleyhi ve sellem) *"Yâ Sîn, hakim olan Kur'an'a yemin olsun ki.."* âyetleriyle başlayıp *"Onların önlerine bir set, arkalarına bir set koyduk ve böylece onları (etraflarını) kapattık, onlar göremezler"* âyeti dahil (Yâ Sîn suresinin baş kısmını) okudu ve orada bulunanların hepsinin başına toprak serpti. Ardından gitmek istediği tarafa yöneldi. Evin yakınında bekleyenlerin yanına birisi gelip "Burada ne bekliyorsunuz?" diye sorunca onlar "Muhammed'i bekliyoruz" diye cevapladılar. Adam "Vallahi Allah sizin beklentinizi boşa çıkardı. Muhammed yanınızdan geçti ve sizden başına toprak serpmedik kimse bırakmadı sonra da yoluna koyuldu. Size ne olduğunu görmüyor musunuz?" deyince hepsi ellerini başlarına götürdüler ve başlarında toprak olduğunu fark ettiler. Evin içini görmeye çalıştıklarında Rasûlullah'ın cübbesine sarınmış halde yatakta yatan Ali'yi gördüler ve "Vallahi işte Muhammed yatağında yatıyor" dedikten sonra sabaha kadar yerlerinden ayrılmadılar. Sabah olup da Ali yataktan kalkınca da "Vallahi bizimle konuşan adam doğru söylemiş" dediler.

Davetin cesur yürekli aslanı Nebi'nin yerine geçmiş ve davetin en zorlu gecesinde onun yatağında uyumuştu. O dışarıda o yatakta uyuyanın başını isteyen kimselerin beklediğini biliyordu. O Nebi'si uğrunda bu yatağı doldurdu, Allah da Nebi'nin kemal giysisine bürünmüş kızı Fatıma ile onun yatağını... Nebi onun zırhını mihir olarak belirledi. Fatıma ise beraberinde bir kadife kumaş, içi lifle doldurulmuş yaslanmalık deri bir yastık, bir kırba, bir elek, bir bardak, bir el değirmeni ve bir çanta getirdi. Ali'nin yanına girdiğinde koç derisi dışında bir yatakları yoktu. O kendi işini kendi görürdü. Vallahi bu ona hiçbir zarar vermedi.

Sahihayn'da geçtiğine göre Rasûlullah (sallallâhu aleyhi ve sellem) ona şöyle demiştir: *"Şu ümmetin kadınlarının (yahut 'mü'minlerin kadınlarının') efendisi olmak istemez misin?"*

Yine Sahihayn'da geçen ve Misver ibn Mahrame'den aktarılan bir başka rivayette Rasûlullah şöyle der: *"Fatıma benden bir parçadır; onu öfkelendiren beni öfkelendirmiş olur."*

Enes'ten (radıyallâhu anh): Rasûlullah şöyle dedi: *"Cennet üç kişiye özlem duymakta: Ali, Ammar ve Selman."* [44]

Onun Bedir'deki Cihadı

Ali (radıyallâhu anh) Allah yolundaki cihadıyla tarihe altın satırlar yazmıştır. O ıssız çölde soğuk suya hasret çeken kimse gibi şehadete hasret duymaktaydı.

Kahraman savaşçı Allah yolunda cihad etmek üzere Bedir Savaşı'na katıldı.

Abdullah ibn Mesud (radıyallâhu anh) şöyle anlatıyor: Bedir Savaşı esnasında bizler bir deve üzerinde üçer kişiydik. Ebû Lubabe ve Ali ibn Ebi Talib Rasûlullah'ın arkadaşıydılar. Yürüme sırası Rasûlullah'a gelince onlar "Sen deve üzerinde kal, biz yürürüz" dediler. Rasûlullah onlara *"Ne siz benden daha güçlüsünüz, ne de ben ecir almaya sizden daha az muhtacım"* diye cevap verdi.[45]

Dillerin susup başlar üzerinde kılıçların konuştuğu şeref toprağında büyük kahramanlık sergilemiştir Ali (radıyallâhu anh).

Kendisi şöyle anlatır: Utbe ibn Rabîa öne çıktı, onu oğlu ve kardeşi takip ettiler. Utbe "Karşımıza kim çıkıyor?" diye seslenince Ensar'dan kimi gençler çıkarıldılar. O "Siz kimsiniz?" diye sordu. Oradakiler onlar hakkında bilgi verince "Bizim sizinle bir işimiz yok; biz amcaoğullarımızı istiyoruz" dedi. Bunun üzerine Rasûlullah "Kalk ey Hamza, kalk ey Ali, kalk ey Ubeyde ibnu'l-Haris" dedi.

---

44 Tirmizi; Hâkim, el-Mustedrek. Elbani hasen olduğunu söyler: age: 1598.

45 Ahmed, 1/411; Tayâlusi, 354. İsnadı hasendir.

Hamza Ukbe'ye yöneldi, ben Şeybe'ye yöneldim. Ubeyde ile Velid'den her biri diğerine bir darbe vurdu ve etkisiz hale getirdi. O esnada biz Velid'in üzerine saldırıp onu öldürdük ve Ubeyde'yi taşıdık.[46]

Kays ibn Abbad, Ali ibn Ebi Talib'den şöyle rivayet eder: "Ben kıyamet gününde Rahmanın önüne hasmıyla arasında hüküm verilmesi için çıkan ilk kişi olacağım."

Kays ibn Abbad şöyle der: *"İşte şu ikisi rableri hakkında çekişen iki hasımdır"* âyeti onlar hakkında inmiştir. Onlar Bedir günü vuruşmak için öne çıkan kimselerdir... Hamza, Ali ve Ebû Ubeyde ibn Haris; Şeybe ibn Rabîa, Utbe ibn Rabîa ve Velid ibn Utbe.[47]

Hendek Savaşı'ndaki Cihadı

Hendek Savaşı'nda da Kureyşli savaşçı Amr ibn Abdu Vud karşısında aynı büyük kahramanlığı sergilemiştir.

Süvari birliği komutanı Amr ibn Abdu Vud el-Âmiri büyük Bedir Savaşı'nda bulunmuş ve yaralandıktan sonra o acı yenilgiyi tatmıştı. Bu yüzden de Muhammed'i öldürmeden saçına yağ değdirmemeyi adamıştı.

İşte bu nedenle o atlarıyla hendeğe giren süvarilerin ilki oldu. Beraberinde Kureyşli başka süvariler de vardı. O esnada Ali ibn Ebi Talib bir grup müslümanla birlikte yola çıkmıştı. Onların atlarıyla girdikleri gediğe vardıklarında süvariler onlara doğru atlarını koşturmaya başladılar.

İbn İshak olayı şöyle anlatır: "Süvari birliği komutanı Amr ibn Abdu Vud el-Âmiri Bedir Savaşı'nda yaralanana dek sa-

---

46 Sahihtir. Ebû Davud, 2665; Ahmed, 1/117.
47 Buhârî, 3965. el-Mezzi "el-Atraf" ta hadisi Nesai'ye nisbet eder.

vaşmış, Uhud Savaşı'nda ise bulunmamıştı. Hendek Savaşı günü yeri bilinsin diye bir nişan taşıyarak savaşa çıktı. Atını durdurunca "Karşıma kim çıkar?" diye seslendi ve karşısına Ali ibn Ebi Talibi çıktı."

Beyhaki ise "Delailu'n-Nubbuvve" de şöyle anlatır: Amr ibn Abdu Vud demir bir maske ile çıkarak "Karşıma kim çıkar?" diye seslenir. Ali ibn Ebi Talib "Ben, ey Allah'ın nebisi" der; ancak Rasûlullah "Amr'ın karşısına olmaz; sen otur" der. Amr tekrar "Karşıma çıkacak bir erkek yok mu? Sizden birinizin öldükten sonra gideceğini iddia ettiğiniz cennetinize ne oldu? Hadi çıksanıza!" diye iğneleyici biçimde konuşmaya başlar. Ali tekrar kalkarak "Ben ey Allah'ın Rasûlü" der; ama o yine kendisine "Sen otur" karşılığını verir. Bunun üzerine Amr üçüncü kez seslenerek şöyle der:

Topluluklarında karşıma çıkacak yok mu diye

Seslenmekten doğrusu sesim kısıldı

Durdum rakibim korkak çıkınca,

Cesur bir savaşçı tavrıyla...

Bundan dolayı ben her zaman

Savaşmakta acele davrandım

Cesaret ve cömertlik her zaman

Bir gençte bulunan en güzel özelliklerdir

Ali tekrar kalktı ve "Ey Allah'ın Rasûlü, ben" dedi. Rasûlullah "Ama o Amr" deyince Ali "Amr da olsa çıkmak istiyorum" karşılığını verdi. Bunun üzerine Rasûlullah kendisine izin verdi ve Ali (radıyallâhu anh) ona doğru ilerledi ve şöyle diyerek ona yaklaştı:

Acele etme, işte karşına geldi

Aciz olmayan biri ve çağrına cevap verdi

Kararlılıkla ve bilinçle karşına çıktı

Ve kararlılık her başarının anahtarı

Dilerim sana cenaze ağıtları yakarlar

Aldığın darbeleri her savaşta hatırlarlar

Ali mubaraze için Amr'a doğru yürüdüğünde ona "Ey Amr, sen 'Bir kimse beni üç şeyden birine davet ederse, ben mutlaka birini kabul ederim' diyordun" dedi. Amr "Doğru" diye karşılık verdi. Bunun üzerine Ali "Ben seni Allah'tan başka ilah olmadığına ve Muhammed'in onun Rasûlü olduğuna şehadet etmeye, alemlerin Rabbine teslim olmaya çağırıyorum" dedi. Amr "Ey kardeşimin oğlu bunu geçelim" diye karşılık verdi. Ali "Öyleyse memleketine dönersin; eğer Muhammed gerçekten Allah'ın Rasûlü ise dünyanın en mutlu insanı sen olursun, eğer yalancı ise istediğin olmuş olur" dedi. Amr "Böyle bir şeyi Kureyş'in kadınları bile asla düşünmez; adağımı yerine getirmek üzereyken nasıl böyle bir şey yaparım?!" diye cevapladı ve "Peki üçüncüsü neymiş?" dedi. Ali "Vuruşma" karşılığını verdi. Kureyş'in savaşçısı Amr güldü ve "Bir Arabın çıkıp da beni bununla korkutacağı hiç aklıma gelmezdi" dedi. -Amr seksenini geçmiş meşhur bir savaşçıydı.- Sonra Ali'ye "Sen kimsin?" diye sordu. O da "Aliy'im" karşılığını verdi. Amr "Abdumenaf'ın oğlu?" diye sorunca, Ali "Ben Ali ibn Ebi Talib'im" dedi. Amr "Ey kardeşimin oğlu, senin amcaların arasında senden büyük olanlar var; vallahi seni öldürmek istemem" dedi. Ali "Ama ben seni öldürmek isterim" deyince Amr son derece sinirlendi ve bineğinden inerek kılıcını çekti. Alevli bir meşale gibiydi. Ali'nin üzerine doğru atıldı. Ali onun hamlesini kalkanıyla karşıladı. Amr kalkanına bir darbe indirerek onu ikiye böldü ve kılıcı kalkanın arasına takıldı. Ali onun başını yardı ve omzuna bir darbe indirdi. Amr yere düştü ve yerden havaya toz kalktı. O anda Rasûlullah tekbir seslerini duydu. İnsanlar Ali'nin Amr'ı öldürdüğünü anlamışlardı.

Ömer ibnu'l-Hattâb "Onun zırhını ganimet olarak almadın mı? Araplarda ondan daha iyi bir zırh yoktur" dedi. Ali "Ona vurduğumda edep yerlerini benden korumaya çalıştı, ben de amcaoğlundan utandım ve zırhına dokunmadım.

Müşrikler Rasûlullah'a birini göndererek onun leşini on bin dirheme satın almak istediler. Fakat Rasûlullah "Leşini onlara verin, o pis bir leştir ve pis bir diyettir" diyerek onlardan hiçbir şey kabul etmedi.[48]

Hayber Savaşı'nda Sancağı Taşıması ve Hayber'in Onun Eliyle Fethi

İşte Hayber fethi günü Nebi'nin (sallallâhu aleyhi ve sellem) onun Allah'ı ve Rasûlü'nü sevdiğine, Allah'ın ve Rasûlü'nün de onu sevdiğine, ayrıca Hayber'in onun eliyle fethedileceğine şahitlik edişi:

Sehl ibn Sa'd anlatıyor: Hayber günü Rasûlullah şöyle demişti: *"Bu sancak yarın öyle bir kimseye verilecek ki, Allah onun eliyle fethi gerçekleştirecek. Bu kişi Allah'ı ve Rasûlü'nü sever, Allah ve Rasûlü de onu severler."*

O geceyi insanlar sancağın içlerinden kime verileceğini merak ederek geçirdiler. Sabah olunca herkes sancağın kendisine verilmesini temenni ederek Rasûlullah'ın yanına gitti.

Rasûlullah "Ali ibn Ebi Talib nerede?" diye sordu. Oradakiler "O gözünden rahatsız ey Allah'ın Rasûlü" dediler. Ona birisini gönderip oraya getirttiler. Rasûlullah onun gözlerine

---

48   Hafız İbn Kesir, el-Bidaye ve'n-Nihaye, 4/106.

tükürdü ve ona dua etti. Gözleri iyileşti ve sanki daha önce şikayeti yokmuşçasına hiçbir şeyi kalmadı. Rasûlullah sancağı ona verince Ali şöyle dedi: "Onlar bizim gibi oluncaya (İslâm'a girinceye) kadar onlarla savaşayım mı?"

Rasûlullah şöyle cevap verdi: *"Onların bölgesine ulaşana kadar ağır ol, acele etme. Oraya ulaştığında onları İslâm'a davet et ve Allah'ın üzerlerine vacip olan hakkının ne olduğunu kendilerine bildir. Vallahi senin aracılığınla bir insanın hidayet bulması dünyadaki en değerli şeylerin senin olmasından daha hayırlıdır."*[49]

Ebû Hureyre Hayber günü Rasûlullah'ın şöyle söylediğini aktarır: *"Bu sancak Allah'ı ve onun Rasûlünü seven birine verilecek ve Allah onun eliyle fetihi gerçekleştirecek."*

Ömer ibnu'l-Hattâb şöyle dedi: "İlk defa o gün emir olmayı istedim. Bunun için çağrılma ümidiyle sancağa yakın durdum; ama Rasûlullah Ali ibn Ebi Talib'i çağırarak sancağı ona verdi ve *'Allah sana fetih nasip edene kadar arkana bakmaksızın ilerle'* dedi. Ali biraz ilerledikten sonra geriye bakmaksızın durdu ve 'Ya Rasûlallah, insanlarla ne üzere savaşayım?' diye seslendi. Rasûlullah *'Onlar Allah'tan başka ilah olmadığına ve Muhammed'in Allah'ın Rasûlü olduğuna şehadet edene kadar kendileriyle savaş. Bunu yaptıkları zaman onların kanları ve malları sana haram olur. İslâm'ın hakkı bundan müstesnadır. Hesapları ise Allah'a aittir'* dedi.[50]" dedi.

Buhârî'nin Seleme'den rivayetinde ise şöyledir: Ali Hayber Savaşı günü Nebi'nin gerisinde kalmıştı; zira gözünde iltihap oluşmuştu. "Ben Rasûlullah'ın gerisinde mi kalıyorum?!" dedikten sonra çıktı ve ona yetişti. Sabahında fethin gerçekle-

---

49 Buhârî, 4210; Müslim, 2406; Nesai, Fadailu's-Sahâbe, 46.
50 Müslim, 2405; Ahmed, 2/384; et-Tayâlusi, 2441.

şeceği gecenin akşamında Rasûlullah (sallallâhu aleyhi ve sellem) *"Sancağı yarın Allah'ın ve Rasûlü'nün kendisini sevdiği"* yahut *"Allah'ı ve onun Rasûlü'nü seven birine vereceğim; Allah onunla fethi gerçekleştirecek"* dedi ya da *"Sancağı o alacak"* ifadesini kullandı. Tam o sırada Ali çıkageldi. Biz onun geleceğini ümit etmiyorduk. İnsanlar "Bu Ali" dediler ve Rasûlullah sancağı ona verdi, Allah da onun eliyle fethi gerçekleştirdi.[51]

Ebû Said el-Hudri'den: Rasûlullah sancağı eline alarak salladı ve *"Bunu kim hakkıyla alır?"* diye sordu. Birisi gelerek "Ben" dedi. Rasûlullah *"Sen çekil"* dedi. Sonra bir başkası geldi ve ona da *"Sen çekil"* dedi ve ardından *"Muhammed'in yüzünü şereflendirene yemin olsun ki, onu kaçmayacak birine vereceğim, sen al ey Ali"* dedi. Ali yola çıktı ve Allah onun eliyle Hayber'i ve Fedek'i fethetti. Kendisi bu iki yerin acvesiyle ve kurutulmuş etiyle döndü.[52]

Müslim'in rivayet ettiği Seleme ibn Ekva' hadisinde şöyledir: Sonra Rasûlullah beni gözü iltihaplanmış olan Ali'ye gönderdi ve *"Sancağı Allah'ı ve onun Rasûlü'nü seven"* yahut *"Allah'ın ve onun Rasûlü'nün kendisini sevdiği birine vereceğim"* dedi. Ali'yi gözü rahatsız bir şekilde ve kendisine yol göstererek getirdiğimde Rasûlullah gözlerine tükürdü ve gözleri iyileşti. Sonra da ona sancağı verdi.

Hayber'den Merhab çıkarak şöyle dedi:

Hayber bilir ki ben Merhab'ım,

İyi silah kullanan, denenmiş kahramanım,

Hangi savaşa girsem onu kızıştırırım.

Ali de ona şöyle cevap verdi:

---

51 Buhârî, 3702; Müslim, 2407.
52 Ahmed, 3/16. İsnadı hasendir.

Annemin deyimiyle ben Haydar'ım,[53]

Ormanlarda gezen ürkütücü Aslan'ım,

İsteyene istediğini hakkıyla öderim.

Ardından Merhab'ın başını vurarak onu öldürdü. Fetih onun *eliyle* gerçekleşmiştir.

Merhab Yahudilerin savaşçılarından biriydi. Kılıcında Arapça olarak *şöyle* yazılıydı:

Bu Merhab'ın kılıcıdır,

Onu tadan mahvolur.

Ali ona bir darbe indirince hem miğferi, hem başı hem de kılıcın değdiği taş parçalandı. Elindeki kılıç ise çukurluk yerlere yuvarlandı.

Daha önce ise Ali Merhab'ın kardeşi Haris'i öldürmüştü.

Zübeyr'in Yasir'le mubarazesinden sonra Yahudilerin bir komutanıyla mubaraze yaptı.[54] Bu komutanın adı Âmir'di. Ali kalenin önünde onu öldürmüştü. Âmir çıkınca Rasûlullah (sallallâhu aleyhi ve sellem) *"Sizce bu adam beş zira"*[55] var mıdır?" demişti. Zira adam çok uzun ve iri yarı birisiydi. Kılıcını savurarak mubarazeye davet etti. Üzerinde iki tane zırh, yüzünde demir maske vardı. "Var mı karşıma çıkacak?" diye bağırdığında insanlar geri durdular. Onun karşısına Ali çıktı ve ona birkaç kılıç darbesi indirdi. Fakat hiçbir etkisi olmadı. Sonunda ayağına bir darbe indirerek onu dizi üzerine düşürünce öldürme fırsatını yakaladı ve hakkından gelerek silahını aldı.[56]

---

53 Aslan anlamındadır.
54 Karşılıklı öne çıkarak teke tek vuruştular.
55 Bir ölçü birimi.
56 Muhammed Ahmed Beşamil, Silsiletu Meariki'l-İslâm el-Fâsile, Hayber, s: 122.

Allah ona Hayber'in en güçlü kalelerinden biri olan Naim kalesini fethetmeyi nasip etti.

Ali (radıyallâhu anh) o vefat edene kadar Nebi'nin (sallallâhu aleyhi ve sellem) yakınında oldu, onun ilminden, zühdünden ve yüce ahlakından faydalandı. Kendisini her zaman kucaklayan, ondan merhametini, şefkatini ve ilmini hiçbir zaman esirgemeyen ve hepsinin ötesinde gözbebeği ve kalbinin meyvesi olan Fatıma'yı ona veren Rasûl'ü kaybettiğinde üzüntüsü son haddindeydi.

Nebi'nin (sallallâhu aleyhi ve sellem) vefatından sonra Ali (radıyallâhu anh) raşid halife Ebû Bekir'e (radıyallâhu anh) bağlı kaldı. Ebû Bekir onun değerini ve konumunu biliyor ve önemli işlerinde onunla istişare ediyordu. Her zaman ona koşar ve "Bize şu konuda fetva ver ey Ebu'l-Hasen" derdi.

Ebû Bekir (radıyallâhu anh) vefat edip de yerine Ömer (radıyallâhu anh) halife olunca o da onun değerini ve konumunu bildi, onun fıkhından, zekasından ve basiretinden faydalanmaktan geri kalmadı. Şöyle derdi: "Ali olmasa Ömer helak olurdu."

Ömer şehit edilince Müslüman ümmetin işlerini yürütmeyi Osman üstlendi ve mü'minlerin emiri oldu. O da Ali'ye danışır, ondan öğüt alır, yardımını isterdi. Osman şehit olarak öldürülünce fitne kapıları da sonuna kadar açıldı ve işte tam o dönemde, hem de Ali kesinlikle bu görevi istemezken hilafet görevine getirildi.

Onunla Muaviye (radıyallâhu anh) arasında fitne meydana geldi.

Hafız İbn Kesir (rahimehullah) bu konuda şöyle der: Osman'ın öldürülmesinin ardından Muaviye ve Ali arasında meydana gelen anlaşmazlık bir içtihat ve görüş meselesidir ve bundan dolayı onlar arasında büyük bir savaş meydana gelmiştir. Hak ve doğru Ali'nin tarafındadır, Muaviye ise gerek selef gerek halef, cumhur ulemanın nazarında mazurdur. Sahih hadisler her iki kesimin de müslüman olduklarına şahitlik eder.[57]

Biz sahâbenin hepsinin adalet sahibi olduğuna ve dünya metaına tamah etmediklerine inanıyoruz. Onlar sadece Allah rızasını ve onun dinini desteklemeyi amaçlıyorlardı. Allah hepsinden razı olsun ve bizleri cennetinde onlarla bir araya getirsin.

Onun Yüce Hedefi

Ebu't-Turab Ali ibn Ebi Talib'in hayatı azametle, yüce ve şaşırtıcı şeylerle doludur. O ruhunun büyüklüğü ve hedefinin yüceliğinden dolayı sınırı olmayan ufuklara uzanan bir insandır. Onun hayatı kahramanlık ve fedakârlık, büyüklük ve şeref parıltılarıyla aydınlanır. Eğer tarih bizim için bunları doğrulamasa, biz bunları ancak birer rüya, birer efsane kabul ederdik. O bir sorumluluk, istikamet, dürüstlük örneğiydi, o yükselen bir ufuktu, o yüce hedeflerin sahibiydi. Böyle bir büyüklük, sahibi hayatta olduğu sürece her zaman büyük işler ortaya koyar, her zaman asil davranışlar sergiler.

Dırar ibn Damra el-Kenani Ali'yi vasfederken şöyle demekte:

"O geniş düşünen, güçlü, konuşunca son sözü söyleyen, adaletle hükmeden, dünyadan ve onun şaşaasından uzak duran, geceyi ve onun yalnızlığını seven bir insandı. Çok ağlar, uzun düşünür, ellerini ovuşturur, kendisini karşısına alıp

---

57   El-Bidaye ve'n-Nihaye, 5/629.

konuşurdu. Kaba kıyafeti, basit yemeği tercih ederdi. Güçlü olan, sırf güçlü olduğu için batıl bir şeyde kendisine iltimas geçeceğini ümit edemez, zayıf olan onun adaletinden ümit kesmezdi.

Allah şahittir, onu gece perdelerini indirmiş, yıldızlar batmışken sakalını tutmuş halde kendisini yılan sokmuş biri gibi kıvranır, dertli biri gibi ağlar halde gördüm. Onun şöyle deyişini halen işitir gibiyim: "Ey dünya! Benim peşime mi düştün? Benim hasretimi mi çektin? Ama nafile! Git başkasını aldat! Ben seni üç talakla boşadım bile, artık dönüş yok. Ömrün kısa, yaşamın hakir ama tehliken büyük.

Ah ah, azık ne kadar az, yolculuk ne kadar uzun, yol ne kadar ıssız..."

O Beytülmal'de ne var ne yoksa ihtiyaç ve hak sahiplerine verirdi. Beytülmal boşalınca zemininin yıkanmasını emreder, yıkandıktan sonra da içinde iki rekat namaz kılardı!

Beytülmal yıkandıktan sonra içinde kılınan bu namaz önemli bir şeyin, yeni bir dönemin başlayacağının göstergesi ve ilanıydı. Bu dönemde de ahiret dünyaya hakim olacaktı, vera ve takva devlet, toplum, ruh ve kalp üzerindeki nüfuzunu devam ettirecekti. İşte bu namaz bunları sembolize etmekteydi.

Emirlik sarayına, başı kibirle yükselen o büyük saraya yerleşmeye davet edildiğinde "O fesat sarayına mı? Ben oraya asla oturmam" diyerek dönüp gitti ve buna hiç iltifat etmedi.

Çarşıdan üç dirheme aldığı cübbeyi giyer, eşeğe biner ve "Beni bırakın dünyayı aşağılayayım" derdi. Kendisi ikamet yerini hiç değiştirmemiştir.

Onun idaredeki tutumu, içinde bulunduğumuz çağ için bir örnektir. O kendisinden sonraki her nesle ve her asra hakkın tarafında olmanın, dünyanın aldatıcılığına ve saltanat gururuna kapılmamak olduğunu öğretmiştir.

İmam Ahmed ibn Hanbel onun hakkında "Hilafet Ali'yi süslememiş, Ali hilafeti süslemiştir" der.

Bu zahit ve Rabbine yönelmiş kahraman zühtte yüce mevkilere ulaşmıştır. Onun en büyük hobisi dünyayı küçümsemek ve onun göz dolduran büyük nimetlerini hiçe saymaktır. Onun dünyaya karşı sarsılmaksızın ve titremeksizin kalkan eli onun tüm kışkırtıcılığına "Hayır" demekteydi.

Elinde taşıdığı bir asası vardı. Bununla sokaklarda dolaşır ve insanlara Allah'tan korkmalarını, satışta hile yapmamalarını emrederdi. Onlara "Ölçüyü ve tartıyı tam yapın, eti şişirmeyin" derdi.

Bir gün üzerinde iki parça kıyafetle çıktı. Birini belinden aşağı sarınmış diğerini sırtına almıştı. Sarındığı kıyafetin bir ucunu sarkıtmış diğer ucunu kaldırmıştı. Şöyle dedi: Gösterişten uzak olmak için, namazımda daha iyi olduğu için ve mü'minlere uyacakları bir sünnet olsun diye böyle iki elbise giyiyorum."

Ömer ibn Abdulaziz (radıyallâhu anh) şöyle der: İnsanların dünyadan en uzak olanı Ali ibn Ebi Talib'dir.

Hasen ise şöyle der: Allah Ali'ye rahmet etsin. O Allah yolunda düşmana isabet eden bir ok, ilim alanında en şerefli olan, Rasûlullah'a en yakın konumdaki kişi ve bu ümmetin abidiydi. O Allah'ın emri konusunda aciz değildi. Kur'an'a hakkını verdi, onu öğrendi, onunla amel etti. Kur'an konusundaki tutumu netti. İşte Ali ibn Ebi Talib böyle bir insandı.[58]

---

58   Seyyid Hüseyn, Salahu'l-Ümme, 6/67- 70.

Onun Adaleti

Allah Ebu'l-Hasen'den razı olsun. O konuştuğunda sön sözü söyleyen, adaletle hükmeden bir insandı. Onun dürüstlük, adalet ve takva konusunda nefsinden elde ettiği pay son derece genişti. Onun adaleti rüşd ve akıl sahipleri için asırlar boyunca aydınlatıcı bir kandil olarak kaldı. Ondaki adalete bağlılık, karakterine yerleşmiş, fıtratında var olan yakinî bir bağlılıktı.

Şöyle derdi: "Kaderin Müslümanlara taşıdığı zorluklarda onlara ortak olmaksızın bana 'mü'minlerin emiri' denmesine nasıl razı olurum?! Vallahi eğer istesem şu balın en safı, şu buğdayın özü ve şu kıyafetin en narini benim olur. Ama heva bana galip gelemez. Etrafımda aç mideler ve yanan ciğerler olduğu halde ben midemi şişirmekten yüz çevirdim."

Bir cuma günü minberde şöyle der: Ey idareciler, adil biçimde yönetilmek ve eşit paylaşım idare ettiğiniz insanların haklarındandır. Allah'ın, adil imamın yönetiminden daha çok sevdiği başka bir hasene yoktur.[59]

Alâ ibn Ammar'dan aktarıldığına göre Ali (radıyallâhu anh) insanlara hitap ederek şöyle demiştir: "Ey insanlar, kendisinden başka ilah olmayana yemin ederim ki, sizin malınızdan az ya da çok hiçbir şey almadım, sadece şu" dedi ve gömleğinin kolundan içinde koku bulunan bir kokudanlık çıkararak "Bunu da bana Dihkân[60] hediye etti" açıklamasında bulundu. Sonra Beytülmal'e gelerek "Alın" dedi ve şu şiiri okudu.

Kurtulmuştur kimde varsa kavsare[61]

---

59   İbn Abdilber, et-Temhid, 2/284.
60   Acem bölgesindeki çiftçilerin ve o bölgenin lideri.
61   Kavsara: Hurma sepeti.

Ve yiyorsa ondan günde bir kere[62]

Abdullah ibn Zerîr (rahimehullah) şöyle der: Bir Kurban Bayramı günü Ali'nin yanına girdiğimizde bize hazira[63] ikram etti. Biz "Allah seni ıslah etsin, bize bir kaz eti yedirseydin ya, ne de olsa mal çoğaldı" deyince şöyle karşılık verdi: "Ey ibn Zerir, ben Rasûlullah'ın *'Bir halifenin Allah'ın malından şu iki tencere dışında bir şey alması helal olmaz: Bir tencere ailesi için, bir tencere de insanlara yedirmek için'* dediğini duydum."[64]

Veranın adaletle buluşması işte böyle olur.

Anze ibn Abdurrahman eş-Şeybani şöyle diyor: Bir keresinde Havrank'da[65] Ali'nin yanına girdiğimde üzerinde kadife bir kıyafet olduğunu ve soğuktan titrediğini gördüm. Kendisine "Ey mü'minlerin emiri, Allah sana ve ev halkına bu maldan pay takdir etti, ama sen soğuktan titriyorsun!" dedim.

Şöyle cevap verdi: "Vallahi ben sizin malınızdan hiçbir şey almam; evimden –ya da Medine'den- çıktığımda üzerimde bu kadife vardı." [66]

Onun adaletine örnek oluşturan şeylerden biri de Ali ibn Rabîa el-Vâbili'nin anlattığı şu olaydır: İbnu'n-Nebâc Ali ibn Ebi Talib'e gelerek "Ey mü'minlerin emiri, müslümanların beytulmali altın ve gümüşle dolmuş durumda" dedi. O "Al-

---

62 Ebû Nuaym, el-Hilye; İbn Kesir, el-Bidaye, 8/3; Zehebi, Tarihu'l-İslâm.

63 Küçük parçalara ayrılmış olan etin bol suyla haşlanmasından sonra içine un eklenerek yapılan bir tür yemek. Tereyağ ve undan yapılan bir çorba olduğu da söylenmiştir.

64 Sahihtir. Ahmed, 1/78. Rivayetinde İbn Lehia vardır, ancak Harmele'nin İbn Vehb'den rivayetinde ondan rivayet eden kişi abadileden birisidir.

65 Kûfe'de bir yer adı.

66 Sahihtir. İbnu'l-Cevzi, Sıfatu's-Safve; Ebû Nuaym, el-Hilye; Zehebi, Tarihu'l-İslâm.

lahu ekber!!" diyerek tepki verdikten sonra İbnu'n-Nebâc'a dayanarak kalktı ve beytulmale kadar gitti. Sonra insanlara duyuru yapıldı ve müslümanların beytulmalinde bulunan her şey dağıtıldı. O bunu yaparken bir taraftan da "Ey sarı (altın), ey beyaz (gümüş) gidin benden başkasını aldatın..." diyordu.

Sonunda beytülmalde ne bir dinar ne bir dirhem kaldı. Her şey bitince içerinin yıkanmasını emretti ve yıkama bitince içeride iki rekat namaz kıldı.[67]

Ali ibnu'l-Erkam babasından şöyle rivayet eder: Ali'yi çarşıda kendisine ait bir kılıcı satarken gördüm. "Bu kılıcı benden kim satın alır? Taneyi yeşertene yemin olsun ki, bu kılıç Rasûlullah'ın nice sıkıntısını gidermiştir; eğer elimde üzerime bir izar alacak kadar para olsaydı bunu satmazdım" diyordu.[68]

Ali (radıyallâhu anh) müslümanların halifesi olarak Kûfe sokaklarında yürür, yolunu kaybetmiş olana yol gösterir, zayıfa yardım eder, yaşlıların işini görüp yükünü taşırdı. O hilafet sarayında oturmaz ve "O fesat sarayına mı? Ben oraya asla oturmam" derdi.

Biz mü'minlerin emirinden bahsettiğimizde, insanlığa ait azameti ve adaleti onun parlak şahsiyetiyle örneklendirmiş oluruz. O ordusuna "Kaçanı öldürmeyin, yaralının yaşamına son vermeyin; size, emirlerinize ve salihlerinize hakaret etseler bile kadınlara eziyet etmeyin. Allah'ı çok anın, belki o zaman kurtuluşa ulaşırsınız."

---

67 Hasendir. Ebû Nuaym el-Hilye'de tahric etmiştir.
68 Sahihtir. Ebû Nuaym, el-Hilye, 1/83; İbn Ebi Şeybe, el-Musannaf, 8/157.

Kûfe sokaklarından geçip halkı sabah namazına çağırdıktan sonra kendisi namaza hazırlandığı esnada vurulmuştu. Kendisini vuranın kim olduğunu öğrendikten sonra oğluna şöyle dedi: "Ona iyi bakın, eğer yaşarsam, kısas uygulama ya da affetme konusunda karar vermek bana düşer. Eğer ölürsem onu arkamdan gönderirsiniz, ben de onunla Rabbim katında hesaplaşırım. Benim ölümümden dolayı ondan başkasını öldürmeyin, zira Allah haddi aşanları sevmez." [69]

Ali Bu Ümmet'in Hükümde En İsabetli Kişisidir

Ömer ibnu'l-Hattâb "En isabetli hüküm verenimiz Ali'dir" der.

İbn Mesud'un (radıyallâhu anh) şöyle dediği rivayet edilmiştir: Biz aramızda Medine halkının hüküm vermede en iyi olan kişisinin Ali olduğunu konuşurduk.

Ali'den yapılan bir rivayette kendisi şöyle der: Rasûlullah beni Yemen'e kadı olarak göndermek isteyince kendisine "Ya Rasûlallah, yaşım küçük olduğu ve yargı konusunda bilgim olmadığı halde beni mi gönderiyorsun?" dedim. Bana şöyle cevap verdi: *"Allah senin kalbini doğruya ulaştıracak, dilini sabit kılacaktır. Karşına iki davalı oturduğunda, birinciyi dinlediğin gibi ikinciyi de dinlemeden hüküm verme. Bu doğru karara varman açısından en uygun harekettir."* O günden bu yana yargı işiyle uğraşmaktayım.' Ya da şöyle demiştir: 'O günden sonra bir konuda hüküm verirken şüpheye düştüğüm olmadı.'[70]

---

69 Tertibu'l-Efvah'tan naklen: Seyyid Hüseyin, 1/148-151.
70 Ahmed; Ebû Davud; Hakim, el-Mustedrek. Hakim isnadının sahih olduğunu söyler. Şeyh Vasiyyullah ibn Muhamme Abbas, İmam Ahmed'in Fadailu's-Sahâbesi'ne yaptığı tahkikte hadisin hasen olduğunu söyler: 2/699.

Said ibnu'l-Hudri'den aktarıldığına göre, -Ali'ye bir şey sorup da cevabını aldıktan sonra- Ömer'in Ali hakkında şöyle söylediğini duymuştur: Senin aralarında olmadığın bir topluluk içinde yaşamaktan Allah'a sığınırım, ey Ebû Hasen![71]

Ahmed "el-Menakib" de Ali'den şu rivayeti tahric eder: Rasûlullah (sallallâhu aleyhi ve sellem) onu Yemen'e gönderdiğinde aslan avlamak üzere kazılan bir çukura düşen dört kişiyle karşılaşır. Çukura önce içlerinden biri düşerek bir diğerine asılır, o da diğerine, derken dördü de düşerler ve aslan onları yaralar ve dördü de yaralar nedeniyle ölürler. Velileri olan yakınları anlaşmazlığa düşerler ve neredeyse birbirleriyle savaşacak duruma gelirler. Ali onlara şöyle der: "Ben aranızda hüküm vereyim; eğer razı olursanız sorun kalmaz, razı olmazsanız, aranızda hüküm vermesi için Rasûlullah'a gidene kadar sizi birbirinizden uzak tutarım. Çukuru kazan kabilelerden diyetin dörtte biri kadarını, üçte biri kadarını ve yarısı kadarını ve bir de tamamı kadarını toplayın. İlk düşen kişiye diyetin dörtte birini verin; çünkü o kendi üzerindekilerin ölümüne neden olmuştur. İkinci düşene üçte birini verin; çünkü o da üsttekilerin ölümüne neden olmuştur. Üçüncüye yarım verin; çünkü o da bir üsttekinin ölümüne neden olmuştur. Dördüncü de diyetin tamamını alır."

Fakat onlar kabul etmezler ve Rasûlullah'ın (sallallâhu aleyhi ve sellem) yanına gelirler. Onunla Makamı İbrahim'ın yanında görüşerek hikayeyi kendisine anlatırlar. O da "Ben aranızda hüküm vereceğim" der ve ayaklarını cübbesinin altına toplayıp oturur. Adamlardan biri "Aslında Ali bizim aramızda bir hüküm vermişti" der. Onun nasıl hüküm verdiğini anlattıklarında Rasûlullah bu hükmü onaylar.[72]

---

71   Muhib Taberi, er-Riyadu'n-Nadra Fi Menakibi'l-Aşra, 3/166.
72   Age: 3/169.

Cömertliği ve Keremi

Ebû Cafer şöyle der: Ali öldüğünde geliri yüz bin dirhemdi. Öldüğü gün ise yetmiş bin dirhem borcu vardı. Nasıl bu kadar borç yaptığını sorduğumda şöyle dedi: Feyden payları olmadığını düşündüğü yakınları ve tanıdıkları geldiğinde onlara kendinden verirdi. O öldükten sonra Hasen ibn Ali bazı şeyleri satarak ve malının değerli olmayan kısımlarından alarak onun borcunu kapattı. Ayrıca ölene dek her sene onun adına elli kişi azat ederdi. Onun ardından Hüseyn, öldürülene dek bunu devam ettirdi. Onlardan sonra ise bunu yapan olmadı.[73]

Ebû Bekir hevanın dikişini söktü, Ali ise onu parçaladı.

Allah'a Şükretmesi

Ali ibn Ebi Talib (radıyallâhu anh) tuvaletten çıktığında karnını eliyle sıvazlar ve "Kullar kıymetini bilseler bu ne müthiş bir nimettir" derdi.[74]

Kendisinden aktarıldığına göre Hemedanlı bir adama şöyle demiştir: "Nimet şükürle gelir, şükür nimeti çoğaltır ve bu ikisi (şükür ve nimet) hep bir aradadırlar. Kul şükürden vazgeçmedikçe Allah çoğaltmaktan vazgeçmez.[75]

Tevazusu

Amr ibn Kays'tan: Ali'nin (radıyallâhu anh) üzerinde yamalı bir kıyafet görülmüş ve bu konuda eleştirilmişti. Bunun üzerine şöyle dedi: 'Bu mü'min için uyulmaya layık, kalbin de boyun eğeceği bir davranıştır.'[76]

---

73 Mekarimu'l-Ahlak, s: 106.
74 Uddetu's-Sabirin, s: 122.
75 İbn Ebi'd-Dünya, eş-Şukr.
76 İsnadı sahihtir. Ahmed, Fadailu's-Sahâbe; İbn Sa'd, et-Tabakat.

Edebi

Abbas'ın azatlısı Suheyb'den: Ali'yi, Abbas'ın elini ve ayağını öperek "Amca, benden razı ol" derken gördüm.[77]

Zahitliği

Dünya ondan ümit kestiği için ağlamış, ahiret ise ona özlem çekip gülmüştür.

O elbisenin kabasından, yemeğin katısından hoşlanırdı.

Gece perdelerini indirip yıldızlar batınca mihrabının önünde sakalını tutmuş halde dikilir, dertli biri gibi ağlar, kendisini yılan sokmuş gibi kıvranır ve şöyle derdi: "Ey dünya! Benim peşime mi düştün? Benim hasretimi mi çektin? Ama nafile! Git başkasını aldat! Ben seni üç talakla boşadım bile, artık dönüş yok. Ömrün kısa, yaşamın hakir ama tehliken büyük. Ah ah, azık ne kadar az, yolculuk ne kadar uzun, yol ne kadar ıssız."

Altın Kadar Değerli Sözler

İşte onun kalplere altınla nakşedilmesi gereken sözlerinden bir demet:

"İnsanlar üç sınıftır: Rabbani âlim, kurtuluş yolunda ilim öğrencisi olan kimse ve ayak takımından olup her önüne gelene uyan, her rüzgara kapılan, ilim nuruyla aydınlanmayıp sağlam bir dayanağı olmayan kimse."

"İlim maldan hayırlıdır; ilim senin peşinde koşar, sen mal peşinde koşarsın; ilim infak ettikçe artar, oysa mal harcadıkça azalır; alimlere sevgi beslemek benimsenip uyulan bir din gibidir."

---

77   Zehebi isnadının hasen olduğunu söyler: es-Siyer, 2/94.

"İlim alime hayatında kendisine itaat edilme gibi bir kazanç sağlar, ölümünden sonra hakkında güzel konuşulmasına sebep olur. Malın getirdikleri ise kendisinin yok olmasıyla birlikte yok olur gider."

"Mal biriktirenler hayat sahipleri iken ölüp yok oldular. Alimler ise dünya var oldukça var olacaklardır. Bedenleri yok olsa da kalplerde hep var olacaklardır."

"Şu beş şeyi benden alıp öğrenin: Bir kul Rabbinden başkasından ümit etmesin, günahından başka şeyden de korkmasın. Cahil kimse bilmediğini sormaktan, alim kimse bilmediği bir şey kendisine sorulduğunda "Allah daha iyi bilir" demekten utanmasın. Bilin ki, sabrın imanın bütünü içerisindeki yeri başın bedendeki yeri gibidir; sabrı olmayanın imanı da yoktur."

"En çok korktuğum şey, heva peşinde olmak ve gelecekle ilgili beklentiler taşımaktır. Zira heva peşinde koşmak hakka uymaktan alıkoyar, geleceğe yönelik beklentiler ahireti unutturur. Bakın! Dünya size arkasını dönüp yola çıkmış durumda, ahiret ise yönünü size dönmüş gelmekte. Bunlardan her birinin evlatları vardır. Siz dünyanın değil ahiretin evlatları olun. Bugün amel var hesap yok, yarın ise hesap olup amel olmayacak." [78]

"İlmin pınarı, hikmetin madeni, gecenin kandili, elbisenin eskisi, kalbin yenisi olun. Gök halkı sizi tanısın, yer halkı tanımasın. Rabbiniz yanında anılan kimseler olun.

"Gerçek fakih, insanlara Allah'ın rahmetinden ümit kestirmemekle birlikte onun azabından emniyette oldukları hissini vermeyen, Allah'a karşı masiyette onlara ruhsat tanımayan, Kur'an'ı bırakıp başka şeylere iltifat etmeyen kimsedir. İçinde

---

78   Sıfatu's-Safve, 1/130.

ilim olmayan ibadette, içinde anlayış olmayan ilimde, ve beraberinde tedebbür olmayan kıraatte hayır yoktur."

"Hayır senin malının ve evlatlarının çoğalması değil, ilminin artması, hilminin büyümesi, Rabbine ibadette insanlarla yarışman ve güzel bir şey yaptıysan Allah'a hamdedip çirkin bir şey yaptıysan ondan bağışlanma dilemendir."

"Şu iki sınıf insan dışında hiç kimse için dünyada hayır yoktur: Bir günah işlediği zaman bunu tevbe ile telafi eden kimse ve hayırlar peşinde koşan, kendisine derece kazandıracak ameller işleyen kimse."

Etkileyici Bir Öğüt

Cafer ibn Muhammed babasından o da babasından rivayet ediyor: Ali (radıyallâhu anh) bir cenaze uğurladı. Cenaze mezarına konulunca ailesi bağıra çağıra ağlamaya başladı. Ali "Niye ağlıyorsunuz? Vallahi eğer ölen yakınlarının gördüğünü görmüş olsalar, gördükleri onlara ölülerini unuttururdu. Ölüm meleği onlara da gelecek ve içlerinden hiçbiri kalmayacak" dedikten sonra kalkarak şöyle dedi:

"Ey Allah'ın kulları, size pek çok misaller getiren, hepiniz için eceller belirleyen, duyduklarınızı anlamanız için kulaklar, önündeki perdeyi kaldırıp görmeniz için gözler, anlamanız için kalpler veren Allah'tan korkmanızı öğütlüyorum. Allah sizi boş yere yaratmamış, sizi yarattığı gibi size önem vermiş, bununla da kalmayıp size bol nimetler bahşetmiş, sizin için alacağınız karşılıklar hazırlamıştır. Öyleyse ondan korkun ey Allah'ın kulları ve onun rızasını kazanmak için çaba gösterin. Ölüm gelmeden önce salih ameller işlemeye bakın. Dünyanın nimetleri baki kalmaz, hiçbir şey insanı dünyanın acılarından emniyette kılmaz.

İbret alın ey Allah'ın kulları... Uyarıları dinleyin, öğütlerden faydalanın. Arzuların pençesinin sizi tutup mezara soktuğunu, Sur'a üflenilmesiyle başınıza korkunç şeylerin geldiğini düşünün. Cebbar olan Allah'ın kudretiyle kabirlerin açıldığını, insanların mahşere sürüldüğünü, hesap için bekletildiğinizi şöyle bir hayal edin. Her nefsi mahşerine götüren bir şey ve ona şahitlik eden bir şahit vardır: 'Yer Rabbinin nuruyla aydınlanmış, kitap konulmuş, nebiler ve şahitler getirilmiş ve onlar hiçbir zulme uğramaksızın aralarında hak ile hükmedilmiştir.' Bu gün sebebiyle yer sarsılmış, münadi seslenmiş, vahşi hayvanlar toplanmış, sırlar açığa çıkmış, kalpler titremiş, cehennem kendini göstermiş, ateşi alevlenmiş ve hararet yükselmiştir.

Ey Allah'ın kulları, Allahtan öyle korkun ki, sakınan, doğruları gören, öğüt alan, hedefi peşinde koşan, kaçıp kendini tehlikeden kurtaran, diriliş günü için hazırlanan ve azığını yanına alan kimse gibi olun.

İntikam alıcı ve zafere ulaştırıcı olarak Allah, hüccet olarak Kitab, mükafat olarak Cennet, ceza olarak Cehennem yeter. Kendim için ve sizin için Allah'tan bağışlanma diliyorum." [79]

İttiba Nimeti

Mervan ibn Hakem şöyle demekte: Mekke ve Medine arasında Ali'yi ve Osman'ı gördüm; Osman temettu haccından ve hac ve umreyi birleştirmekten nehyediyorudu. Bunu gören Ali ikisine birden niyet ettiğini duyurdu ve "Lebbeyke bihaccetin ve umra" dedi. Osman "Benim insanları bir şeyden nehyettiğimi görüp dururken aynı şeyi sen yapıyorsun!"

---

[79] Sıfatu's-Safve, 1/132-133.

deyince, Ali "Herhangi bir insanın sözü üzerine Rasûlullah'ın sünnetini terk edecek değilim" cevabını verdi.[80]

Beyhaki Ali'den (radıyallâhu anh) şöyle rivayet eder: "Eğer dini hükümler insanın görüşüyle belirlenseydi, mestin altını meshetmek üstünü meshetmekten daha uygun olurdu. Ama ben Rasûlullah'ın, mestin üst kısmını mesh ettiğini gördüm."

Allah'ın, onun emrine uymayanlar hakkında *"Onun emrine aykırı davrananlar kendilerine bir fitne ya da acı bir azab dokunmasından sakınsınlar"* (en-Nur: 63) dediği Rasûl'e ittiba işte böyle olur.

Allah'u Teâlâ tüm ümmeti Rasûl'e tabi olmaya çağırarak şöyle demiştir: *"Allah'ın Rasûlünde sizin için, sizden Allah'ı ve ahiret gününü ümit edenler ve Allah'ı çok zikredenler için (uyulmaya değer) güzel bir örnek vardır."* (el-Ahzab: 21)

Allah'u Teâlâ kitabında *ondan "Size kendi içinizden öyle bir Peygamber gelmiştir ki, sizin sıkıntı çekmeniz ona ağır gelir. O size çok düşkün, mü'minlere karşı son derece şefkatli ve merhametlidir."* (et-Tevbe: 128)

Allah'a Daveti

Bera'dan rivayet edildiğine göre Rasûlullah (sallallâhu aleyhi ve sellem) Halid ibn Velid'i Yemen halkına, onları İslâm'a davet etmesi için göndermiştir. Bera şöyle demekte: Ben de Halid ibn Velid'le birlikte çıkanlar arasındaydım. Orada altı ay boyunca kaldık ve o bu süre boyunca onları İslâm'a davet etti, fakat halk ona icabet etmedi. Sonra Rasûlullah Ali ibn Ebi Talib'i gönderdi ve ona Halid'i geri göndermesini emretti. Sadece onun beraberindeki bir kişi ve Ali'nin yanında kalmak isteyenler geri dönmeyebilirlerdi.

---

80 Buhârî.

Bera şöyle diyor: Ben de Ali'nin yanında kalanlardandım. Topluluğa yaklaştığımızda onlar da bize doğru ilerlediler. Ali öne geçerek bize namaz kıldırdıktan sonra bizi tek saf halinde dizdi, ardından önümüze geçerek onlara Rasûlullah'ın mektubunu okudu. Mektubu dinleyen Hemedan kabilesi[81] topluca Müslüman oldu.

Ali (radıyallâhu anh) Rasûlullah'a (sallallâhu aleyhi ve sellem) bir mektup yazarak onların İslâm'a girdiklerini kendisine haber verdi. Rasûlullah (sallallâhu aleyhi ve sellem) mektubu okur okumaz secdeye kapandı, sonra başını kaldırarak *"Hemedan'a selam olsun, Hemedan'a selam olsun!"* dedi.[82]

Haricilerle Savaşması

Ebû Said el-Hudri'den: Oturmuş Rasûlullah'ı (sallallâhu aleyhi ve sellem) bekliyorduk. Sonunda o eşlerinden birinin evinden çıkarak yanımıza geldi. Onunla birlikte yürümek üzere ayağa kalktığımız esnada onun nalınlarından biri koptu. Ali onu onarmak üzere geride kalmıştı. Rasûlullah ilerledi, biz de onunla birlikte ilerledik. Az sonra Ali'yi beklemek üzere durup dikildi, biz de onunla birlikte durduk. O esnada *"İçinizde Kur'an'ın inmesi sonucunda savaştığı gibi, onun tevili sonucunda da savaşacak birisi var"* dedi. Aramızda Ebû Bekir ve Ömer vardı. Rasûlullah *"Hayır, o kişi nalını tamir eden kişi"* dedi. Bunun üzerine biz kendisine müjde vermek için yanına gittik, fakat o sanki bunu işitmiş gibiydi.[83]

---

81 Yemen'in kuzeyinde yaşayan bir kabiledir. Yemenli diğer kabileler onların Müslüman olmalarından sonra İslâm'a girmişlerdir. (çev.)

82 Beyhaki tahric etmiştir. Buhârî muhtasar olarak rivayet eder. El-Bidaye'de de bu şekildedir (5/105).

83 Ahmed, Müsned, 3/82. İsnadı hasendir.

O Haricilerle savaşan ve onlar tarafından öldürülen kişidir. Hariciler ise Rasûlullah'ın haklarında *"Onlarla savaşan ve onlar tarafından öldürülen kimseye müjdeler olsun"* dediği kimselerdir.[84]

Rasûlullah (sallallâhu aleyhi ve sellem) onlar hakkında şunları söylemiştir:

"Onları görecek kadar yaşayacak olursam, onları Semud kavminin öldürülmesi gibi öldürürüm." [85]

"Hariciler cehennemin köpekleridirler." [86]

"Onlarla savaşacak olan ordu, nebilerinin diliyle kendilerine nelerin takdir edildiğini bilselerdi bu amelle yetinir, başka amel işlemeye gerek duymazlardı."[87]

"Onları öldüren için Allah katında büyük bir ecir vardır."[88]

Hariciler Ali'ye karşı ayaklandıklarında insanların Kur'an'ı okuyanlarından[89] olan seksen bin kişiydiler. Harûra'ya indiler ve Ali onlarla tartıştı. Bunun sonucunda onlardan –aralarında Abdullah ibnu'l-Keva'nın da bulunduğu- dört bin kişi fikirlerinden döndüler. Ali geriye kalanlara da elçi göndererek vazgeçmelerini teklif ettiyse de onlar kabul etmediler.

Bunun üzerine o "Dökülmesi haram olan hiçbir kanı dökmemek, yol kesmemek ve hiç kimseye zulmetmemek kaydıy-

---

84　İsnadı hasendir. İbn Ebi Âsım, es-Sunne, Abdullah ibn Ebi Evfa'dan; Ahmed.

85　Sahihtir. Sahih olan bir başka rivayette "Âd'ın öldürüldüğü gibi" şeklindedir.

86　Sahihtir. Ahmed; İbn Mace; Hakim, ibn Ebi Evfa'dan. Ahmed ve Hakim Ebû Umame'den. Elbani sahih olduğunu söyler.

87　Nesai, Hasaisu Ali; Abdullah ibn Ahmed, es-Sunne.

88　Sahihtir. İbn Mace, Ahmed ve Tirmizi İbn Mesud'dan rivayet ederler.

89　Yani ümmi değillerdi, Kur'an'ı okuyan kimselerdi. (çev.)

la istediğiniz yerde yaşayın, eğer bunları yapacak olursanız bu anlaşmamızı bozmuş olursunuz ve sizinle savaşırız" diye haber gönderdi.

Abdullah ibn Şeddad şöyle der: Vallahi o, Hariciler yol kesene ve haram olan kanı dökene kadar onlarla savaşmadı. Onların kan dökmeleri ise Abdullah ibn Habbab ibn Eret'i öldürüp cariyesinin karnını yarmalarıyla başlamıştır.[90]

Seleme ibn Kuheyl'den nakledildiğine göre şöyle der: Zeyd ibn Vehb el-Cüheni'nin anlattığına göre kendisi Hariciler'e karşı çıkan orduyla birlikte Ali'nin yanındaymış. O günlerde Ali'nin (radıyallâhu anh) şöyle dediğini söyler: "Ey insanlar, ben Rasûlullah'ın (sallallâhu aleyhi ve sellem) şöyle söylediğini duydum: *'Ümmetimden öyle bir topluluk çıkar ki, onların Kur'an'ı okumaları yanında sizin okumanız, onların namazları yanında sizin namazınız, onların oruçları yanında sizin orucunuz hiç kalır. Fakat onlar Kur'an'ı okumalarının kendi lehlerine olduğunu zannettikleri halde bu aslında onların aleyhinedir. Namazları köprücük kemiklerini aşmaz ve onlar okun hedefini delip geçmesi gibi (dinde haddi aşarak) İslâm'ı delip geçerler. Onlarla savaşacak olan ordu, nebilerinin diliyle kendilerine nelerin takdir edildiğini bilselerdi bu amelle yetinir, başka amel işlemeye gerek duymazlardı. Bu kimselerin göstergesi aralarında kolunun dirsekten aşağısı olmayan ve pazusunda üzerinde beyaz kıllar olan meme başı gibi bir şey bulunan bir adamın varlığıdır.'*

Muaviyeye ve Şam ehline gidip de soylarınızı ve mallarınızı onlara mı terk edeceksiniz? Vallahi ben bu topluluğun onlar (hadiste bahsedilen kişiler) olmasını ümit ediyorum. Zira bunlar haram olan kanı döktüler, insanların mallarına saldırdılar. Allah'ın adıyla yürüyün."

---

90 Salahu'l-Umme'den naklen. Dr. Seyyid Huseyn, 5/92.

Seleme ibn Kuheyl şöyle der: Zeyd ibn Vehb beni bir yere götürdü ve bir köprüden geçtik. O gün başlarında Abdullah ibn Vehb er-Rasibi bulunan Haricilerle karşılaştığımızda şöyle dedi: "Mızraklarınızı fırlatın, kılıçlarınızı çekin; zira ben onların Harura günü yaptıkları gibi Allah'ın adını kullanarak seslenmelerinden (barış istemelerinden) korkuyorum. Bunun üzerine askerler uzaktan mızraklarını attılar ve kılıçlarını çektiler. Mızraklar onlara isabet etti ve üst üste düşüp öldüler. Ali'nin tarafından ise sadece iki kişi isabet aldı. Ali (radıyallâhu anh) askerlere "Onların arasında Nebi'nin tarif ettiği sakat kişiyi arayın" dedi. Aradılar ama onu bulamadılar. Bunun üzerine Ali kendisi aramaya çıktı. Bir yere geldiğinde birbirinin üstüne yığılı cesetler gördü ve "Onları kaldırın" dedi. Aradıkları adamı en altta buldular. Ali tekbir getirdi ve "Allah doğru söyledi, onun Rasûlü de bu gerçeği tebliğ etti" dedi.

Ubeyde es-Selmani kalkıp ona doğru ilerleyerek "Bu hadisi Allah'ın Rasûlünden işittiğine dair kendisinden başka ilah olmayan Allah'a yemin eder misin?" deyince "Kendisinden başka ilah olmayan Allah'a yemin ederim ki, bunu ondan işittim" dedi. Ubeyde ondan üç kez yemin etmesini istedi, o da her seferinde yemin etti.[91]

Yolculuk Vakti

Nebi (sallallâhu aleyhi ve sellem) onu daha önce şehadetle müjdelemişti ve Ali (radıyallâhu anh) bu büyük müjdeyi hiç unutmadı. Bu yüzden ömrü ne kadar uzarsa uzasın sonunda şehit olacağından emindi.

Zey ibn Vehb şöyle der: Ali Basralı bir grup Harici'nin yanına gitmişti. Aralarında bulunan Ca'd ibn Ba'ce adında birisi ona "Allah'tan kork ey Ali, bir gün öleceksin" deyince,

---

91 Müslim, 748; Ebû Davud, 4768.

şu cevabı verir: "Hayır, aksine öldürüleceğim. –Başını göstererek- şuraya bir darbe iner –sakalını göstererek- ve şu (kana) boyanır. Belirlenmiş bir vakit ve takdir edilmiş bir kader... Yalan söyleyen kaybetmiştir."

Ebû Miclez'den: Merad'dan bir adam, kendisi mescitte namaz kılarken Ali'nin yanına gelerek "Kendine bekçi edin; zira Merad'dan kimseler seni öldürmek istiyorlar" deyince, ona şöyle karşılık verdi: "Her insanın yanında, kendisi için henüz takdir edilmemiş şeyden onu koruyan iki melek vardır. Kader geldiği zamansa bu iki melek onunla o insan arasından çekilirler. Ecel (belirlenmiş olan vakit) koruyucu bir kalkan gibidir." [92]

Esbeğ el-Hanzali şöyle der: Ali'nin (kerremallahu vechehu) vurulduğu gece fecir doğunca İbnu't-Tuyah ona gelerek kendisini namaza çağırdı. O ise ağır bir uykuda idi. İbnu't-Tuyah ikinci ve üçüncü kez gelerek ona seslendi. Ali kalktı ve yürürken şu şiiri söyledi:

Ölüme hazır ol,

Sana aniden geldiğinde

Ölümden korkma,

Senin vadine indiğinde.

Onun (radıyallâhu anh) öldürülüş hikayesi ise şöyledir:

Haricilerden Abdurrahman ibn Mulcem, Berak ibn Abdullah ve Amr ibn Bekr et-Temimi bir araya gelerek insanların durumları hakkında konuşmuş ve idarecileri ayıplamışlar sonra da Nehravan'da ölenleri anıp onlara acımışlardı. Şöyle dediler: "Onların ardından hiçbir şey yapmıyoruz. Bu kardeşlerimiz insanları Rablerine kulluğa davet eden kimselerdi ve

Allah yolunda kınayanın kınamasından korkmazlardı. Eğer canlarımızı ortaya koyar, sapmış idarecileri öldürmenin yolunu bulursak, ülkeyi onlardan kurtarıp rahata kavuşturmuş ve kardeşlerimizin de intikamını almış oluruz."

İbn Mulcem "Ali ibn Ebi Talib'i bana bırakın" dedi. Berak "Muaviye'yi bana bırakın" dedi, Amr ibn Bekr "Amr ibnu'l-Âs'ı da bana bırakın" dedi. Üçü sorumlu oldukları kişiyi öldürene ya da bu uğurda ölene dek bu işten dönmeyeceklerine dair birbirlerine söz verip taahhütte bulundular. Sonra kılıçlarını alıp zehire buladılar ve her biri hicri 40 senesinin Ramazan ayının on beşinde kurbanının üzerine saldıracağını vaat etti. Ardından kurbanlarının bulunduğu mekânlara gitmek üzere ayrıldılar.

İbn Mulcem, Kinde kabilesinin divanına mensuptu. Yola çıkıp Kûfe'ye ulaşınca, planının duyulmasını istemediği için niyetinin ne olduğunu orada bulunan dostlarına söylemedi. Kûfe'de Rabâb'a mensup Teym kabilesinden yakın arkadaşları vardı ve bunların arasında da Katam ibnetu'ş-Şecne adlı, babası ve kardeşi Nehravan Savaşı'nda Ali tarafından öldürülmüş olan bir kadın vardı. Bu kadın o kadar güzeldi ki, İbn Mulcem onu görünce aklı başından gitti ve oraya ne için geldiğini unutarak ona evlenme teklifinde bulundu, fakat kadın "Benim derdime derman olmazsan seninle evlenmem" diye karşılık verdi.

İbn Mulcem "Derdinin dermanı nedir?" diye sorunca, kadın "Üç bin dirhem, bir köle, bir şarkıcı cariye ve Ali ibn Ebi Talib'in katledilmesi" dedi. İbn Mulcem "İstediklerin senin mehrin olsun. Ali'ye gelince, benimle evlenmeyi istiyor olduğun halde onu öldürmemi talep ediyor olamazsın" deyince, kadın "Aksine bunu talep ediyorum; onun gaflet anını bekle ve saldır. Eğer başarırsan, kendi derdine de benim derdime de derman olmuş olursun. O zaman benimle birlikte yaşamak sana kutlu olsun. Şayet sen öldürülecek olursan da, senin için Allah katında olanlar, dünyanın zinetinden daha hayırlıdır" diye cevap verdi.

İbn Mulcem ona "Vallahi bu beldeye bundan başka bir amaç için gelmedim" dedi.

Kadın ona kavmi arasından bir yardımcı seçti, o da kendisine başka bir yardımcı daha seçti. Hicri 40 senesinin Ramazan ayının on beşi gelince, pusu kurarak Ali'yi (radıyallâhu anh) beklediler. O sabah namazı için yola çıkınca ibn Mulcem kılıcıyla onun başına bir darbe indirdi. O esnada "Hüküm Allah'ındır; ne senin, ne de ashabının" diye bağırıyordu. Namaz için mescitte bulunanlar dehşete düştüler.[93]

İmam başına inen zehirli bir kılıç darbesiyle sonunda Rabbine kavuşmuştu. Aynen kendisinden önce Ömer'in bir hançer darbesiyle ona kavuştuğu gibi!

Bu büyük kahramanın azameti hayatının son sahnesinde de kendini gösterdi. Hem de kelimenin tam anlamıyla ona en layık biçimde ve onun hakikatine en doğru biçimde delalet edecek şekilde!

Kaderin darbesi başına iner inmez evine taşındı.

O bu felaket anlarını yaşadığı esnada bir taraftan da kendisini taşıyanlara ve etrafında dönenlere, namaz geçmeden mescide gitmelerini emrediyordu. Kendisi bu namaza hazırlanırken onunla arasına bu suikast girmiş ve ona yetişememişti. İnsanlar namazlarını bitirip tekrar onun yanına dönerlerken

---

93 Şeyh Hasen Eyyub'un "el-Hulafau'r-Raşidun" adlı kitabından naklen. S: 319-320.

bazı kişiler de katil Abdurrahman ibn Mulcem'i tutmuş ona getiriyorlardı. İmam gözlerini açıp da onu görünce başını üzüntüyle salladı ve "Sen ha! Halbuki sana ne kadar çok iyilikte bulundum..!" dedi.

Oğullarının ve ashabının yüzlerine şöyle bir bakınca hepsinin yüzünden de büyük bir öfkenin taşmakta ve içlerinde bir intikam ateşinin yanmakta olduğunu gördü. Ölüm soğukluğunu eklemlerinde hissedebiliyordu. İbn Mulcem'in karşılaşacağı sonu ve evlatlarının alacakları ürkütücü intikamı göremeyebilirdi. Bu yüzden katilini, kendisi hakkında meşru kısas sınırlarının aşılması gibi bir durumdan korumak istedi.

Bu düşünceyle onlara seslendi. Kelimeler ağzından boğuk bir sesle ve kesik kesik çıkıyordu. O bu haliyle Kur'an'ın kendisine bahşetmiş olduğu o "insanî azamet" e parlak bir levha daha resmediyordu.

Oğullarına ve ailesine şöyle dedi:

"Ona iyi bakın, eğer yaşarsam, kısas uygulama ya da affetme konusunda karar vermek bana düşer. Eğer ölürsem onu arkamdan gönderirsiniz, ben de onunla Rabbim katında hesaplaşırım. Benim ölümümden dolayı ondan başkasını öldürmeyin, zira Allah haddi aşanları sevmez."[94]

Siyer alimleri şöyle demekteler: Abdurrahman ibn Mulcem onu Kûfe'de Ramazan ayının bitmesine on üç gün kala öldürmüştür. Bu gecenin hicri 40 senesinde Ramazan'ın yirmi birinci gecesi olduğu da söylenmiştir. O Cuma ve Cumartesi günleri boyunca yaşamış Pazar gecesi vefat etmiştir. Kendisini iki oğlu ve Abdullah ibn Cafer yıkamışlar, namazını Hasen kıldırmış, Sehar'a gömülmüştür.[95]

---

94 Halid Muhammed Halid, Hulefau'r-Rasûl, 598-599.
95 Sıfatu's-Safve; 1/135.

Hasen ibn Ali şöyle demiştir: Ey insanlar, dün aranızdan öyle bir insan ayrılmıştır ki, ne öncekiler onu geçebilmişlerdir, ne de sonrakiler ona yetişebileceklerdir. Rasûlullah (sallallâhu aleyhi ve sellem) savaşa onu gönderir, sancağı ona verirdi. O Cibril sağında Mikail solunda olduğu halde Allah kendisine fetih nasip etmeden dönmezdi. O ödemelerinden arta kalan ve bir hizmetçi satın almayı düşündüğü yedi yüz dirhem dışında hiçbir mal bırakmamıştır.[96]

Yolcunun vatanına dönüşü, menziline ulaşışı işte böyle oldu!

Ebû Talib'in oğlu dünyadan göçtü, ama onun hayatı ve orada yaşadığı günler bir güneşe dönüşerek beşeriyetin hayatındaki ve tarihindeki yüksek mekanına yerleşti. Oradan hakikate ait değerleri, kahramanlıkları, imanı, hayrı ve şerefi kendi yörüngesine çekmeye başladı.

İşte böyle... O hem ayrıldı hem ayrılmadı, hem yola çıktı hem çıkmadı...

O ikamet halindeki bir yolcudur...

O dünya halkını ve onların dünyalarını terk ederken kendi zikri ve kendi anısına nice ebedilik kapıları açtı. O Allah'ı, Rasûl'ü ve ahiret yurdunu tercih etti.

Fırtınalar ve kasırgalar kendi karanlıkları içinde onu yoldan çıkarmak, ona istikametini kaybettirmek yahut onu amacından ve sahip olduğu prensiplerinden alıkoymak için ortalığı kasıp kavursalar da o asla yolundan ayrılmamıştır.[97]

Allah Ali'den ve diğer sahâbîlerden razı olsun.

---

96 İbn Hibban; Ahmed; Bezzar. Elbani sahih olduğunu söylemiştir: es-Sahiha: 2496.
97 Hulefau'r-Rasûl, s: 601.

SORULAR VE CEVAPLAR

Soru: Hz. Ali ne zaman doğmuştur?

Cevap: Ali (radıyallâhu anh) miladi 600 yılında, ağabeyi Cafer-i Tayyar'dan 10 yıl sonra doğdu.

Cafer ile ağabeyi Ukayl arasında da on yıl vardır. Dolayısıyla Hz. Ali, Ebû Talib'in üçüncü erkek çocuğu, iki Haşimiden doğan Haşimi çocukların da ilkidir.

Soru: Hz. Ali'nin babasının adı nedir?

Cevap: İsmi Abdumenaf[98], künyesi Ebû Talib'tir[99]. Ebû Talib ile Rasûlullah'ın (sallallâhu aleyhi ve sellem) babası Abdullah'ın anneleri birdir ki adı Fâtıma binti (kızı) Amr b. Aiz el-Mahzumi'dir.

Soru: Hz. Ali'nin Rasûlullah (sallallâhu aleyhi ve sellem)'ın himayesinde büyümesi nasıl olmuştur?

Cevap: Kureyşliler birkaç yıl büyük bir kriz yaşadılar. Ebû Talib de fakirdi ve aile efradı kalabalıktı. Bunun üzerine Rasûlullah (sallallâhu aleyhi ve sellem), dedesi Abdulmuttalip'ten sonra kendisinin himayesi altına alıp yetiştiren amcasına vefa borcunu ödemek için amcasının yükünü hafifletmek istedi.

---

98 Adının İmran olduğu da söylenmiştir; ancak bu zayıftır, makbul bir rivayet değildir.

99 Bu künyesinin nereden geldiği hususunda, O'nun daha önce Talip adında bir çocuğunun dünyaya geldiği rivayet edilir.

Amcası Abbas'a gelerek konuyu açtı. Sonunda her birinin amcalarının bir çocuğuna bakmasına karar verdiler. Ebû Talib de, Ukayl'ı yanında bırakmaları şartıyla, memnuniyetle kabul etti. Ali (radıyallâhu anh) Rasûlullah'a (sallallâhu aleyhi ve sellem), Cafer de Abbas'a düştü. Ali küçüktü; yaşı sekiz ile on arasındaydı. Dolayısıyla Ali (radıyallâhu anh) çocukluğunda ve ergenlik çağında Rasûlullah'ın (sallallâhu aleyhi ve sellem) evinde kaldı.

Soru: Nasıl Müslüman oldu?

Cevap: Meşhur siyer kitabının yazarı Muhammed b. İshak el-Muttalibi şöyle der: "Sonra Ali b. Ebû Talib (radıyallâhu anh) bir gün sonra geldiğinde ikisini (yani Rasûlullah (sallallâhu aleyhi ve sellem) ile Hatice'yi) namazı kılarlarken gördü. "Ey Muhammed bu nedir?" diye sordu. Rasûlullah (sallallâhu aleyhi ve sellem) "Allah'ın, kendisine seçtiği ve onunla elçilerini gönderdiği dinidir. Seni tek olan ve hiçbir ortağı bulunmayan Allah'a ve O'na kulluğa, Lat ve Uzza'yı redde çağırıyorum" dedi. Ali (radıyallâhu anh) "Bu daha önce hiç işitmediğim bir şey. O yüzden babama danışmadan bir karar veremeyeceğim" dedi. Rasûlullah (sallallâhu aleyhi ve sellem) kendisi açığa çıkarmadan sırrının yayılmasını istemedi ve "Ya Ali, Müslüman olmayacaksan gizle" dedi.

Hz. Ali bu şekilde birkaç gün bekledi. Sonra Allah kalbine İslâm'ı koydu. Bir sabah Rasûlullah'a (sallallâhu aleyhi ve sellem) gelerek "Ya Muhammed, sen bana neyi teklif etmiştin?" dedi. Rasûlullah (sallallâhu aleyhi ve sellem) "Allah'tan başka ilah olmayıp, ortağının bulunmadığına şehadet etmeni, Lat ve Uzza'yı reddedip, ortak edinilen şeylerden beri olmanı" dedi. Ali (radıyallâhu anh) de söylediğini yaptı ve Müslüman oldu.

Ebû Talib'ten korkarak ve Müslümanlığını gizleyerek yanına gelip gitti.

Soru: Babası Ebû Talib Müslüman oldu mu? Oğlundan ne istedi?

Cevap: Böylece Ali (radıyallâhu anh) Müslüman olan ilk genç ve toplam üç müslümanın üçüncüsü oldu: Efendimiz (sallallâhu aleyhi ve sellem), Hatice (radıyallâhu anh) ve Ali (radıyallâhu anh).

Ancak Hz. Ali'nin İslâm'ını gizlemesi uzun sürmedi. Ebû Talib bunu öğrendi ve oğluna "O -yani Muhammed (sallallâhu aleyhi ve sellem)- ancak hayra çağırdığından O'na uy" dedi. Yine "Amcanın oğlunun himayesinde olmaya devam et" dedi.

Kendisi ise Rasûlullah'ı (sallallâhu aleyhi ve sellem) destekleme, koruma ve savunma tavrını sergilese de Müslüman olmadı; Rasûlullah'a (sallallâhu aleyhi ve sellem) uymadı.

Soru: Hz. Ali'nin kardeşleri kimlerdir?

Cevap: En meşhur kardeşleri şunlardır:

Cafer b. Ebû Talib: Habeşistan'a Hicret edenlerin başında gelen kişidir. Eşi Esma binti Umeys ile birlikte Hicret etti ve orada Abdullah adında çocukları oldu. Hicretten Hayber günü döndü, sonra Hicretin sekizinci yılının Cemadiye'l-evvel ayında Mute savaşında şehid düştü.

Ukayl b. Ebû Talib (radıyallâhu anh): En büyükleri olan Ukayl İslâm'a geç vakitte girdi.

Bunların Fatihe (Ümmü Hani') adında bir kızkardeşleri vardır ve Rasûlullah'ın (sallallâhu aleyhi ve sellem) İsra ve Mirac'ı O'nun evinden olmuştur. Diğer bir kızkardeşleri de Cümane'dir. Bunların hepsi tek bir anneden, Fatıma binti Esed b. Haşim'dendir.

Soru: Hz. Ali'nin annesi olan bu Fatıma kimdir?

Cevap: Hz. Ali'nin annesi Fatıma (radıyallâhu anh) Esed b. Haşim b. Abdulmenaf'ın kızıdır. Müslüman oldu ve hicret etti. Rasûlullah'ın (sallallâhu aleyhi ve sellem) sağlığında, Medine'de vefat etti. Rasûlullah (sallallâhu aleyhi ve sellem) O'nu kendisinin annesi gibi görüyor, küçük bir yetim çocukken kendisine bakmasını unutmuyor, ona büyük saygı gösteriyor ve çok ikramda bulunuyordu.

Soru: O'nun hakkında ne söyledi?

Cevap: Rasûlullah (sallallâhu aleyhi ve sellem) O'nu kendi elbisesiyle kefenleyip namazını kıldırdı ve "Ebû Talib'ten sonra bana O'ndan daha çok iyiliği geçen olmadı" dedi.

Soru: Müslüman oldu mu, Hicret etti mi?

Cevap: Ebû Talib'in vefatından sonra - bir rivayete göre önce- Müslüman oldu. Müslümanların Medine'ye Hicretleri esnasında Rasûlullah'dan (sallallâhu aleyhi ve sellem) sonra, Ebû Talib'in yakınlarıyla hicret etti ve bu Hicrette Hz. Ali de (radıyallâhu anh) O'nunla birlikteydi.

Soru: O'nunla meşhur olduğu künyesi nedir?

Cevap: En büyük oğlu Hasan'a nisbetle, Ebû Hasan (Hasan'ın oğlu) künyesiyle meşhur olmuştur. Ayrıca Rasûlullah'ın (sallallâhu aleyhi ve sellem) O'na verdiği "Ebû Turab: Toprağın babası, adamı" künyesiyle de meşhur olmuştur. Zira bir gün eve geldiğinde O'nu yerinde bulmamış; sonra O'nu yere yatmış, başını toprağa koymuş ve yüzü toza toprağa bulanmış halde bulmuş ve "Kalk ey Ebû Turab" diye seslenerek kaldırmıştı.

Soru: O'na neden "Kerremallahu vecheh" denmiştir? (Hz. Ali anıldığında, diğer sahâbîlerden farklı olarak, radiyallahu anhu yerine böyle denir.)

Cevap: Allah (c.c.) O'nu korumuş, yüzünü ve alnını cahiliyye dönemi insanlarının kutsadığı herhangi bir puta veya saneme koymaktan muhafaza etmiştir. Küçüklüğünden beri Allah'tan başkasının önünde eğildiği bilinmemektedir. Çünkü erken, çok erken yaşta Müslüman olmuştur... İşte Allah O'nun yüzünü böyle ak eylemiştir.

Soru: Fizikî yapısı nasıldı?

Cevap: Normalden biraz uzun, ama kısaya daha yakındı. Geniş ve beyaz sakallıydı. Boyamazdı, sadece bir defa kına yaktı; sonra bıraktı. Başı kel idi, sadece birkaç kıl vardı. Şişmandı. Kol ve bacaklarının pazu kısımları iri, uca yakın kısımları ince idi. Gözleri iriydi. Gözünde sürme iziyle görüldü. Elleri sertti. Yürürken başı dik yürürdü. Eli ve dirseği güçlüydü. Savaşa giderken çabuk adımlarla, hızlı yürürdü. Soğukkanlı ve yiğitti. Kimle dövüştüyse onu alt etti. Cesurdu. Kimle savaştıysa zafer O'nun oldu. Şen ve neşeliydi.

Soru: Okuma yazma biliyor muydu?

Cevap: Okuma-yazma, edebiyat, fesahat ve belağatte zirve ve son noktaydı. O'ndan rivayet edilen sözler, hikmetler ve hutbeler kendi başına bir ekol oluşturabilecek derecededir. Sahâbî ve tabiinden hiç kimse (Allah hepsinden razı olsun) O'nun yakınından bile geçemez. O'nu kendisine örnek almak isteyen herkes bunların tümüyle (hutbeleri, sözleri vs.) ilgilenmiştir.

Soru: Rasûlullah'dan (sallallâhu aleyhi ve sellem) sonra Hicreti neden gecikmiştir?

Cevap: Rasûlullah'ın (sallallâhu aleyhi ve sellem) Hicret için evden çıktığı gece kendisini feda ederek Rasûlullah'ın (sallallâhu aleyhi ve sellem) yorganını üzerine alıp O'nun yatağında yatmıştır ki bu olay meşhurdur. Rasûlullah (sallallâhu aleyhi ve sellem) daha sonra, elindeki emanetleri sahiplerine ulaştırması için O'nun orada kalmasını istemiştir.

Ayrıca Rasûlullah'ın (sallallâhu aleyhi ve sellem) aile efradının Hicretinde de güvenilir bekçi ve koruyucu olarak bulunmuş-.tur. Bunun mana ve işaretleri büyük ve önemlidir

Soru: Medine'ye kimle hicret etti?

Cevap: Ali (radıyallâhu anh) Medine'ye annesi Fatıma binti Esed'le birlikte hicret etti. Bu Hicrette beraberindeki diğer kişiler Zeyd b. Harise, Mü'minlerin annesi Sevde binti Zem'a ve Rasûlullah'ın (sallallâhu aleyhi ve sellem) kızları Ümmü Gülsüm ve Fatıma idi.

Rivayete göre Ali (radıyallâhu anh) Medine'ye kadar yürüyerek gitti. Geceleri yürüyor, gündüzleri gizleniyordu. Rasûlullah (sallallâhu aleyhi ve sellem) geldiğini haber alınca "Bana Ali'yi çağırın!" buyurdu. "Ya Rasûlallah! Yürüyemiyor" dediler. Bunun üzerine O yanına gitti. Görünce sarıldı ve ayağının şişliğine acımasından ağladı.

Soru: Rasûlullah (sallallâhu aleyhi ve sellem) O'nu kim ile kardeş yaptı?

Cevap: Rasûlullah (sallallâhu aleyhi ve sellem) Muhacir ile Ensarı birbirlerine kardeş yaparken Hz. Ali'nin elinden tuttu ve "Bu da benim kardeşim" buyurdu. Bu hususta başka rivayetler bulunsa da en meşhuru budur.

Soru: Bedir günü Hz. Ali sancaktar mıydı?

Cevap: Bedir günü sadece bir sancak yoktu; biri muhacirlerin, diğeri ensarın olmak üzere iki siyah sancak vardı. Muhacirlerin sancağını Ali (radıyallâhu anh), ensarın sancağını ise Sa'd b. Muaz taşıyordu.

Hz. Ali'deki sancağın adı "Ukab (Kartal)" idi.

Soru: O gün Hz. Ali (radıyallâhu anh) nasıl savaştı?

Cevap: Bedir günü savaş önce teke tek başladı. Müşriklerin seçkin savaşçılarından Utbe b. Rebia, oğlu Velid b.Utbe ve kardeşi Şibe b. Rebia meydana çıktılar ve "Ya Muhammed, karşımıza denklerimizi çıkar" dediler.

Rasûlullah (sallallâhu aleyhi ve sellem) "Kalk ey Hamza, kalk ey Ubeyd, kalk ey Ali...[100]" buyurdu.

Müslümanların en yaşlıları Ubeyd Utbe ile, Hamza Şibe ile, Ali de Velid'le çarpıştı. Hamza çok geçmeden Şibe'yi öldürdü. Ali de fazla geçmeden Velid'i öldürdü. İkisi arasındaki Ubeyde ile Utbe birbirlerine ağır darbeler vuruyorlardı. Ali ile Hamza kılıçlarıyla Utbe'nin üzerine giderek sıkıştırdılar, sonra bir ayağı kopan arkadaşlarını yüklenip Müslümanların olduğu yere getirdiler.

Soru: Rasûlullah (sallallâhu aleyhi ve sellem) Bedir sonrasında Hz. Ali'ye ganimet olarak ne verdi?

Cevap: Müşrikler bir çok kayıp verip yenildikten, esirler ve ganimetler ele geçirildikten sonra Rasûlullah (sallallâhu aleyhi ve sellem) o gün çatallı kılıcını Hz. Ali'ye (radıyallâhu anh) verdi.

---

100 Bunlar Rasûlullah'ın (sallallâhu aleyhi ve sellem) en yakın akrabalarıydı: Hamza b. Abdulmuttalip amcası, Ubeyde b. Haris b. Abdulmuttalip ile Ali b.Ebû Talip de amcası oğlu idi (Allah hepsinden razı olsun)

Onun için "Ali'den başka yiğit, çatallıdan başka kılıç yok" denirdi.

Soru: Hz. Ali (radıyallâhu anh) Uhud günü ne yaptı?

Cevap: Hz. Ali o gün Rasûlullah'la sebat eden ve Uhud dağına çekilen sayıları onu geçmeyen sahâbîlerden biriydi. Kalkanıyla su taşıyor ve onunla Rasûlullah'ın yüzündeki kanı yıkıyordu.

Soru: Hz. Ali o gün Hamrau'l-esed denen yere giden Müslüman keşifçilerin arasında mıydı?

Cevap: Uhud günü Müslümanlar yenilgiye uğradıktan sonra müşrikler Medine'ye saldırmayı düşündüler. Rasûlullah'a (sallallâhu aleyhi ve sellem) bu haberler ulaşınca Hz. Ali'ye, bir grup gözde sahâbîyle birlikte haberin hakikatini öğrenmek için müşriklerin izini sürmesini emretti. O da hemen çıktı. Ardından Rasûlullah (sallallâhu aleyhi ve sellem) düşmanı korkutmak ve paniğe düşürmek maksadıyla, yaralarına ve yorgunluklarına rağmen Uhud'a katılan sahâbîlerle peşlerinden gitti. "Yara aldıktan sonra yine Allah'ın ve Peygamber'in çağrısına uyanlar (özellikle) bunların içlerinden iyilik yapanlar ve takvâ sahibi olanlar için pek büyük bir mükâfat vardır" (Âl-i İmran: 172). Nihayet Hamrau'l-esed denen yere vardılar. Müşrikler kararlarını değiştirmişler ve Mekke'ye doğru yola çıkmışlardı. Müslümanlar Medine'ye geri döndüler.

Soru: Hendek günü ne yaptı?

Cevap: Hendek günüyle isimleri bağlantılı bulunan ve o günde belli bir rol oynamış bir çok değerli sahâbî vardır ve Hz. Ali'nin (radıyallâhu anh) isminin burada olmaması mümkün değildir. İslâm'ın alternatifsiz süvarisi ve yiğidi olan Ali (radıyallâhu anh) burada mutlaka belirecektir.!

Selman-ı Farisi, Abdullah b. Revaha, Ammar b. Yasir, Nuaym b. Mesud, Huzeyfe b. Yeman, Cabir b. Abdullah ve başkaları...!

Ali en öndeki kahramandı. Müşriklerden süvarileri Amr b. Vüdd el-Amiri "Kim teke tek savaşacak?" diye seslendi. Gitmek için Ali ayağa kalkınca Rasûlullah (sallallâhu aleyhi ve sellem) O'na bir zarar gelmesini istemediğinden "O Amr b. Vüdd'dür" dedi. Ali (radıyallâhu anh): "Ben de Ali b. Ebû Talib'im" dedi. Bunun üzerine Rasûlullah (sallallâhu aleyhi ve sellem) O'na dua etti. Karşı karşıya gelince Amr: "Neden yeğenim? Vallahi seni öldürmek istemiyorum!!" dedi. Rabbine ve kendine güvenen Ali ise ona "Ama Vallahi ben seni öldürmek istiyorum!" dedi. Sonra teke tek savaştılar ve gözlerden kayboldular. Toz-toprak onların görünmelerini engelliyordu. Nihayet Hz. Ali'nin tekbir sesi işitildi. Müslümanlar sevindiler ve tekbir getirdiler.

Amr b. Vüdd ölmüştü.

Hz. Ali (radıyallâhu anh) bu hususta şu şiiri söyledi:

O geri zekalılığıyla taş (put) için savaştı.

Bense doğruyla, Muhammed'in Rabbi için savaştım.

Yere serdiğimde sanki O,

Toz duman içinde yıkılan koca ağaç gövdesiydi.

Dokunmadım elbisesine bile, bıraktım öylece.

Bulut olsaydım (tere bulanmış) elbisem beni yere yıkardı.

Ey Ahzab, ey Müslümanları yok etmek için toplanmış güçler!

Sakın Allah'ın, dinini ve Nebisini yardımsız bırakacağını sanmayın!

Soru: Hz. Ali (radıyallâhu anh) **Fatımatu'z-Zehra** (radıyallâhu anh) **ile ne zaman evlendi?**

Cevap: Hz. Ali Hz. Fatıma ile Bedir'den kısa bir süre sonra evlendi. Bu evlilik Allah (c.c.) ve Rasûlü'nün onayıyla oldu. Zira Fatıma'yı Rasûlullah'tan istemeye Hz. Ebû Bekir (radıyallâhu anh) ile Hz. Ömer (radıyallâhu anh) geldiler. Rasûlullah (sallallâhu aleyhi ve sellem) onları geri çevirdi. Sonra yanına Ali (radıyallâhu anh) utanarak geldi. Rasûlullah (sallallâhu aleyhi ve sellem) tebessüm etti ve "Hoş geldin, sefa getirdin. Allah (c.c.) bana Fatıma'yı Ali ile evlendirmemi emretti" buyurdu.

Soru: Rasûlullah'ın (sallallâhu aleyhi ve sellem) **bu evliliğe bereket katması nasıl oldu?**

Cevap: Zifaf gecesiydi... Rasûlullah (sallallâhu aleyhi ve sellem) yatsı namazını kıldıktan sonra Ali'nin (radıyallâhu anh) evine gitti. Sonra su istedi ve onunla abdest aldıktan sonra "Allahım! Onlara bereket ver, üzerlerine bereket yağdır ve nesillerini bereketli eyle..." diye dua etti. Hz. Fatıma'ya kocasına ikram etmesini emretti. Ali'ye de (radıyallâhu anh) "Ey Ali, öfkelenme. Öfkelendiğinde de otur ve Allah'ın kullara güç yetirdiği halde halim davranmasını hatırla. Sana "Allah'tan kork" denildiğinde öfkeni hemen bırak ve halimliğine dön" dedi.

Soru: Hayber günü nasıl savaştı?

Cevap: Rasûlullah (sallallâhu aleyhi ve sellem) Hayber günü sancağı Hz. Ebû Bekir'e (radıyallâhu anh) verdi; Allah O'na fethi nasip etmedi. İkinci gün Ömer (radıyallâhu anh)'a verdi. Ömer (radıyallâhu anh) bir grup insanla kalkıp gitti ve Hayberlilerle karşılaştı. Karşılarına dikilmelerine ve kendilerini onlara gösterme-lerine rağmen Allah onlara bugün de fethi nasip etmedi. Bu-nun üzerine Rasûlullah (sallallâhu aleyhi ve sellem) "Vallahi yarın sancağı Allah veya Rasûlü'nü seven, Allah ve Rasûlü'nün de kendisini sevdiği birine vereceğim" dedi. Ertesi günü olunca bir çok sahâbe bu şerefe ulaşmayı bekledi. Ancak Rasûlullah (sallallâhu aleyhi ve sellem) Hz. Ali'yi çağırdı. Hz. Ali'nin gözü il-tihaplıydı. Rasûlullah (sallallâhu aleyhi ve sellem) elini gözlerine sürdü ve sancağı O'na verdi. O da bazı kimselerle kalkıp gitti. Hayberlilerin yanlarına vardıklarında karşılarına Yahudilerin Merhab adındaki usta süvarisi çıktı ve şu şiiri söyledi:

Hayber bilir ki ben Merhab'ım,

Harp başladığında silahını çeken denenmiş kahraman.

Arslanlar ateş gibi gelirlerken.

Bazen yaralar, bazen vururum.

Hz. Ali de (radıyallâhu anh) karşısına çıktı ve şu şiiri söyledi:

Ben anasının Haydar (Arslan) adını koyduğu adam!

Sanki, etrafa korku saçan yaman orman arslanı.

Sizi kılıcımla küçük ölçekle tartar gibi tartarım. (kılıcımın üzerinde gezdiririm).

Ardından birbirlerine birer darbe vurdular. Sonra Hz. Ali kılıçla öylesine vurdu ki kılıç dişlerine kadar başına saplandı. Merhab yere yığıldı ve Yahudiler yenildiler. Allah (c.c.) Hz. Ali (radıyallâhu anh) ile Müslümanlara fethi nasip etti.

Soru: Hz. Ali (radıyallâhu anh) Hudeybiye sulhünde ve Rıdvan biatında var mıydı?

Cevap: Meşhur rivayete göre Hudeybiye günü barış andlaşmasını Hz. Ali yazdı. Kureyş'in elçisi Süheyl b. Amr

Rasûlullah'ın (sallallâhu aleyhi ve sellem) "Bu Allah ve Rasûlü'nün ahdidir...." diye yazdırmasına itiraz etti ve "Senin Allah Rasûlü olduğuna inansak seninle savaş yapmayız. Bunun yerine senin ve babanın adını yaz" dedi. Rasûlullah (sallallâhu aleyhi ve sellem) tebessüm etti ve Ali'ye "Bu Abdullah oğlu Muhammed'in ahdidir..." diye yaz" dedi. Hz. Ali (radıyallâhu anh)'yi İslâm hamiyeti tuttu ve durakladı. Rasûlullah (sallallâhu aleyhi ve sellem) bunu yapmasını emredince itaat etti ve söylediği şekilde yazdı.

Soru: Hz. Ali Tebük günü neden Müslümanlarla çıkmadı?

Cevap: Hz. Ali (radıyallâhu anh) Rasûlullah'la yapılan (sallallâhu aleyhi ve sellem) hiçbir gazveden geri kalmadı. Rasûlullah (sallallâhu aleyhi ve sellem)'ın gönderdiği bazı birliklerde de yine O'nun emriyle komutan olarak gitti.

Hicretin dokuzuncu yılında Tebük seferine çıkılırken Rasûlullah (sallallâhu aleyhi ve sellem) O'na Medine'de, ev ahalisinin yanında kalmasını emretti. Bazıları O'nun Medine'de bırakılmasından dolayı dedikodu yapınca Rasûlullah'a (sallallâhu aleyhi ve sellem) gelip şikayet etti. Rasûlullah (sallallâhu aleyhi ve sellem) "Harun Musa'yla nasıldıysa sen de benimle o konumdasın. Fakat şu farkla ki, benden sonra hiçbir Nebi yoktur."

Hz. Ali (radıyallâhu anh) bu cevaptan memnun kaldı ve rahatladı.

Soru: Mekke'nin fethi günü sancağı Hz. Ali mi taşıyordu?

Cevap: Hicretin sekizinci yılında, Mekke'nin fethi gününde Rasûlullah'ın (sallallâhu aleyhi ve sellem) sancağını Hz. Ali (radıyallâhu anh) taşıyordu. Bunun büyük manası ve işareti vardır.

Gazve ve seriyyelerde sancak taşımak ancak Rasûlullah'ın (sallallâhu aleyhi ve sellem) yanında özel yeri bulunan kimselere nasip olan büyük bir şereftir. Sncağın veya bayrağın sembolize ettiği bir anlam vardır ki onu taşıyanın cesaret, güç ve atılganlıkta buna ehil olması gerekir.

Soru: Hz. Ali (radıyallâhu anh) ile kızkardeşi Ümmü Hani' arasında ne geçti?

Cevap: Mekke'nin fethi günü müşriklerden biri koruması için Ebû Talib'in kızı Ümmü Hani'nin evine sığındı, O da evine aldı. Hz. Ali onu yakalamak için kızkardeşinin evini bastı. Kızkardeşi karşısına çıktı ve kavga ettiler. Bunun üzerine Ümmü Hani' Rasûlullah (sallallâhu aleyhi ve sellem)'a giderek Hz. Ali'yi şikayet edince, Rasûlullah (sallallâhu aleyhi ve sellem) "Senin himayen altına aldığını biz de himayemiz altında kabul ediyoruz ey Ümmü Hani'!" dedi.

Soru: Hz. Ali (radıyallâhu anh) Huneyn günü Rasûlullah'la (sallallâhu aleyhi ve sellem) birlikte sebat etti mi?

Cevap: Müslümanlar sabahın körüyle birlikte pusuya yatmış bir grup müşrik askerin saldırısına uğradılar ve ne yapacaklarını şaşırdılar. İnsanlar Rasûlullah'ın (sallallâhu aleyhi ve sellem) etrafından dağıldılar ve beraberinde az sayıda yiğit kaldı. Hatta Rasûlullah (sallallâhu aleyhi ve sellem) "Yalan yok, ben peygamberim... Ben Abdulmuttalib'in evladıyım" diye seslendi. Sesi gür olan amcası Abbas'tan Muhacir ve Ensardan insanlara "Ey (Hudeybiye günü) ağaç altında (ölüm üzere) biat edenler, ey Semire ehli!" diye bağırmasını emretti. Bunun üzerine toplandılar ve sebat ettiler. Allah da onları nişaneli meleklerle destekledi ve düşmanlarına karşı galip getirdi. Ali (radıyallâhu anh) de Rasûlullah'ın (sallallâhu aleyhi ve sellem) yanından ayrılmayıp ve uzaklaşmayıp O'nunla sebat edenlerdendi. Zaten başka bir şey yapacak da değildi!

Soru: Rasûlullah (sallallâhu aleyhi ve sellem) O'nu Yemen'e vali ve hakim olarak gönderdi mi?

Cevap: Hicretin onuncu senesinde Rasûlullah (sallallâhu aleyhi ve sellem) O'nu Yemen'e gönderdi. Rasûlullah (sallallâhu aleyhi ve sellem) daha önce Halid b. Velid'i göndermiş; ancak O' bir türlü başaramamıştı. Hz. Ali (radıyallâhu anh) tevafuken ilk gün Hemedan kabilesiyle karşı karşıya geldi ve kabile bir gün içerisinde itaatine girdi. Hz. Ali (radıyallâhu anh) durumu mektupla Rasûlullah'a (sallallâhu aleyhi ve sellem) bildirince Rasûlullah (sallallâhu aleyhi ve sellem) Allah'a şükür olarak secdeye kapandı ve "Hemedan'a selam olsun" buyurdu. Daha sonra Yemenliler teker teker İslâm'a girdiler. Hz. Ali (radıyallâhu anh) daha sonra birlikte olmak için Mekke'de bulunan Rasûlullah'ın (sallallâhu aleyhi ve sellem) yanına gitti ve O'nunla birlikte Veda Haccı'nı yaptı.

Soru: Rasûlullah (sallallâhu aleyhi ve sellem) O'nu Tevbe suresinin başıyla Hacc emiri Ebû Bekir'e (radıyallâhu anh) neden gönderdi?

Cevap: Hicretin dokuzuncu yılında Rasûlullah (sallallâhu aleyhi ve sellem) Ebû Bekir'i (radıyallâhu anh) Mekke'nin fethinden sonraki ilk Hacc için emir olarak görevlendirdi. O da (radıyallâhu anh) üç yüz müslümanla yola çıktı. Bu arada Rasûlullah'a (sallallâhu aleyhi ve sellem) Tevbe suresinin başları nazil olunca Rasûlullah (sallallâhu aleyhi ve sellem) insanlara bunu okuması için Hz. Ali'yi gönderdi ve "Bunu akrabalarımdan sadece biri okusun" buyurdu. Hz. Ali Hz. Ebû Bekir'e Arac denen yerde yetişti. İnsanlara bu ayetleri okudu ve duyurması istenen şu duyuruyu bildirdi: "Bu yıldan itibaren Kâbe'ye hiçbir müşrik yaklaşmayacak, Kâbe'yi çıplak tavaf etmeyecek. Rasûlullah'la (sallallâhu aleyhi ve sellem) arasında bir andlaşma bulunanların andlaşmaları belirtilen süreye kadar devam edecek. Bu günler (Hacc günleri) yeme içme günleridir (oruç tutulmaz). Cennete ancak Müslümanlar girebilecek".

Soru: Hz. Ali (radıyallâhu anh)'nin iftira (ifk) hadisesinde Hz. Âişe'ye (radıyallâhu anhâ) karşı tavrı nasıl olmuştur?

Cevap: Hz. Ali (radıyallâhu anh) Rasûlullah'a (sallallâhu aleyhi ve sellem) büyük sevgi besliyordu. İftira ve yalanla Hz. Âişe'ye leke bulaştırılınca ve Rasûlullah (sallallâhu aleyhi ve sellem) buna çok üzülünce Hz. Ali (radıyallâhu anh) güya Rasûlullah'ın (sallallâhu aleyhi ve sellem) acılarını ve hüzünlerini hafifletmek amacıyla Âişe'yi (kötü) imâ etti ve Rasûlullah'ı (sallallâhu aleyhi ve sellem) başka bir kadınla evlenmeye teşvik etti; Hz. Âişe'ye karşı olumsuz bir tavır takındı.

Sonra Allah (c.c.) Nur suresini indirerek apaçık ayetlerle O'nun temiz, pak ve masum olduğunu açıkladı.

Soru: Hz. Âişe bundan dolayı Hz. Ali'ye kin besledi mi?

Cevap: Âişe (radıyallâhu anhâ) kadınlığı, beşerliği ve kıskançlığıyla Hz. Ali'nin bu tavrını unutmadı. Bu hep içinde durdu ve onu Ali'ye karşı kinlendirdi.

Şüphesiz bunlar insanın nefsinde bulunan beşerî etkenlerdir. Onlar (Allah hepsinden razı olsun) melek değildi. Dolayısıyla her birinin hareket ve tavrında, mazereti ve kendince haklı görülecek gerekçesi vardır.

Soru: Rasûlullah'ın (sallallâhu aleyhi ve sellem) vefatında amcası Abbas (radıyallâhu anh) Ali'ye (radıyallâhu anh) ne dedi, O ne cevap verdi?

Cevap: Rasûlullah (sallallâhu aleyhi ve sellem) vefat ettiği hastalığına yakalandığında Abbas (radıyallâhu anh) yeğeni Ali'nin (radıyallâhu anh) elini tuttu ve "Ey Ali, üç gün sonra sopanın (yönetimden kinaye) kölesi olacağını görmüyor musun? Ben Rasûlullah'ın (sallallâhu aleyhi ve sellem) bu hastalığında öleceğine inanıyorum; zira ölecekleri vakit Abdulmuttalip oğullarının yüzlerini tanırım. Onun için Rasûlullah'a (sallallâhu aleyhi ve sellem) git de bu işin (halifeliğin) kimde olacağını sor. Eğer bizde olacaksa biliriz, başkasında olacaksa bize emir ve tavsiyede bulunur" dedi. Hz. Ali (radıyallâhu anh) ise "Vallahi eğer bunu Rasûlullah'a (sallallâhu aleyhi ve sellem) sorarsak ve O bizi men ederse insanlar bunu bize ebediyyen vermezler. Vallahi Rasûlullah'a (sallallâhu aleyhi ve sellem) kesinlikle sormayacağım" diye cevap verdi.

Soru: Rasûlullah (sallallâhu aleyhi ve sellem) vefat ettiğinde Hz. Ali'nin (radıyallâhu anh) kaç çocuğu vardı?

Cevap: Hz. Ali'nin ikisi erkek ikisi kız olmak üzere dört çocuğu vardı: Hasan, Hüseyin, Zeyneb ve Ümmü Gülsüm- (Allah hepsinden razı olsun). Hepsi de Fatımatü'z Zehra'dan idi.

Soru: Hz. Ali (radıyallâhu anh) Rasûlullah'ın (sallallâhu aleyhi ve sellem) yıkanması, teçhizi ve defninde bulundu mu, O'na kim yardım etti?

Cevap: Hz. Ali (radıyallâhu anh) vefatından önce de sonra da Rasûlullah'ın (sallallâhu aleyhi ve sellem) evinden bir an olsun uzaklaşmadı. Vefatına da en çok üzülen ve ağlayanlardandı. O'nu yıkama, teçhiz ve kefenleme görevini yerine getirdi ve bu şerefe nail oldu. Bunda O'na amcası Abbas ile amcasının oğlu Kusem de yardım etti. Ensar Beni Sakife konağında toplanıp Sa'd b. Ubade'ye biat etmeye çalışmış, sonra Ebû Ubeyde, Ebû Bekir ve Ömer durumu düzeltmişlerdi; ancak bu kargaşa ve fitne hakkında yayılan haberler Hz. Ali'yi Rasûlullah'ı teçhizden hiçbir şekilde geri bırakmamıştı.

Soru: Hz. Ali'nin (radıyallâhu anh) Hz. Ebû Bekir'e (radıyallâhu anh) biatı neden gecikti?

Cevap: Efendimiz'in (sallallâhu aleyhi ve sellem) vefatı Hicretin on birinci yılının Rebiu'l-evvel ayının 12 sinde, Pazartesi günü kuşluk vaktinde olmuştu. Başta Hz. Ali (radıyallâhu anh) olmak üzere akrabaları O'nun yıkanması, teçhizi ve kefenlenmesi ile meşgul oldular. Dolayısıyla Hz. Ali Beni Saide konağında Ebû Bekir'e (radıyallâhu anh) yapılan özel biatta bulunamadı. Çarşamba günü insanlar genel biat için toplandılar ve Hz. Ebû Bekir minbere çıktı. Ali ile Zübeyr orada değillerdi. Çağrıldılar ve geldiler. Ebû Bekir (radıyallâhu anh) onları geciktiklerinden dolayı kınadı ve itaat sopasını kırmamaları için uyardı. Onlar da özür dileyerek biat ettiler.

Soru: Biat nasıl gerçekleşti?

Cevap: Onlar "Biz sadece, bize danışılmadığı için geri kaldık. Yoksa seni bu işe en layık kişi olarak görüyoruz. Zira sen Rasûlullah'ın (sallallâhu aleyhi ve sellem) mağara arkadaşısın. Senin şeref ve üstünlüğünü biliyoruz" dediler. Zübeyr'e "Ey Rasûlullah'ın (sallallâhu aleyhi ve sellem) halasının oğlu Zübeyr! Müslümanların vahdetini bozmak mı istedin?" denilince O "Ey Rasûlullah'ın (sallallâhu aleyhi ve sellem) halifesi, beni azarlama (özür dilerim)" dedi ve biat etti. Ali'ye de (radıyallâhu anh) "Ey Rasûlullah'ın amcası oğlu ve damadı! Müslümanların vahdetini bozmak mı istedin?" denildi. O da "Ey Rasûlullah'ın (sallallâhu aleyhi ve sellem) halifesi, beni azarlama (özür dilerim)" dedi ve biat etti[101].

Soru: Hz. Ali (radıyallâhu anh) Fâtıma'nın (radıyallâhu anh) vefatından sonra biatını tazeledi mi?

Cevap: Fatıma (radıyallâhu anh) Ebû Bekir'e (radıyallâhu anh) gelerek babasının Fedek arazisindeki[102] miras hakkını istedi. Ebû Bekir (radıyallâhu anh) de Rasûlullah'ı (sallallâhu aleyhi ve sellem) "Biz Peygamberler miras bırakmayız. Bıraktıklarımız sadakadır"[103] buyururken işittiğini söyledi. O da Ebû Bekir'e (radıyallâhu anh) öfkelendi ve alakasını kesti. Altı ay boyunca, vefat edinceye kadar bu tavrında devam etti. Hz. Fâtıma Rasûlullah'a (sallallâhu aleyhi ve sellem) kavuşan ilk yakınıydı. Nitekim Rasûlullah da (sallallâhu aleyhi ve sellem) ölüm döşeğinde bunu O'na haber vermişti. Hz. Ali de eşine saygısından buna riayet ediyordu.

Soru: Hz. Ali'nin (radıyallâhu anh) ilk halifeye tavrı nasıldı?

Cevap: Hz. Ali (radıyallâhu anh) eşinin vefatından sonra hakkında kötü zanda bulunulmaması için biatını yeniledi. Rasûlullah'ın (sallallâhu aleyhi ve sellem) halifesinin en yakınlarındandı. Danışılır, görüşü alınır, fazileti, ilmi ve İslâm'daki ilkliği bilinir, ona göre davranılırdı.

---

101 Beyhaki Ebû Said-i Hudri'den (radıyallâhu anh) rivayet etmiştir. El-Bidâye ve'n-Nihâye 6 / 333; İbn Huzeyme.

102 Fedek: Hayber tarafında bir arazi olup Rasûlullah'ın (sallallâhu aleyhi ve sellem) has malıdır. Rasûlullah (sallallâhu aleyhi ve sellem) bunu kendisi ve eşleri için nafaka kaynağı yapmıştır.

103 Buhârî ve Müslim rivayet etmişlerdir.

Soru: Riddet savaşlarında ne yaptı?

Cevap: Ebû Bekir'in (radıyallâhu anh) hilafetinin başlarında mürtedler Medine'nin dış mahallelerini vurunca Hz. Ebû Bekir insanları seferberliğe çağırdı. Ani ve sürpriz saldırılar korkusundan savaş hazırlıklarının başında kendisi durdu. Bir grup savaşçıyı Medine'nin hücum edilebilecek gediklerine yığdı ve bunların başına Ali (radıyallâhu anh), Zübeyr b. Avvam, Talha b. Ubeydullah ve Abdullah b. Mesud'u (Allah hepsinden razı olsun) getirdi. Ebû Bekir'in hilafetinde O'nu valiliğe vs atadığı bilinmemektedir. Sadece O'nu kendisine yaklaştırmış, danışmanı gibi sürekli ona ve görüşüne başvurmuştur.

Soru: Ebû Bekir'in (radıyallâhu anh) kendinden sonrası için Ömer'i aday göstermesine itiraz etti mi?

Cevap: O'nun, Hz. Ebû Bekir'in kendinden sonrası için Hz. Ömer'i tavsiye etmesine itirazda bulunduğuna dair hiçbir rivayet bulunmamaktadır. Hatta Ömer'e (radıyallâhu anh) biat edildiğinde Ali (radıyallâhu anh), ilk biat edenlerdendi.

Ömer (radıyallâhu anh) de bunu unutmadı ve Hz. Ali'ye izzet, ikram ve saygıda bulundu.

Soru: Hz. Ömer (radıyallâhu anh) O'nu (radıyallâhu anh) hangi göreve getirdi? Hakkında ne derdi?

Cevap: Ömer (radıyallâhu anh) Medine'den çıktığında yerine Ali'yi (radıyallâhu anh) bırakırdı. O'nu ayrıca insanlar arasındaki davalarda da hakim yapar ve "Ali bizim yargıda en ustamız ve bilgilimizdir" derdi. O'na danışır ve görüşüne saygı gösterir; görüşlerini dikkate alırdı.

Soru: Ömer (radıyallâhu anh) **Şam'a giderken Ali** (radıyallâhu anh) **de O'nunla gitti mi?**

Cevap: Ömer (radıyallâhu anh) halifeliği döneminde Şam'a pek çok defa gitti. Gittiğinde yerine Ali'yi bırakırdı. Ali'nin (radıyallâhu anh) O'nunla sadece bir defa gittiği ve onda da Medine'nin yönetimini Suheyb b. Sinan'ı bıraktığı rivayet edilmiştir.

Soru: Ali (radıyallâhu anh), **Ömer** (radıyallâhu anh) **yaralandığında belirlediği altı kişilik şura heyetinde yer almasına itiraz etti mi?**

Cevap: Ömer (radıyallâhu anh) yaralanınca ileri gelen sahâbîlere "Rasûlullah'ın (sallallâhu aleyhi ve sellem) cennetliklerden olduklarını haber verdiği şu kimselerin görüşünden ayrılmayın: Said b. Zeyd, Ali, Osman b.Affan (ikisi de Abdulmenaf oğullarındandı), Rasûlullah'ın iki dayısı Abdurrahman b. Avf ile Sa'd b. Ebi Vakkas[104], Rasûlullah'ın (sallallâhu aleyhi ve sellem) havarisi ve halası oğlu Zübeyr b. Avvam[105] ve -çok faziletli lakaplı- Talha b. Ubeydullah. Bunlar aralarından birini seçsinler. Birini başa geçirince siz de ona güzelce destek verin ve yardım edin. Sizden kime güvenip bir görev verirse emanetini yerine getirsin."

Herkes meclisten çıkıp içeride sadece şura heyeti kalınca Abbas Ali'ye "Onlarla içeri girmeyecek misin?" dedi. Ali: "İhtilaftan hoşlanmıyorum" dedi.

---

104 Bunlar Rasûlullah'ın (sallallâhu aleyhi ve sellem) anne tarafı olan Beni Zühre kabilesindendiler.

105 Annesi Abdulmuttalip kızı Safiyye'dir.

Soru: Hz. Osman'ın kefesi ağır basınca O'na biat etmekten kaçındı mı?

Cevap: Altı kişilik şura heyeti aralarında istişare ettiler. Sonra Abdurrahman b. Avf aralarında hakem olmak üzere kendisini şura heyetinden çıkardı. Onlar da razı oldular.

Abdurrahman b. Avf (radıyallâhu anh) istişare etmeye, danışmaya, düzeltmeye ve doğruya yaklaştırmaya çalışmaya devam etti. Sonunda Osman (radıyallâhu anh) da karar kıldı. Diğerleri de O'na biat ettiler. Ali de (radıyallâhu anh) itiraz etmeden diğerleri gibi biat etti.

Soru: Başta Hz. Osman (radıyallâhu anh)'a nasıl davrandı?

Cevap: Ali (radıyallâhu anh) Osman (radıyallâhu anh)'a diğer yakın adamları gibi davrandı. Kendisiyle istişare edilen ve nasihat eden güvenilir bir nasihatçıydı. Osman (radıyallâhu anh), gözden kaybolduğunda Ali'yi çağırtır gündemdeki konuyu sunar, bir çok hususta da görüşüne göre hareket ederdi.

Hz. Ali (radıyallâhu anh) de nasihat etmekten ve doğru görüşü sunmaktan geri durmazdı.

Soru: Ali (radıyallâhu anh) Osman (radıyallâhu anh)'a neden sürekli nasihat etmeye başladı? Nasihatinde sertleşti mi?

Cevap: Yıllar geçti...Osman (radıyallâhu anh)'ın özellikle yönetime akrabalarını getirip başkalarını görevden alması hususundaki siyaseti ile özel içtihadlarında hakkındaki dedikodular çoğalınca, işte o vakit, nasihatında sertleşmeye başladı. Zahirde sert, ama gerçekte Allah rızası ve hakikat için nice nasihatlerde bulundu. Ancak bu ilişki kesme ve düşmanlık noktasına ulaşmadı.

Osman (radıyallâhu anh) da homurdanmadan, sıkılmadan ve tartışıp atışmadan O'nun nasihatlerini kabul etmeye devam etti.

Soru: Evi kuşatıldığında Hz. Osman'ın (radıyallâhu anh) evine neden gitmedi? Kendisinin yerine kimi gönderdi?

Cevap: İbn Sevda'nın[106] Hicaz, Şam, Mısır ve Irak'ta Osman (radıyallâhu anh)'a karşı çıkardığı fitne o noktaya vardı ki bazı düşmanlar ve kinciler birbirleriyle haberleşerek ve randevulaşarak Medine'ye gelip Hz. Osman'ın (radıyallâhu anh) evini kuşattılar. Ondan halifeliği bırakmasını, yoksa O'nu öldüreceklerini söylediler.

Medine çetin bir kaosa ve kargaşaya girdi. Oradakiler Mü'minlerin emiri olan halifeyi müdafaa edemiyorlardı.

Soru: O sırada Medine'de hakimiyet kimin elindeydi?

Cevap: Kitabın Hz. Osman (radıyallâhu anh)'ın halifelik dönemi bölümünde o günleri anlatırken, Medine'de sükunetin yok olup fitne propagandacısı ve fitne başı olan isyancıların oraya hakimiyetinden, sahâbîlerin bu isyancıların azgınlığını önlemekten aciz kaldıklarından, Medine'yi kendi haline bırakıp Osman (radıyallâhu anh)'ı korumaktan el etek çektiklerinden bahsetmiştik.

Ayrıca Hz. Osman (radıyallâhu anh) da, Rasûlullah'ın (sallallâhu aleyhi ve sellem) şehri Medine'nin mukaddesatını korumak için, meselenin savaş olmadan ve kan dökülmeden, karşılıklı konuşma ve anlaşmayla çözüme bağlanacağı ümidini taşıyordu. Nitekim insanlardan -Allah aşkına- savaşmamalarını istemişti.

---

106 Yahudi Abdullah b. Sebe.

Soru: Hz. Osman'ın (radıyallâhu anh) şehadetinden sonra insanlar Hz. Ali'ye hilafete geçmesi için ısrar ettiler mi?

Cevap: Olan oldu ve Hz. Osman (radıyallâhu anh) öldürüldü. Bunun üzerine Mısırlılar Hz. Ali'ye (radıyallâhu anh) gelerek biat alması ve hilafete geçmesi için ısrar ettiler. Ancak O kabul etmedi. Kûfeliler Talha'nın, Basralılar ise Zübeyr'in halife olmasından yanaydılar. Bu haliyle Medine kazandaki gibi kaynıyor ve bir patlamanın haberini veriyordu.

Soru: Hz. Ali (radıyallâhu anh) onlardan kaçtı mı? Nereye ve neden?

Cevap: Hz. Ali (radıyallâhu anh) sahâbîlerden ve başkalarından, kendisini isteyen kimselerden kaçarak Medine'nin bahçelerine gitti. Arkasından gittiler ve ısrar ettiler. Bu görevi üzerine yüklemeye çalıştılar. Ancak O bunu reddetti. Onlar "Bu adam -yani Osman (radıyallâhu anh)- öldürüldü ve bir imamımızın olması şart. Bugün bu işe senden daha layık, İslâm'da daha önde ve Rasûlullah'a (sallallâhu aleyhi ve sellem) daha yakın kimse göremiyoruz" dediler. O ise sürekli "Yapmayın. Vezir olmam sizin için imam olmamdan daha hayırlıdır" diyordu.

Soru: Müslümanlar ne kadar süre halifesiz kaldılar?

Cevap: Osman'ın (radıyallâhu anh) şehadetinden sonra Medine beş gün boyunca emirsiz ve halifesiz halde kargaşa ve kaos içinde kaldı. Düzen bir oranda sadece, İbn Sevda'nın tahrik ettiği Mısırlılar'da vardı. Bunlar emirleri Akki b. Harb'in başkanlığında hareket ediyorlardı ve namazı da O kıldırıyordu.

Soru: Gizlendiği yere zorla giren ve onu hilafete zorlayan kimdir?

Cevap: Eşter en-Nehai bulunduğu yere zorla girdi ve elini uzatarak zorla biat etti. Sonra oradan çıkardı. Ali (radıyallâhu anh) "Bana yapılan biat gizli olamaz. Ancak Müslümanların rızasıyla olmalı. Onun için haydi Mescid'e" dedi.

Soru: O'na ilk biat eden kimdir?

Cevap: Biraz önce geçtiği üzere Eşter en-Nehai'dir.

Adı Malik b. Haris olup, Eşter O'nun lakabıdır.

İbn Abbas (radıyallâhu anh) der ki: "Ben bazılarının karşı çıkması ve huzursuzluk çıkarması korkumdan dolayı O'nun Mescid'e gitmesini istemedim. Ancak O ısrarla Mescid'e gitmek istedi."

Soru: Mesciddeki biat nasıl gerçekleşti? Bu ne zamandı?

Cevap: İbn Abbas (radıyallâhu anh) der ki: O Mescid'e girince Muhacirler ve Ensar da girdiler ve biat ettiler. O vakit halifeliğe O'ndan daha layık ve müstehak kimse yoktu.

Soru: Zübeyr ve Talha O'na ne dedi, O' ne cevap verdi?

Cevap: Zübeyr ile Talha bir grup sahâbeyle gelerek (Allah hepsinden razı olsun) "Ey Ali, biz (biatte) hadlerin uygulanmasını şart koşuyoruz. Bunlar da bu adamın kanını dökmede ortak oldular ve had cezasını hak ettiler" dediler ve Osman'ın (radıyallâhu anh) katillerine kısas uygulamada acele davranılmasını istediler. Hz. Ali (radıyallâhu anh) onlara şöyle cevap verdi:

"Kardeşlerim, ben sizin bildiklerinizden bihaber değilim. Ancak biz, bize hakim olan bizim ise onlara hiçbir hakimiyetimizin bulunmadığı bu kimselere ne yapabiliriz? İşte köleleriniz ve bedevîleriniz... Hep bunlarla birlikte isyan ettiler. Bunlar sizin belanız, size dilediklerini yaptırıyorlar. Siz istediğiniz şeyi gerçekleştirebilmek için bir güç ve otorite görebiliyor musunuz?" dedi. Onlar "Hayır" dediler. Ali (radıyallâhu anh) devamla: "Vallahi ben de ancak sizin görüşünüzdeyim. Allah'ın izniyle (olur). Bu (katl) cahiliyye işidir. Bunların bahaneleri var. Çünkü Şeytan bu dünya olduğu sürece boş durmaz. Bu mesele gündeme getirilecek olursa insanlar grup grup olacaklar. Bir grup sizin görüşünüzde olurken diğer bir grup başka bir görüşte olacak. İnsanlar sakinleşene, kalpler sükunete erene ve haklar alınana kadar bu iş olmaz. Şimdi bu talebinizi geri çekin. Sizi buraya getiren şeye bakın, düşünün, sonra geri dönün!"

Soru: Büyük sahâbîlerden Hz. Ali'ye (radıyallâhu anh) biat etmeyen oldu mu?

Cevap: Bazı sahâbîler Ali'ye (radıyallâhu anh) biat etmekten kaçındılar. Bunlardan bazıları şunlardır: Hassan b. Sabit, Ka'b b. Malik, Mesleme b. Mahled, Ebû Said-i Hudri, Muhammed b. Mesleme, Nu'man b. Beşir, Zeyd b. Sabit, Üsame b. Zeyd, Rafi' b. Hudeyc, Fudale b. Ubeyd, Ka'b b. Acra....

Bir kısmı Şam'a kaçtı ki bunlardan bazıları: Kudame b. Maz'un, Abdullah b. Selam, Muğire b. Şu'be, Sa'd b. Ebi Vakkas, Abdullah b. Ömer, Suheyb b. Sinan'dır.

Bir diğer kısmı da Mekke'ye gitti ki, onlardan bazıları Velid b. Ukbe, Said b. As ve Mervan b. Hakem'dir.

Soru: Hz. Ali (radıyallâhu anh) ilk hutbesinde ne söyledi?

Cevap: Hz. Ali (radıyallâhu anh) ilk hutbesinde şöyle dedi:

"İmdi... Şüphesiz Allah hidayet rehberi bir Kitap indirmiş, O'nda hayır ve şerri beyan etmiştir. Siz hayrı alıp şerri bırakın. Siz Allah'a farzları ulaştırın (eda edin) ki O da sizi cennete ulaştırsın.

Allah bildiğimiz bölgeyi harem (dokunulmaz) kıldı. Müslümanın dokunulmazlığını ise haremin tümünden önde tuttu. Müslümanları ihlas ve tevhidle değerli kıldı. Müslüman, insanların kendilerini dilinden ve elinden güvende hissettikleri kişidir. Ancak karşıdaki bunu hak etmişse, ayrı. Müslümana hak ettiği ceza dışında eziyet vermek helal olmaz. Halkın işlerine koşun. Hepinizin başına gelecek olan şey ölümdür. İnsanlar önünüzdeler, arkanızda ise sizi takip eden bir kıyamet var. (Yükünüzü)hafifletin ki (hedefe) erişebilesiniz. İnsanlar sizin sonunuzu beklemekteler.

Kulları ve diyarları hususunda Allah'tan sakının. Siz toprak parçalarından ve hayvanlardan bile sorumlusunuz. Aziz ve Celil olan Allah'a itaat ediniz; O'na karşı gelmeyiniz. İyiliği gördüğünüzde alınız; şerri gördüğünüzde de bırakınız. Hatırlayın ki siz bir zamanlar yeryüzünde az ve zayıftınız."

Soru: Mısır'dan gelen isyancılar bir şairlerinin diliyle ne söylediler?

Cevap: Hz. Ali bu hutbesininin ardından Mısırlıların şairi karşısına dikilerek şöyle dedi:

Ey Hasan'ın babası, al onu (halifeliği) eline ve dikkatli ol.

Biz bu işi onaylarken, ipler bizim elimizde.

Ellerindeki meşrefi kılıçlarla,

Koca gemiler misali yiğitlerin sayesinde.

Biz yönetime -yularla vururcasına- yavaşça vururuz.

Böylece onlar sağa sola sapmadan yürürler.

Soru: Hz. Ali onlara ne cevap verdi?

Cevap: Şöyle cevap verdi:

Ben özür dilemeyeceğim sebeplerden gevşek davrandım.

Bundan sonra ise akıllı davranacak ve devam edeceğim.

Yerde sürüklediğim paçamı yukarı kaldıracak,

Şu dağınık ve düzensiz hali toparlayacağım.

İlişkilerin kesilmesi benim için sorun olmayacak.

Silah bulundukça da kimse beni terk etmeyecek.

Soru: Hz. Osman'ın (radıyallâhu anh) kana bulanan eli ile hanımı Naile'nin kopan parmaklarını Şam'a kim götürdü?

Cevap: Hanımı Naile, Nu'man b. Beşir'i, Hz. Osman'ın (radıyallâhu anh) kana bulanan eli ile kendisinin kopan parmaklarını Muaviye b. Ebû Süfyan'a, Şam'a götürmekle görevlendirdi. Çünkü O Hz. Osman'ın (radıyallâhu anh) amcası oğlu ve intikamını almaya en layık kişiydi.

Soru: Muaviye ne yaptı?

Cevap: Muaviye insanları Hz. Osman'ın (radıyallâhu anh) katillerinden intikamını almakta gevşek davranan Hz. Ali'ye karşı kışkırtmak için Hz. Osman'ın (radıyallâhu anh) kanlı gömleğiyle hanımı Naile'nin kopmuş parmaklarını Dımeşk'teki caminin minberine astırdı. Şiddetle aleyhte tahrik etti. Kanı gören Şamlılar sonunda O'nun intikam görüşünü aldılar ve (duygusal olarak) intikam için hazır hale geldiler.

Soru: Şam'da Hz. Osman'ın (radıyallâhu anh) kanının intikamını isteyen sahâbîler kimlerdi?

Cevap: O vakit Şam'da Ubade b. Samit, Ebû Ümame el-Bahili, Amr b. Anbese başka sahâbîler vardı ve hepsi de cür'etkarca Mü'minlerin emirinin kanını döken kimselere en kısa zamanda kısasın ve gerekli cezanın uygulanmasını istiyorlardı.

Soru: Aynı talepte bulunan Medine'deki sahâbîler kimlerdi?

Cevap: Muğire b. Şu'be Medine'den Şam'a gitmeden önce, Hz. Ali'ye biatının ardından O'ndan meseleye, büyümeden ve çığırından çıkmadan önce, en kısa zamanda el koyması ve kontrol altına alması talebinde bulunan sahâbîlerdendi. Zira bu halifenin görevi, hatta en önemli görevlerindendi.

Soru: Hz. Ali (radıyallâhu anh) onlara ne cevap veriyordu, neden?

Cevap: Hz. Ali (radıyallâhu anh) hiç de gıpta edilmeyecek bir durumdaydı. Zira Medine devrimcilerle kaynıyordu. Orada terör estirmeye ve şer saçmaya başlamışlar, hazineyi ele geçirmişlerdi ve insanlara zorbalık yapıyorlardı. Hz. Ali (radıyallâhu anh) bu talepte bulunanların hepsine de kendisinin de aynı görüşte olduğunu, ancak nüfuzunun yerleşmesine ihtiyaç duyduğunu, güçlenince Allah'ın emrini uygulayacağını söylüyordu.

Soru: Sahâbîlerden biri O'na gelerek valileri görevlerinde bırakmasını, istikrara kavuştuktan sonra dilediğini değiştirmesini tavsiye etti? Bu sahâbî kimdir?

Cevap: Hz. Ali (radıyallâhu anh) Medine dışındaki ülke ve şehirleri düşünüyordu. Kendisine bağlılıklarını garanti altına almak için buradaki valileri değiştirecekti. Muğire b. Şube O'na gelerek "İtaat edilmek ve desteklenilmek senin hakkındır. Bugün isabetli düşünürsen yarını da kurtarırsın; bugün kaybedersen yarını da kaybedersin. Muaviye'yi görevinde bırak, İbn Amir'i görevinde bırak. Diğer valileri de görevlerinde bırak. Sana onların itaati ve ordunun biatı ulaşınca da, işte o vakit onları istersen değiştirir, istersen görevlerinde bırakırsın" dedi. Hz. Ali "Bir bakayım da" dedi.

Soru: Muğire b. Şu'be ertesi günü neden bunun tam tersini söyledi?

Cevap: Bu nasihat Hz. Ali'nin (radıyallâhu anh) hoşuna gitmedi. Arapların en kurnazlarından olan Muğire bu tereddütü hissedince ertesi günü yanına geldi ve "Ben dün sana bir görüş söylemiştim... Şimdiki görüşüm ise onları hemen görevlerinden almandır. Böylece sana baştan itaat edilir ve baştan kabul edilirsin" dedi.

Soru: Bu konuşmayı kim ortaya çıkardı?

Cevap: İbn Abbas (radıyallâhu anh) Muğire'nin Hz. Ali'nin (radıyallâhu anh) yanına girdiğini sonra çıktığını gördü. Yanına gelerek "Muğire'yi yanından çıkarken gördüm. Niçin gelmişti?" diye sordu. Hz. Ali (radıyallâhu anh) Muğire'nin iki günde yaptıklarını anlatınca İbn Abbas (radıyallâhu anh) Muğire'nin tuzağını anladı ve "Dün sana nasihat etti; bugün ise aldattı" dedi.

Soru: Hz. Ali (radıyallâhu anh) valilerini değiştirdi mi? Onlar kimlerdir?

Cevap: Hz. Ali (radıyallâhu anh) Osman'ın (radıyallâhu anh) tüm valilerini hemen değiştirmekte ısrarlıydı. Çünkü şikayetlerin ve homurdanmaların sebebi onlardı.

Bunun üzerine İbn Abbas (radıyallâhu anh) Hz. Ali'ye (radıyallâhu anh) şöyle nasihat etti: "Sözümü tut. Evine gir ve kapını kapat. Zira Araplar gezip dolaşıyor ve kargaşa çıkarmaya çalışıyorlar. Sonra kendinden başka kimseyi bulamazsın. Vallahi sen bugün bunlarla ayağa kalkarsan yarın insanlar Hz. Osman'ın (radıyallâhu anh) kanının sorumluluğunu sana yüklerler."

Hz. Ali'nin (radıyallâhu anh) onayladığı valiler şunlardır: Osman b. Huneyf, Ammara b. Şihab, İbn Abbas, Kays b. Sa'd b. Ubade ve Sehl b. Huneyf.

Soru: İbn Abbas (radıyallâhu anh), Şam valiliğine Muaviye yerine kendisini atayınca Hz. Ali'ye (radıyallâhu anh) ne dedi?

Cevap: Hz. Ali (radıyallâhu anh) kesin kararını vermişti. Sonra İbn Abbas'a (radıyallâhu anh) "Şam'a git; oraya Muaviye yerine seni atadım" dedi. İbn Abbas (radıyallâhu anh) "Bu isabetli bir görüş değil! Muaviye Ümeyye oğullarındandır, Osman'ın (radıyallâhu anh) amca oğludur ve de Şam valisidir. Osman (radıyallâhu anh) için boynumu uçurmayacağından emin olamam. En azından beni hapsedip dilediği şekilde hükmeder" dedi. Ali (radıyallâhu anh) "Neden?" dedi. İbn Abbas (radıyallâhu anh) "Seninle aramdaki akrabalıktan dolayı; çünkü sana atılan her suçlama bana da atılmış demektir. Bilakis Muaviye'ye mektup yaz, O'na ikramda ve güzel vaadde bulun" dedi.

Soru: Hz. Ali Kûfe'ye gitmeyi neden düşündü?

Cevap: Ali'ye (radıyallâhu anh) Kûfe halkından ve valileri Ebû Musa Eş'ari'den (radıyallâhu anh) biat ulaşınca Medine'de kalmaktansa Kûfe'ye gitmeyi arzuladı. Bu düşüncesinde özellikle, Şam ve diğer beldelere atadığı valileri halkın, umduğu ve arzuladığı şekilde karşılamaması sebebiyle olayların iyi sinyaller vermemesi etkili oldu.

Soru: İbn Abbas (radıyallâhu anh) O'na ne tavsiye etti?

Cevap: Daha önce geçtiği gibi İbn Abbas (radıyallâhu anh) Ali'ye (radıyallâhu anh) Muaviye'yi Şam valisi olarak bırakmasını ve ortalık durulup her şey yerine oturunca azledip yerine başkasını tayin etmesini tavsiye etti; ancak Ali (radıyallâhu anh) bunu reddeti. İbn Abbas da (radıyallâhu anh): "İtaat ettiğinde malın çoğalacaksa yap" dedi.

Soru: Hz. Ali (radıyallâhu anh) Mısır, Yemen, Kûfe ve Şam'a kimleri vali atadı?

Cevap: Vali isimlerini daha önce zikrettik. Şimdi de her birini hangi beldeye atadığını belirtelim: Osman b. Huneyf'i Basra'ya, Ammara b. Şihab'ı Kûfe'ye, İbn Abbas'ı Yemen'e, Kays b. Sa'd b. Ubade'yi Mısır'a ve Sehl b. Huneyf'i Şam'a atadı.

Soru: Yeni Şam valisi nasıl karşılandı?

Cevap: Sehl b. Huneyf'i Tebük'e vardığında Şamlı atlılar karşıladılar ve "Kimsin?" diye sordular. "Valiyim" dedi. "Nerenin?" dediler. "Şam'ın" dedi. "Seni Osman (radıyallâhu anh) gönderdiyse hoş geldin, yoksa geri dön" dediler. "Olanları (yani Osman'ın (radıyallâhu anh) şehid edilmesini ve Medine'deki kaosu) duymadınız mı?" dedi. "Duyduk" dediler. O da geri Medine'ye döndü.

Soru: Mısır valisi nasıl karşılandı?

Cevap: Kays b. Sa'd da Eyle'ye (Ürdün'ün Akabe şehri) ulaşınca atlılar onlarla karşılaştılar "Sen kimsin?"dediler. Zeki ve kurnaz olan Kays "Osman'ın arta kalan askerlerinden. Allah'ın dinine hizmet edeceğim, kendilerine sığınacak birilerini arıyorum" dedi. "Yoluna devam et" dediler. Yoluna devam etti ve Mısır'a girdi. Mısırlılar bölük bölük olmuşlardı. Bir grup biat ehli cemaate katılmışlardı ve Kays'ı destekliyorlardı. Bir grup Harbeta[107] denen yere çekilmişlerdi ve "Osman'ın intikamını alacaksanız sizinleyiz, yoksa biz eski hal üzereyiz. Hedefimize ulaşıncaya kadar da yerimizden kımıldamayacağız" diyorlardı. Diğer bir grup da açıkça "Biz Ali'yleyiz; O kardeşlerimize kısas yapmadı" (isyan ve kargaşa çıkaran fitnecileri kastediyorlar) diyorlardı.

Soru: Kûfe valisi nasıl karşılandı?

Cevap: Kûfe'ye atanan Ammara b. Şihab ise Mekke ile Kûfe arasındaki yol üzerindeki Zebale denen yerde, Osman'ın (radıyallâhu anh) intikamını almak üzere bir grup insanla Medine'ye gitmekte olan Tuleyha b. Huveylid'le karşılaştı. "Derdim ve tasam o şeydir ki, ne beni terk edip gidiyor, ne de ona yetişebiliyorum…" diyordu. Ammara'ya "Geri dön; çünkü insanlar Ebû Musa Eş'ari yerine hiç kimseyi istemiyorlar. Dönmezsen boynunu uçururum" dedi. Ammara da bu haber üzerine Medine'ye, Hz. Ali'nin yanına döndü.

Soru: Hz. Ali'nin Muaviye'ye mektup göndermesi ne kadar sürdü? O bir cevap yazdı mı?

Cevap: Ali (radıyallâhu anh) Muaviye'ye önce Sebra el-

---

107 Harbeta: İskenderiye yakınlarında bir belde. Daha sonra yok olup tarihe karıştı.

Cüheni ile bir mektup gönderdi. Sonra üç ay boyunca uzun uzun mektuplar gönderdi. Muaviye bunların hiçbirine cevap göndermedi. Hatta topluluklar ve kalabalıklar önünde şu şiiri söylüyordu:

> Kendini iyice sakla veya tutuş benimle,
>
> Etrafı harap eden ve yakan şiddetli savaşa.
>
> Komşunuz ve evladınız için savaşın; çünkü o,
>
> Saçı sakalı ağartacak dehşette öldürüldü.
>
> Efendiler ve köleler aciz kaldı bunda (intikamda).
>
> Bu işte bizden gayri dost ve hakem kalmadı.

Soru: Muaviye sonunda Ali'ye ne gönderdi?

Cevap: Muaviye Abes kabilesinden bir adamla Ali'ye, üzerinde "Muaviye'den Ali'ye" yazılı bir zarf[108] gönderdi ve yanına gidip bunu O'na teslim etmesini emretti. Ali zarfı açınca içinde hiçbir şey bulamadı. Elçiye "Ardında ne haberler var?" diye sordu. Elçi: "Ben güvencede miyim?" dedi. Ali (radıyallâhu anh): "Evet, elçiler güvendedirler, öldürülmezler" dedi. Elçi: "Arkamda kısastan başka bir şeyi kabul etmeyen bir millet bıraktım" dedi. Ali (radıyallâhu anh) "Kimden?" dedi. "Seni yanlış yola sevkedenden. Ben Şam'dan ayrılırken altmış bin ihtiyar, Osman'ın (radıyallâhu anh) Dımeşk camisinin minberi önüne asılı bulunan gömleği önünde ağlıyordu." Ali (radıyallâhu anh) "Osman'ın kanını benden mi istiyorlar? Allahım! Ben Osman'ın kanından beriyim! Vallahi Osman'ın katilleri, Allah'ın diledikleri dışında kaçıp kurtuldular" dedi. Sonra "Çık" dedi. Elçi: "Ben güvende miyim?" diye sordu, Ali (radıyallâhu anh) "Sen güvendesin" dedi.

---

108 Bunun yırtık kumaş olduğu da söylenir.

O anda Sebeiler "Bu köpek, öldürün" diye bağırdılar. Ancak kabilesi onu engelleyip korudu ve bu da kurtuldu.

Soru: Hz. Ali neye karar verdi? Kendisini nasıl hazırladı?

Cevap: Muaviye'nin bu tavrı başkaldırı anlamına geliyordu ve O'nunla savaşmak kaçınılmazdı. Ali (radıyallâhu anh) buna karar verdi ve hazırlığa başladı. Medineliler görüşünü öğrenmesi için Ziyad b. Hanzala'yı O'na gönderdiler. Savaşa kararlı olduğunu görünce "Ey Mü'minlerin emiri, yavaş ve sakin ol" dedi, sonra şu şiiri söyledi:

Kim siyasi ve yumuşak davranmazsa,

Yaşlı develer tarafından ısırılır, ayaklar altında ezilir.

Ali (radıyallâhu anh) de ona şu şiirle cevap verdi:

Zeki kalp kendini toparlayıp kesin karar verir,

Kibir ve hamasetle çalışırsa, sana zulüm meyvası devşirir.

Soru: Oğlu Hasan ne dedi? Hz. Ali (radıyallâhu anh) oğlunun bu sözüne kulak verdi mi?

Cevap: Hasan babası Ali'yi, Muaviye ve Şamlılarla savaşmaması için ikna etmeye çalıştı; ancak Ali (radıyallâhu anh) kabul etmeyip reddetti ve kararında ısrar etti.

Soru: Hazırladığı ordunun düzeni nasıldı?

Cevap: Şu şekildeydi: Muhammed b. Ali b. el-Hanefiyye sancaktar, sağ cenahta İbn Abbas, sol cenahta Ömer b. Ebû Seleme -bir rivayete göre: Amr b. Süfyan b. Abdulesed-, önde de Ebû Ubeyde'nin kardeşinin oğlu Ebû Ya'la (Ömer b. Cerrah).

Medine yönetimine Kusem'i bıraktı. Mısır ve Kûfe valilerine de askerî güç göndermeleri için mektup yazdı.

Soru: O'nun savaş çağrısına tüm Medineliler katıldılar mı?

Cevap: Dikkati çeken hususlardan biri çok sayıda sahâbenin Hz. Ali'yle savaşa çıkmamasıdır. Bazıları Şam'a kaçtı, bazıları Mekke'ye gitti, bazıları da Medine'de evlerine çekildiler. Bunda özellikle Hz. Osman'ın (radıyallâhu anh) katillerinin O'nun ordusuna girmeleri, askerlerine katılmaları ve çok büyük görevlerde yer almaları etkili oldu.

Soru: Mekke'de Ali (radıyallâhu anh) karşıtları nasıl bir araya geldiler?

Cevap: Hz. Âişe Hz. Osman'ın (radıyallâhu anh) şehadetinden sadece birkaç gün önce Umre için Mekke'ye gitmişti. Sonra Zübeyr b. Avvam ile Talha b. Ubeydullah Ali'ye gelerek Umre için izin istediler, O da izin verdi. Ali'nin onlara "Vallahi, siz Umre için değil hainlik için gidiyorsunuz" dediği rivayet edilir. Böylece Mekke'de, Osman'ın (radıyallâhu anh) katillerinden öç alma ve onlara kısas uygulama talebinde bulunan muhalif unsurlar yavaş yavaş bir araya gelmeye başladı.

Soru: Hz. Âişe insanlara nasıl bir konuşma yaptı?

Cevap: Hz. Âişe (radıyallâhu anhâ) İnsanlara şu konuşmayı yaptı: "Ey insanlar, farklı ülkelerden ve nehir diyarlarından serseriler ile Medine'li köleler dün zalimce o öldürülen adamın üzerine çullandılar ve güya intikam aldılar. Gençleri vali tayin etmesini tenkit ettiler. Oysa daha önce de delikanlılar görevlendirilmişlerdi. Müslümanlar için ayrılmış korunmuş bölgeleri de tenkit ettiler. O da bu isteklerine kulak verdi ve onlara yer ayırdı. Sonra bunlar başka bir hüccet ve gerekçe bulamayınca düşmanca hareketlere geçtiler; haram kanı döktüler, beled-i haramın ve haram ayların saygınlığını çiğnediler. Başkalarının malını aldılar. Vallahi Osman'ın (radıyallâhu anh) bir parmağı dünya dolusu onlardan hayırlıdır. Vallahi yaptıklarının sebebi bir günah olsaydı, (eritildiğinde) altının tortudan ve yıkandığında kirin elbiseden ayrılması gibi O'ndan ayrılırdı."

Soru: Nereye gittiler, neden?

Cevap: Muhalifler Hz. Osman'ın (radıyallâhu anh) kanının intikamı talebinde ittifak ettiler ve Ali'ye savaş açtıklarını ilân ettiler. Sonunda Basra'ya doğru gitmekte karar kıldılar. Çünkü orada müttefikleri vardı. Mektup gönderdiler, onlar da -azı dışında- kabul ettiler. Kabul etmeyenler Ka'b b. Sur, Ahnef b. Kays ve Münzir b. Rebia idi.

Soru: Mekke'den çıkan orduyu kim donattı? Rasûlullah'ın (sallallâhu aleyhi ve sellem) diğer hanımları neden Medine'ye döndüler?

Cevap: Mekke'deki orduyu altı yüz deve ve 300 bin dirhemle Ya'la b. Minye ile Abdullah b. Amir donattı.

Ömer'in (radıyallâhu anh) oğlu Abdullah'ı yanlarına çekmeye çalıştılar. Ancak O Zübeyr ve Talha'ya "(Size katılmıyorum; eğer) sizin davanız hak ise (elde edilmesi imkansız olduğundan) şimdilik ertelemiş olur, batılsa bir şerden kurtulmuş olurum." dedi. Kızkardeşi Mü'minlerin annesi Hafsa'yı da onlara katılmaktan ve onlarla Basra'ya gitmekten men etti. O da Abdullah ile Medine'ye döndü.

Soru: Âişe hangi bineğe biniyordu? Devesinin adı ne idi?

Cevap: Aralarında Medineli bin kişinin bulunduğu bir orduyla Mekke'den yola çıktılar. Yolda katılanlarla birlikte ordunun toplam sayısı üç bine ulaştı. Âişe (radıyallâhu anhâ) bir deve üzerindeki tahtırevandaydı. Devesinin adının Asker olduğu söylenir.

Soru: Âişe (radıyallâhu anhâ) neden dönmeye niyetlendi?

Cevap: Yolda Hav'eb denen yere gelince onlara köpekler ürüdü. Rehberlerine "Bu ne suyudur?" diye sordular, "Hav'eb suyudur" dedi. Âişe (radıyallâhu anhâ) birden çığlık attı ve "İnnâ lillahi ve inna ileyhi raciun… Ben eşleri yanındayken Rasûlullah (sallallâhu aleyhi ve sellem) onlara "Ne garip, Hav'eb köpekleri sizden kime havlayacak acaba?" derken işittim" dedi. Sonra devesinin bacağına vurarak ıhdırdı ve "Vallahi Hav'eb suyundan geçecek kadın benim" dedi. Diğerleri de develerini etrafında ıhdılar ve bir gün bir gece beklediler[109].

Soru: Kızkardeşinin oğlu Abdullah b. Zübeyr O'na ne dedi?

Cevap: Bunun üzerine söylenenlerin asılsız olduğunu söylemesi için yeğeni Abdullah'ı getirdiler. Abdullah O'nunla konuşarak sonunda ikna etti. Yola devam etmeye teşvik için O'na "Çabuk olalım, kendimizi kurtaralım. Zira Ali b. Ebû Talib bize şimdi yetişir" dedi.

Bunun üzerine Âişe kalktı ve yola devam etti.

---

109 Hav'eb hadisesi ve hakkında söylenen hadis şüphelidir.Nesei bu hadisi zayıf saymış, İbn Hacer de ravilerinden Ebû Hattâb el-Haciri'nin meçhul biri olduğunu söylemiştir.

Soru: Hz. Âişe Basra halkına ve valisine ne haberi gönderdi?

Cevap: Hz. Âişe beraberindekilerle birlikte Basra'ya yaklaşınca Basra valisine geldiklerini haber eden bir mektup gönderdi. O gün Basra valisi Ali'nin tayin ettiği Osman b. Huneyf idi. O da İmran b. Husayn ile Ebû Esved ed-Düeli'yi yanına çağırdı.

Soru: Hz. Âişe'ye kim gelerek buraya neden geldiğini sordu? O ne cevap verdi?

Cevap: Osman b. Huneyf bu ikisinin geliş nedenini sormaları için Hz. Âişe'ye gönderdi. Bunlar Âişe'ye (radıyallâhu anhâ) Basra'ya birkaç mil uzaklıktaki Hafir denen yerde ulaştılar ve bunu sordular. Âişe (radıyallâhu anhâ) "Serseriler ve yabancı kabileler Rasûlullah'ın (sallallâhu aleyhi ve sellem) haremine gelerek orada çirkin işler yaptılar; sonradan tiremeleri himayelerine aldılar ve Rasûlullah'ın (sallallâhu aleyhi ve sellem) lanetini kazandılar. Hak etmediği halde Müslümanların imamını katlettiler, haram kanı helal saydılar ve döktüler, kendilerine haram olan malı gasbettiler ve (kan dökülmesi) haram beldede ve ayda kan döktüler. Ben de Müslümanlarla çıkarak onlara bunların yaptıklarını haber verdim. İnsanlar bizim arkamızdan geldiler. Bu meselenin çözülmesi gerekiyor." dedi. Sonra "Onların gizlice konuşmalarının çoğunda hayır yoktur...." âyetini okudu. Sonra ekledi: "İşimiz budur; iyiliği emrediyor, kötülükten men ediyoruz."

Soru: Zübeyr b. Avvam ile Talha b. Ubeydullah'ın görüşleri ne idi?

Cevap: Bunlar daha sonra Zübeyr ile Talha'nın yanına gittiler. Onlar da Hz. Âişe'ye benzer şekilde cevap verdiler.

Onlara "Siz Ali'ye biat etmemiş miydiniz?" dediler. Talha ile Zübeyr: "Evet, ama kılıç boynumuzda (buna zorlandık)" dediler.

Soru: Durum Müslümanlar arasında büyük bir harbin sinyallerini veriyor muydu?

Cevap: Müslümanların ufkunda toplanan şiddetli kasırganın sinyalleri ilk defa Mü'minler arasında dönecek ve onların kanlarını akıtacak, canlarını alacak ve ardından etkisi uzun süre devam edecek olan şer ve fitne tohumları ekecek savaşın haberini veriyordu.

Çoğu hakla batılı ayırt edemiyordu. Nereye gittiklerini bilemiyorlardı.

Soru: Ali (radıyallâhu anh) yolunu neden Şam'dan Basra'ya çevirdi?

Cevap: Ali (radıyallâhu anh) kendisini ve ordusunu Muaviye ile savaşmak için Şam'a gitmek üzere hazırlamıştı. Âişe, Zübeyr ve Talha'nın Basra'ya doğru gittikleri haberi ulaşınca görüşünü değiştirdi ve onlara doğru yürüdü. Bazı Medineliler O'na desteğini çekip ortada bıraktığına göre önce onlardan başlamalıydı.

İlerledi ve Kûfe'nin Zikar denen yerinde konakladı.

Soru: Basralıların hepsi tek görüşte miydiler?

Cevap: Basralılar Hz. Âişe ve beraberindekiler hakkında, ikiye ayrıldılar. Bir grup desteklerken, diğer grup onlara karşıydı. Vali Osman b. Huneyf ve beraberindekiler onlara karşıydılar. Ali'ye meyilliydiler ve görüşünü öğrenmek için O'nun gelişini bekliyorlardı.

Bu arada Âişe (radıyallâhu anhâ) Basra'nın Mirbed kısmından şehre girdi ve insanlara şu konuşmayı yaptı: "İnsanlar Osman'a bir takım suçlamalarda bulunuyorlar, valilerine hatalar ve yanlışlıklar isnad ediyorlardı. Gelip söyledikleri hususlarda bize danışıyorlardı. Biz de meseleyi araştırdığımızda O'nun bundan uzak ve beri olup, görevinde vefakar olduğunu görüyorduk. Onların ise facir, hain ve yalancı olduklarını, açığa vurduklarından farklı şeyler yapmaya çalıştıklarını anlıyorduk. Bunlar çoğaldılar ve evini işgal ettiler. (Geçerli) mazeret ve gerekçeleri olmaksızın haram olan kanı, haram ayı ve haram beldeyi helal saydılar." Hz. Âişe daha sonra "(Rasûlüm!) Kendilerine Kitap'tan bir pay verilenleri (Yahudileri) görmez misin ki, aralarında hükmetmesi için Allah'ın Kitab'ına çağırılıyorlar da, sonra içlerinden bir gurup cayarak geri dönüyor" âyet-i kerimesini okudu. Bunun üzerine bazıları söylediklerini kabul ederek O'na katıldılar ve yanında yer aldılar.

Soru: Basra ellerine nasıl geçti?

Cevap: Destekleyenlerle muhalifler arasında savaş patlak verdi. Bir tarafta Âişe, Talha, Zübeyr ve taraftarları, diğer tarafta vali Osman b. Huneyf ve beraberindekiler. Bu birkaç gün sürdü. Ancak galibiyet Âişe ile taraftarlarınındı. Sonunda Basra'ya girmeyi ve ele geçirmeyi başardılar.

Osman b. Huneyf de ellerine düşmüştü. O'na kötü ve çirkin davrandılar! Daha sonra serbest bıraktılar.

Soru: Hz. Ali onlarla savaşmaya mı niyetlenmişti, yoksa fitneyi sona erdirmeye mi?

Cevap: Ali (radıyallâhu anh) ile oğlu Hasan (radıyallâhu anh), sonra onun ile Abdullah b. Selam (radıyallâhu anh) arasında geçen konuşmalardan[110] O'nun yönünü Şam'dan değiştirip Basra'ya gelirken savaş veya harp için gelmediğini, maksadının Talha ve Zübeyr'i giriştikleri işten men etmek, Irak'taki durumu kontrol altına almak, safları birleştirmek ve sözbirliğini sağlamak olduğunu anlıyoruz.

Fitneci ve Osman'ın (radıyallâhu anh) katili Sebeilerin (Abdullah b. Sebe taraftarlarının) O'na katılmasına gelince; olaylar onların planladıkları şekilde cereyan ediyordu. İnsanlar da bunu hissediyorlardı.

Soru: Hz. Ali'nin gidişi nasıl oldu? Kûfe valisi Ebû Musa Eş'ari'ye ne yazdı? O'nun cevabı nasıl oldu?

Cevap: Hz. Ali (radıyallâhu anh) Medine'de yerine Temam b. Abbas'ı bıraktı ve Mekke'ye de Kusem b. Abbas'ı gönderdi. Sonra ordusuyla, Basra'ya varmadan Talha, Zübeyr ve Âişe'ye ulaşmak üzere yola çıktı. Rebze'ye vardığında O'na ulaşan haberler onlara yetişemediğini ve hedeflerine ulaştıklarını gösteriyordu.

Bunun üzerine Hz. Ali Kûfe valisine ve halkına şu mektubu gönderdi: "Bismillahirrahmanirrahim. İmdi.. Ben Allah ve Rasûlü'ne olan sevginizi bildiğimden sizi seçtim, şehrinize yerleşmeye karar verdim. Kim bana gelir ve yardım ederse hakka icabet etmiş olur ve Allah onun hakkındaki hükmünü verir."

Yolda O'na Tayy kabilesinden bir grup geldi. Onlar adına konuşan Said b. Ubeyd et-Tai O'nu çalışmalarında destekleyeceklerini ve O'nunla beraber olacaklarını ifade etti. Hz. Ali de (radıyallâhu anh) teşekkür etti, memnuniyetini belirtti ve onlara hayır duada bulundu.

---

110 El-Bidâye ve'n-Nihâye 7 / 261.

Soru: Hz. Ali (radıyallâhu anh) başka bir delege gönderdi mi, onlar kimdir?

Cevap: Kûfe'ye ayrıca bazı öncüler gönderdi ki bunlar Muhammed b. Ebû Bekir ile Muhammed b. Cafer'dir. Bunlarla birlikte Kûfelilere şu mektubu gönderdi:

"Ben sizi diğer şehirlere tercih ettim ve olan olaylardan size koştum. Allah'ın dinine yardımcı ve destek olun. Bizim için kalkın ve destekleyin. İsteğimiz ümmetin kardeşlik günlerine tekrar dönmesi için, ıslah etmektir. Kim bunu ister ve tercih ederse hakkı istemiş ve tercih etmiş; kim istemezse hakkı istememiş ve ona değerini vermemiş olur."

Soru: Ebû Musa Eş'ari ile Ammar b. Yasir arasında ne konuşma geçti?

Cevap: Ammar b. Yasir Ali tarafından bir grup kişiyle Ebû Musa Eş'ari ile konuşmak üzere Kûfe'ye gitti ve beraberinde Ali'nin oğlu Hasan da vardı. Buluşunca Ebû Musa Eş'ari Hasan'ı bağrına bastı. Sonra Ammar'a döndü ve "Osman'ı neden öldürdünüz?" dedi. Ammar: "Namusumuza sövmesinden ve derimize vurmasından dolayı" dedi[111]. Ebû Musa Eş'ari (radıyallâhu anh) "Vallahi size yapılanın misliyle cezalandırmadınız. Üstelik sabretseydiniz bu sabredenler için daha hayırlıdır" dedi. Ebû Musa Eş'ari (radıyallâhu anh) sürekli şöyle derdi: "Öyle bir fitne vuku bulacak ki, onda oturan ayaktakinden, ayaktaki yürüyenden, yürüyen binektekinden hayırlı olacak"[112]. Böylece Kûfe, Ali'yi destekleyen ile Ebû Musa Eş'ari'ye kulak veren olmak üzere iki gruba ayrıldı.

---

111 Osman (radıyallâhu anh) Ammar'a had cezası vermişti.
112 Bu Rasûlullah'ın (sallallâhu aleyhi ve sellem) hadisinden bir kısımdır. Müslim Sahih'inde, Beyhaki de Delail'inde rivayet etmiştir.

Soru: Kûfenin önde gelenlerinden kimler Hz. Ali'ye olumlu cevap verdiler?

Cevap: Eşter kendisini Kûfe'ye göndermesi için Ali'den (radıyallâhu anh) izin istedi; çünkü onlardan hiçbirinin kendisine karşı çıkmayacağını umuyordu. Ali (radıyallâhu anh): "Tamam, onlara git" dedi. Eşter bir grup yardımcısıyla Kûfe'ye gitti ve mescide girdi. O esnada Ebû Musa Eş'ari insanlara onları barışa ve savaşmamaya teşvik eden, oldukları yerde kalmalarını tavsiye eden bir konuşma yapıyordu. Karşılıklı konuştular. Sonra Ebû Musa Eş'ari indi ve valilik konağına girdi. Eşter arkasından gitti ve "Çık ey anası olmayasıca... Allah canını çıkarsın..." diye seslendi. Ebû Musa Eş'ari bir gece mühlet istedi, O da verdi. Ancak Ebû Musa Eş'ari'nin yanındakiler O'nun eşyalarına saldırdılar ve gasbetmeye yeltendiler. Bu şekilde Kûfe Ali (radıyallâhu anh) taraftarlarının eline düştü ve 12 bin savaşçı O'na katıldı.

Soru: Hz. Ali (radıyallâhu anh) Âişe, Talha ve Zübeyir'e kimi gönderdi? Onları neye çağırdı?

Cevap: Ali (radıyallâhu anh) Kûfe'ye girdi ve halka bir konuşma yaptı. Konuşmasında şöyle dedi: "Ey Kûfeliler, siz Acem krallarla savaştınız, birliklerini dağıttınız ve onlardan kalan malları elinize geçirdiniz; elinizdekileri korudunuz ve düşmanlarına karşı insanlara yardım ettiniz. Sizi, Basralı kardeşlerimizin yaptıklarına şahid olmanız için çağırdık. Dönerlerse istediğimiz o. Israr ederlerse biz onları yumuşaklıkla düzeltmeye çalışacağız. Ta ki zulme onlar başlasınlar. Allah'ın izniyle, ıslah içeren hiç bir şeyi bırakmadan yapacak ve bunu fesad içeren her şeye tercih edeceğiz."

Sonra Ka'ka b. Amr et-Temimi'yi çağırdı ve Basralılara

gönderdi. O'na "Bu iki adama (yani Talha ve Zübeyr) git ve onları birliğe ve sevgiye çağır, parçalanmanın ne kadar kötü olduğunu anlat." dedi.

Ka'ka önce Hz. Âişe'ye gitti ve konuşmada Talha ve Zübeyir'in de bulunmasını istedi. Onlar da geldiler. Hep birlikte konuştular, sonunda sulhe ve savaş yapmamaya karar .verdiler

Soru: Basra'da Osman b.Huneyf'in başına ne geldi?

Cevap: Hz. Ali'nin Basra valisi Osman b. Huneyf'in başına neler geldiğini daha önce zikretmiştik.

Hz. Ali Basra'ya varmadan Zikar'da iken Osman b. Huneyf harap ve yüzü kılsız bir halde yanına geldi ve "Ey Mü'minlerin emiri, sen beni Basra'ya gönderdiğinde sakallıydım. Şimdi ise yanına tüysüz geldim." dedi. Ali (radıyallâhu anh): "İyilik ve sevap kazandın. Allahım! Talha ve Zübeyr'i sınadığın şeyle beni sınama!" dedi.

Burada başa dönüyoruz. Yani o zamanki koşullar ve içinde bulunulan kaos ve seviyesizce davranışlar insanları galeyana getiriyor, şu veya bu tarafta toplanmaya itiyordu. Gruplanmalar ve toplanmalar gittikçe artıyordu.

Soru: Ali (radıyallâhu anh) Basra'ya ne zaman gitti?

Cevap: Hicretin 36. yılının Rebiulevvel ayında gitti.

Soru: Abdullah b. Selam O'na ne dedi?

Cevap: Ali (radıyallâhu anh) Rebze'de iken Abdullah b. Selam yanına geldi ve atının yularını tutarak "Ey Mü'minlerin emiri, buradan çıkma; vallahi buradan çıkacak olursan Müslümanların hakimiyeti buraya hiçbir zaman dönemez" dedi.

Bazıları ona sövdüler, ancak Ali (radıyallâhu anh) "Bırakın O'nu; O Rasûlullah'ın (sallallâhu aleyhi ve sellem) sahâbelerinden ne iyi adamdır" dedi.

Samimi, vefakar, söz ve imanlarında sadık insanlar çok idi ve ellerinden geldiğince kör fitneyi Müslümanlardan engellemeye çalıştılar. Ancak şeytanın nefesi, Osman'ın katillerinin ve hainlerin başlarının yarattığı gerginlikle yapacağını yapıyor, nefislerdeki intikam ateşini artırdıkça artırıyordu.

Soru: Oğlu Hasan Hz. Ali'ye (radıyallâhu anh) ne dedi, O ne cevap verdi?

Cevap: Ali'ye (radıyallâhu anh) oğlu Hasan'dan yakın kim vardır? Medine'den çıkarken de O'nunla idi. Yoldayken Hasan babasına geldi ve: "Seni engellemeye çalıştım, ama beni dinlemedin. Sen yarın, sana hiçbir kazanç getirmeyecek boş öldürmeler yapacaksın" dedi. Ali (radıyallâhu anh) "Sen hala bana kız çocuğunun şefkatiyle davranıyorsun. Sen beni neyden men ettin de ben dinlemedim?" dedi. Hasan "Osman öldürülmeden önce birileri ileri geri konuşmasın diye Medine'den çıkmanı, öldürülürken orada bulunmamanı tavsiye etmedim mi? Osman'ın (radıyallâhu anh) öldürülmesinden sonra 'Başka beldeler sana biatlarını göndermeden sen insanlardan biat alma' dememiş miydim? Şu kadın, Âişe ile iki adam, Talha ile Zübeyr çıktıklarında onlar sakinleşene kadar evinde oturmanı söylemiştim. Bunların hiçbirinde de sözümü dinlemedin" dedi. Ali (radıyallâhu anh) O'na şöyle cevap verdi: "Benim Osman öldürülmeden önce çıkmama gelince; O'nun gibi biz de kuşatma altındaydık. Başka beldelerden biat gelmeden önce biat almam bu işin (halifeliğin) zayi olmaması içindi. Bunlar çıktıkları yere çıktıklarında oturmama gelince; benim kuşatılan ve burada değil denilen, sonra ökçesi yarılınca çıkartılan sırtlan gibi olmamı mı istiyorsun? Bu meselede beni ilgilendiren ve mecbur bırakan durumlara bakmaz isem kim bakacak? Bana dokunma ey evladım!" dedi.

Soru: Hz. Ali Ebû Musa Eş'ari'ye ikinci olarak kimi gönderdi? Ebû Musa Eş'ari ne cevap verdi ve neyi delil getirdi?

Cevap: Ebû Musa Eş'ari'ye giden Ammar b. Yasir'in yanında Zeyd b. Savhan ile Ka'ka b. Amr vardı. Bunlar mescide giderek insanlara konuşan Ebû Musa Eş'ari'ye ulaştılar. Ebû Musa Eş'ari konuşmasında şöyle diyordu: "Ey insanlar, bana itaat edin ve Araplar arasında en iyi kişiler olun. Ki onların özellikleri mazlumun onlara sığınması ve korkanın onların yanında kendini güvende hissetmesidir. Fitne geldiğinde karmaşıklaşır, gittiğinde ise netleşir...". Ebû Musa Eş'ari konuşmasında insanlara hiçbir şeye karışmamayı ve evlerinde kalmayı tavsiye ediyordu.

Bunun üzerine Zeyd b. Sahvan: "Ey insanlar, Mü'minlerin emiri ve Müslümanların efendisi Ali'nin yanına gidin, hep birlikte O'na yürüyün!" dedi.

Ka'ka da: Hakikat Ebû Musa Eş'ari'nin söylediğidir. Fakat insanların, zalimi engelleyecek, mazlumu koruyacak ve Müslümanların dağınıklığını giderip onları düzene sokacak bir emiri olması da şarttır. Mü'minlerin emiri Ali de bu görevi sürdürebildiği kadar sürdürmeye çalışıyor. Şimdi insaflıca çağrı yapıyor ve sadece ıslahı istiyor. Haydi hep birden O'nun yanına gidin" dedi.

Böylece Kûfe'deki tereddüt ve belirsizlik yine devam etti.

Soru: Ali Kûfe'ye Ebû Musa Eş'ari'yi azledecek birini gönderdi mi?

Cevap: Ali'ye Kûfe'de olanların haberi gelince Eşter en-Nehai'yi gönderdi. Eşter Ebû Musa Eş'ari'yi zorla azletti ve valilik konağından çıkardı. İnsanlar da boyun eğdiler ve seferberlik çağrısına icabet ettiler. Hasan b. Ali ile dokuz bin kişilik ordu yola çıktı. Hala Zikar'da bulunan Ali onları karşıladı.

Böylece Ali tarafında toplanan insanların sayısının çoğaldığını görüyoruz. Tüm bunlar Ka'ka b. Amr, görüşmeler yapması için Âişe ve beraberindekilere, gönderilmeden önce gerçekleşen olaylardır.

Soru: Ka'ka b. Amr iki taraf arasında barış elçisi miydi?

Cevap: Daha önce zikrettiğimiz gibi Ka'ka, nasihat etmesi ve birliğe, kardeşliğe çağırması için Ali (radıyallâhu anh) tarafından Talha ve Zübeyr'e gönderilmiş bir elçiydi. O önce Mü'minlerin annesi Hz. Âişe ile başladı ve O'na "Anneciğim! Seni bu diyara ne getirdi?" dedi. O "Evladım, insanların arasını düzeltmek için geldim" dedi.

Daha önce zikrettiğimiz gibi Ka'ka Hz. Âişe'den hazır bulunmaları için (radıyallâhu anh) Talha ve Zübeyr'i de istetti ve onlar da geldiler.

Ka'ka "Ben Mü'minlerin annesine buraya neden geldiğini sordum, sadece insanların arasını düzeltmek için geldiğini söyledi. Siz de aynı görüş ve tavır üzere misiniz?" dedi. Onlar "Evet, biz de öyleyiz" dediler. Ka'ka: "O zaman bana söyleyin bu düzeltme ne yönde ve hangi esas üzere olacak? Vallahi tanırsak düzeltecek, tanımazsak düzeltemeyeceğiz" dedi. Onlar "Osman'ın katilleri... Zira bunu terk Kur'an'ı terktir" dediler. O cevap verdi, onlar (Talha ile Zübeyr) cevap verdiler ve aralarındaki tartışma uzadıkça uzadı. Ka'ka Osman'ın katillerini cezalandırmadaki gecikme için Ali (radıyallâhu anh) adına, insanların içinde bulunduğu kargaşa ve istikrarsızlık sebebini söyledi ve onlardan durumların, ortamın durulmasına ve istikrarın yerleşmesine kadar mühlet istedi. Onlara olabilecek felaketleri ve bölünmeleri hatırlattı.

Sonunda ittifak ettiler ve O'na "İsabetli ve doğru yaptın. Geri dön. Eğer Ali senin görüşün üzere gelirse durum düzelir" dediler.

Ali (radıyallâhu anh) bunu doğru buldu ve kabul etti. Bu işe kalbi açıldı ve yola çıkmaya niyetlendi.

Soru: Fitneciler buna razı oldular mı? Başkanları kimdi?

Cevap: Hz. Ali (radıyallâhu anh) hutbeye çıktı ve cahiliyye döneminden, kötülüklerinden ve yol açtığı olaylardan, İslâm'dan ve mensuplarının birlik ve sevgiyle mutlu olacağından, Allah'ın (c.c.) onları Peygamberlerinden sonra Ebû Bekir (radıyallâhu anh), sonra Ömer (radıyallâhu anh), sonra da Osman üzerinde birleştirdiğinden bahsetti. Sonra ümmetin başına bu olayların geldiğini, bazılarının dünyayı isteyip Allah'ın bu ümmete verdiği lütfu, ihsan ettiği fazileti kıskandıklarını, İslâm'ı ve her şeyi geriye döndürmek istediklerini, Allah'ın dilediğini yerine ulaştıracağını anlattı; sonra: "İyi dinleyin; ben yarın yola çıkıyorum. Osman'ın (radıyallâhu anh) öldürülmesine yardım eden hiç kimse benimle yolculuk etmesin" dedi.

Hz. Ali (radıyallâhu anh)'nin bu konuşması üzerine fitnenin başları; Eşter en-Nehai, Şurayh b. Evfa, Abdullah b. Sebe (İbn Sevda) ve Salim b. Sa'lebe bir araya gelerek meseleyi aralarında görüştüler ve sonunda Hz. Ali'nin söylediğini red kararı aldılar.

Soru: Bunlar Hz. Ali'nin ordusunda bir güç oluşturuyorlar mıydı?

Cevap: Bunların iki bin beş yüz adamları vardı ve yekvücuttular. Hz. Ali'nin ordusundaki önem ve tehlikeleri buradan ileri geliyordu.

Eşter konuştu ve Talha ile Zübeyr'in barış teklifini kabul ettiği taktirde Hz. Ali'nin öldürülmesi fikrini ortaya attı.

Ancak Abdullah b. Sebe ikisinden farklı bir görüş belirterek şöyle dedi: "Ey millet, şu anda adamlarınız diğerleriyle karışık durumda. İnsanlar karşılaştıklarında aralarında kavga ve savaş başlatın ve bir araya gelmelerine fırsat vermeyin. Onlar bu görüşlerinden vazgeçmek zorunda kalacaklar ve Allah Talha, Zübeyr ve beraberindekileri arzuladıkları şeye ulaşmaktan alıkoyacak ve onların başına istemedikleri şey gelecek" dedi. Onlar da kabul ettiler, alacakları tavrı ve planlarını gizlediler.

Soru: İki taraf ne zaman ve nerede toplandı?

Cevap: Ali ordusuyla Kûfe'den yola çıktı ve Basra'ya yaklaştı. Âişe, Talha ve Zübeyr'in ordusuyla buluşma orada olacaktı.

Tarih Hicrî 36 yılının Cemâziye'l-âhir ayının ortalarıydı.

İki taraf üç gün boyunca sakin bir şekilde birbirleriyle görüşmeler yaptılar; mektuplaştılar. Hepsi de insanlar arasında savaş çıkarmamaya meylettiler. Ali (radıyallâhu anh) tarafında bazıları buna karşı çıktılar.

Soru: Hz. Ali (radıyallâhu anh) onlara ne yaptı?

Cevap: Onlara şu konuşmayı yaptı: "Ey insanlar... Ellerinizi ve dillerinizi bu insanlaran çekin. Sakın yarın bizden önce davranmayın. Yarın mağlup olacak olan bugünün de mağlubudur. Ben onlardan kalbini Allah için temiz tutan kim öldürülürse, Allah'ın onu cennete koyacağını umuyorum. Onlar bize dokunmadıkça biz de onlara dokunmayacağız."

Soru: Osman'ın (radıyallâhu anh) katilleri fitneciler neye karar verdiler?

Cevap: İnsanlar üçüncü geceyi en iyi gece olarak geçirdiler. Barış müjdeleri ufukta görünmeye ve parlamaya başlamıştı... Sükûnet kalplere ve nefislere tekrar dönüyordu.

Osman'ın (radıyallâhu anh) katilleri ise tuzak, hile ve ihanetle meşguldüler.

Hep birlikte sabahın ışığıyla birlikte savaşı başlatmaya karar verdiler.

Soru: Savaş nasıl başladı?

Cevap: Fitneciler sabahın körüyle birlikte silahlarına sarıldılar ve kılıçlarla yakındakilere saldırdılar. Her grup kendilerini korumaları için kabilelerine koştu ve "Kûfeliler geceleyin safımızı yardılar. Tuzak kurup ihanet ettiler" dediler. Her ferd silahını aldı. Durum Ali'ye ulaşınca "Ne oluyor insanlara?" diye sorduğunda "Basralılar -Âişe ile beraberindekiler- birden bize hücum ettiler" dediler.

Hiç kimse meselenin hakikatini bilemedi.

O vakit iki ordu savaş için saf tuttu ve iki taraftan birbirlerine ok atışları başladı.

Soru: Ali'nin (radıyallâhu anh) ordusu kaç, Âişe'nin (radıyallâhu anhâ) ordusu kaç kişiydi?

Cevap: Ali'nin (radıyallâhu anh) ordusu yirmi bin, Âişe (radıyallâhu anhâ) ve beraberindekilerin orsusu ise otuz bin kişilikti.

Sebeciler ve Osman'ın (radıyallâhu anh) katilleri savaşa en çok dalan, en çok yaralayıp vuran kimselerdi. Fitne davetçileri ve hileci olan bu kişileri ilgilendiren şey savaşın devam etmesiydi.

Soru: Savaş esnasında Ali ile Zübeyr bir araya geldiler mi, her biri ne yaptı?

Cevap: Taraflarda ölenlerin sayısı yükseldi. Öyle ki Hz. Ali oğlu Hasan'a "Ey Hasan, keşke baban yirmi yıl önce ölseydi!" dedi. Hasan "Babacığım, ben seni bundan men etmiştim" dedi. Ali "Oğlum, ben meselenin buraya varacağını hiç düşünmedim" dedi.

Ali konuşmak ve nasihat etmek, bazı şeyleri hatırlatmak için Talha ve Zübeyr'i çağırttı. Onlar da geldiler. Atlarının boyunları buluştu ve uzun uzun konuştular. Ali Zübeyr'e Rasûlullah'ın (sallallâhu aleyhi ve sellem) "Sen zalim bir halde benimle savaşacaksın" hadisini hatırlattı. Zübeyr "Evet!" dedi... O vakit Zübeyr, -aynı zamanda Talha da- geri dönüp oradan ayrılmaya başladılar. Niyetleri savaşa devam etmemekti.

Zübeyr savaş meydanını bıraktı ve Medine'ye doğru yola çıktı. Oğlu O'nu geri çevirmeye çalıştı. Ancak O bunu reddetti ve oradan ayrıldı.

Soru: Zübeyr nerede ve nasıl şehid edildi?

Cevap: Zübeyr tek başına yola çıktı. İçini korku kaplamış

ve boğazı düğümlenmişti. O'nu ardından İbn Sebe taraftarlarından Amr b. Cürmüz adında biri takip etti. "Vadiu's-siba'" denen yere varınca dinlenmek için konakladı. Amr O'nu gözetledi ve birden üzerine saldırarak, haince ve alçakça öldürdü. Hanımı Atike binti Zeyd O'nun bu ölümü üzerine şu mersiyeyi söyledi:

Savaş günü cesur kahramanı haince katletti.

Oysa O kaçıyor değildi.

Ey Amr, ona haber verseydin eğer,

Telaşsız bulacaktın; bedeni ve kolu titremeyecekti.

Anan seni kaybetsin, bir Müslümanı öldürerek,

Kasten adam öldürme cezasını hak ettin.

Giden ve gelenler arasında O'nun gibisini sen,

Ne gördün ne de işittin.

Soru: Talha nasıl şehid edildi?

Cevap: Savaşın bir parça yavaşladığı bir esnada nereden geldiği bilinmeyen meşhul bir ok[113] gelerek ayağına saplandı. Kanı akmaya başladı. Damarlarından kan fışkırıyordu. Atından düştü. Kölesi yetişerek bir bineğe bindirdi ve tedavi için Basra'ya götürdü. Ancak çok geçmeden şehid olarak öldü.

Görüldüğü gibi Sebe taraftarı fitneciler ve Hz. Osman'ın (radıyallâhu anh) katilleri, tüm Müslümanların canlarını tehlikeye atmadan, kin ve nefretleri artırmadan rahatlamıyorlardı.

---

113 Talha'ya ok atanın Mervan b. Hakem olduğu söylenir; ancak bu sabit değildir.

Soru: Savaş neden devam etti?

Cevap: Hz. Âişe savaşı durdurmak istedi ve Basra kadısı Ka'b b. Sevar'a bir Kur'an verdi ve "Onları buna çağır!" dedi. Ka'b safları geçince Ali (radıyallâhu anh) ordusunun ilk saflarında İbn Sebe ve adamlarının ok ve mızraklarıyla elinde Kur'an'la yere düştü. Savaşı son hızıyla devam ettiriyorlar, hiç bir sese kulak vermiyorlar ve geri de çekilmiyorlardı. Savaş da tüm şiddetiyle devam etti.

Soru: Hz. Âişe'ye (radıyallâhu anh) ne oldu?

Cevap: Bir ara karşı taraftan bazıları Hz. Âişe'ye yaklaştı ve O'na ok atmaya başladı. Yardımına kızkardeşinin oğlu Abdullah b. Zübeyr yetişti ve O'nu korudu.

Sonra Âişe "Allah, Allah, Evlatlarım hesap gününü hatırlayın..." diye bağırdı. Sonra ellerini kaldırarak Osman'ın (radıyallâhu anh) katillerine beddua etmeye başladı. İnsanlar da O'nunla birlikte yüksek sesle beddua ettiler. Öyle ki ses Hz. Ali'ye kadar ulaştı. Ali (radıyallâhu anh) "Bu nedir?" diye sordu. "Mü'minlerin annesi Osman'ın (radıyallâhu anh) katillerine ve taraftarlarına beddua ediyor" dediler. Bunun üzerine Ali de (radıyallâhu anh) "Allahım! Osman'ın katillerine lanet et!" dedi.

Savaş acımasızca ve tüm şiddetiyle devam etti. Basralılar neredeyse Hz. Ali'ye ulaşacaklardı. O vakit kendisini korudu ve sancağı alarak öne doğru atıldı ve saldırganları püskürttü.

Savaşta iki taraf aynı durumdaydı; bazen şu tarafın, bazen diğer tarafın lehine gelişiyordu.

İnsanlar ölüyor, kolları bacakları etrafa saçılıyor ve yer yüzlerce, hatta binlerce cesedle doluyordu....!

Ne büyük bir felaket!

Abdullah b. Zübeyr Hz. Âişe'nin devesinin tahtırevanını korurken otuz yedi yerinden yaralandı!

Mü'minlerin annesi Âişe'ye bir kötülük veya eziyet isabet etmesin diye O'nu korurken Beni Dabbe ve Beni Naciye kabilesinden nice insanlar şehid düştüler.

Sebe taraftarlarının tüm gayreti deveyi ve içindekini yok etmekti. Oraya doğru hücum edenlerin sayısı arttıkça O'nu korumak ve müdafaa etmek için toplanan kalabalığın sayısı da artıyordu.

Soru: Hz. Âişe'nin tahtırevanı nasıl korundu?

Cevap: Sonunda deve yaralanarak yere düştü ve önünde de çok sayıda insan öldü. Bunun üzerine Hz. Ali, aralarında Ebû Bekir'in oğlu Muhammed ile Ammar b. Yasir'in bulunduğu kişilere tahtırevanı taşımalarını ve Âişe üzerine O'nu koruyacak bir kubbe yapmalarını emretti. Yanına da giderek "Sen nasılsın anne?" diye sordu. Âişe (radıyallâhu anhâ) "İyiyim" dedi. Ali (radıyallâhu anh) "Allah seni affetsin" dedi.

Geceleyin kardeşi Muhammed'in maiyetinde binekle Basra'ya götürüldü. Orada Abdullah b. Halef el-Huzai'nin evinde kaldı. Talha'nın annesi Safiyye binti Haris de aynı evdeydi.

Soru: Hz. Ali (radıyallâhu anh) insanlara nasıl seslendi?

Cevap: Hz. Ali (radıyallâhu anh) insanlara, kaçanı kovalamamaları, yaralıyı engellememeleri ve evlere girmemelerine dair duyuru yapmıştı.

Gidip ölü ve yaralıları teker teker gezdi. Her tanıdığı birini gördüğünde onun için rahmet duasında bulunuyor ve "Kureyşli birini yerde serili görmem bana ağır geliyor" diyordu.

Soru: Talha'nın cesedinin yanından geçerken ne dedi?

Cevap: Rivayete göre Hz. Ali Talha b. Ubeydullah'ı öldürülmüş halde görünce şöyle dedi: "Senin için ne kadar üzülüyorum ey Ebû Muhammed! İnna lillahi ve inna ileyhi raciun. Vallahi sen şairin söylediği gibiydin:

"Zenginliği onu arkadaşına yaklaştırırdı,

Fakirliği ise uzaklaştırırdı"

Soru: Âişe (radıyallâhu anhâ) geri Mekke'ye nasıl gönderildi?

Cevap: Âişe (radıyallâhu anhâ) Basra'dan çıkmaya niyetlenince Hz. Ali O'na gerekli her binek, azık, eşya vs.yi gönderdi. O'nunla birlikte gelip de hayatta kalan herkese, orada kalmayı tercih etmesi dışında O'nunla birlikte gitmesi için izin verdi. O'nunla birlikte gitmek üzere kırk tane Basralı bilinen kadın seçti ve kafileyle birlikte Âişe'nin kardeşi Muhammed b. Ebû Bekir'i de gönderdi.

Hz. Âişe çıkarken kapıda "Vallahi benimle Ali arasında ancak bir kadınla hısmı arasındaki kadar sorun vardı ve benim yermeme rağmen O en hayırlı insanlardandır" dedi. Ali de O'na "Doğru söyledin... Vallahi benimle O'nun arasında sadece bu vardı. O sizin peygamberinizin dünya ve ahiretteki hanımıdır" dedi ve O'nunla kilometrelerce yayan yürüyerek yolcu etti.

Soru: İki tarafta ölenlerin sayısı kaça ulaştı?

Cevap: Cemel günü iki taraftan öldürülenlerin toplamı, her bir taraftan beşer bin olmak üzere on bin idi. Allah rahmet eylesin veya aralarındaki sahâbîlerden razı olsun ve hepsini de bağışlasın. Onlar Hz. Osman'ın (radıyallâhu anh) öldürülmesinden itibaren kötü izler, ayrılık ve geniş çatlaklar bırakan fitnenin yakıtından başka bir şey değillerdi.

"Bu savaş böylece bitti, ancak bu olay ileride Müslümanların birbirlerine karşı durmalarını ve birbirlerinin kanını helal saymalarını - önceleri bu onların gözünde dehşetli bir şey iken- kolaylaştıracaktı."[114]

Soru: Hz. Ali (radıyallâhu anh) Basra'ya ne zaman girdi? Ne yaptı ve oraya vali olarak kimi tayin etti?

Cevap: Hz. Ali (radıyallâhu anh) üç gün Basra'nın dış semtinde kaldıktan sonra şehre girdi. Bu arada ölülerin cenaze namazını kıldı, Kureyşlilere özel muameleyle namazlarını iki defa kıldı. Âişe'nin karargahının bulunduğu yerdeki eşyaların Basra camisine götürülmesini emretti. Yakınının herhangi bir eşyasını tanıyanlar onu aldılar. Bazı adamları Talha ile Zübeyr'in eşyalarını aralarında dağıtmasını istediler, ama O kabul etmedi. Sebeîler buna öfkelendiler ve "Kanları bize helal olur da malları nasıl helal olmaz?" dediler. Hz. Ali (radıyallâhu anh) onlara "Hanginiz okunun Mü'minlerin annesine isabet etmesini isterdi?" diye cevap verdi. Bunun üzerine hepsi sustu.

Hz. Ali (radıyallâhu anh) Basra valiliğine İbn Abbas'ı (radıyallâhu anh), haraç ve hazine görevine de Ziyad b. Semiyye'yi[115] getirdi.

Soru: O esnada Mısır'da yönetimi kim ele geçirdi?

Cevap: Hz. Osman döneminde Mısır valisi Abdullah b. Sa'd idi. Kuşatma günleri Hz. Osman'ın imdadına koşmak

---

114 Muhammed Hudari, Tarihu'l-Umem el-İslâmiyye
115 Ziyad b. Ebih adıyla meşhurdur, tam adı Ziyad b. Ebû Süfyan'dır.

için Medine'ye gidince Muhammed b. Huzeyfe bir atak yaparak yönetimin başına geldi ve ele geçirdi. Bu Hz. Osman'a (radıyallâhu anh) kızgın, O'nunla olan ahdini bozan, iyilik ve ihsanına nankörlük yapan biriydi. Sebe taraftarlarını donatan, Mısır'dan Medine'ye gönderen ve Osman'a karşı destekleyen de o idi.

Soru: Muhammed b. Ebû Huzeyfe kimdir?

Cevap: Yemame günü şehid edilen değerli sahâbî Huzeyfe b. Yeman'ın oğludur. Bunun üzerine Osman O'nu himayesi altına aldı ve şefkatle evinde büyüttü. Gençlik yaşına ulaşınca, o zaman halife olan Osman'dan kendisini vali tayin etmesini istedi. Osman (radıyallâhu anh) "Bu işe ne zaman ehil olursan o zaman tayin ederim" dedi. Bunun üzerine içinde Osman'a karşı nefret oluştu ve bunu içinde gizledi. Sonra savaş ve cihad yapmak üzere Mısır'a gitmek için izin istedi; Hz. Osman da verdi. Abdullah b. Sa'd'ın komutasında pek çok savaşa katıldı. Hz. Osman'a ihanet ve O'na karşı devrim yapma fırsatını yakalar yakalamaz da bunu kullandı ve entrikalar çevirdi.

Soru: Muaviye ve Amr b. Âs O'ndan nasıl kurtuldular? Amr Mısır'a girebildi mi?

Cevap: Cemel savaşı esnasında Muaviye ile Amr b. Âs, Muhammed'i Mısır'dan çıkarma kararı verdiler ve Amr Mısır'a doğru gitti. Sonra O'nu kendisini karşılamak için Mısır'dan çıkarmaya çalıştı. Muhammed adamlarıyla O'nu karşılamaya çıktı ve Ariş denen yere gelince bin adamıyla kalesine sığındı. Amr kaleyi kuşatarak mancınıkla vurdu ve iyice sıkıştırdı. Sonunda Muhammed b. Huzeyfe beraberindeki otuz adamıyla öldürüldü. Kalanlar ise kaçtılar.

Soru: Hz. Ali Mısır'a kimi vali tayin etti?

Cevap: Ali (radıyallâhu anh) Cemel vak'asından sonra oraya Kays b. Sa'd b. Ubade'yi, Muhammed b. Huzeyfe'nin yerine vali olarak göndermişti. Kays Mısır'a girdi ve insanlara Hz. Ali'den getirdiği şu mektubu okudu: "Bismillahirrahmanirrahim. Allah'ın kulu Ali'den, bu mektubun ulaştığı Mü'minlere ve Müslümanlara! Allah'ın selamı üzerinize olsun. Kendinden başka ilah bulunmayan Allah'a çokca hamd ediyorum. İmdi... Allah yaptığını, taktirini ve işleri düzenlemesini güzel yapar. İslâm'ı kendisi, melekleri ve Peygamberleri için din olarak seçti. Peygamberlerini bu dinle insanlara gönderdi. Seçtiği bazı kullarını da bu dinin adamları yaptı. Allah'ın (c.c.) bu ümmete ikram ettiği nimetlerden ve onlara mahsus kıldığı faziletlerden biri; onlara Muhammed'i göndermesidir. Muhammed doğru yola ermeleri için onlara Kitab'ı, Hikmet'i, farzları ve sünnetleri öğretti; bölük bölük olmamaları için bir araya topladı. Temizlenmeleri için zekât aldı; zulmetmemeleri için yardım etti. Dünyadaki süresi sona erince Allah O'nu yanına aldı. Allah'ın salavatı, selamı, bereketleri ve rahmeti O'nun üzerine olsun. Sonra Müslümanlar iki salih insanı seçtiler. Onlar da Kitap ve Sünnet'le amel ettiler, güzel yaşadılar, sünnet çizgisini aşmadılar. Sonra Allah onları da vefat ettirdi. Allah onlara rahmet etsin. Sonra bu ikisinin ardından, yeni şeyler türeten birini getirdi. İnsanlar onun hakkında söylenecek şeyler buldular ve söylediler. Daha sonra ondan intikam aldılar ve değiştirdiler. Sonra bana gelip biat ettiler. Şimdi Allah'tan beni doğru yola iletmesini istiyor ve takvada yardımını talep ediyorum. İyi bilin ki size karşı sorumluluğumuz Allah'ın Kitabı ve Rasûlullah'ın (sallallâhu aleyhi ve sellem) sünnetiyle amel etmemiz, bunları sizde hakkıyla uygulamamız, gıyabınızda sizin maslahatınız için çalışmamızdır. Yardımcımız Allah'tır. Allah bize yeter. O ne iyi vekildir. Size Kays b. Sa'd b. Ubade'yi vali gönderdim. O'na destek çıkın, karşılığını verin, hakta yardım edin. O'na, sizden iyilere iyilikte bulunması, şüphe çekenlere sert davranması, halka ve havassa yumuşak davranması talimatını verdim. O, yaşantısından hoşnut olduğum biridir ve iyi, içten çalışacağını umuyorum. Allah'tan (c.c.) O'nun ve sizin için pak amel, bol sevap ve geniş rahmet diliyorum. Allah'ın selamı, rahmeti ve bereketleri üzerinize olsun." Mektubun tarihi Hicrî 36 yılının Safer ayı idi.

Soru: Muaviye Kays b. Sa'd'ı kendine yaklaştırmaya çalıştı mı? Kays ne yaptı?

Cevap: Muaviye, Kays'ı kendine yaklaştırmaya çalıştı; çünkü Mısır İslâm ülkelerinde önemli bölgelerdendi ve Ali (radıyallâhu anh) tarafında olması Muaviye'nin yönetimi için büyük tehlike arzediyordu. O yüzden Muaviye Kays ile mektuplaşmaya başladı.

Kays da son derece zeki ve kurnazdı. Muaviye'ye cevaplarında yumuşak, dikkatli davranıyor, dilinin ucundan tatlılık sunuyor, meseleyi sona da erdirmiyordu. Her defasında da Hz.Ali'ye olan tam bağlılını açıkça ifade ediyordu.

Şimdi sana Kays'ın Muaviye'ye mektuplarından birini sunacağım ki bu aynı zamanda O'na yazdığı son mektuptur:

"İmdi...Senin benimle aldanman ve görüşümden vazgeçirme ümidi beslemen hayret bir şey... Sen benden hilafete en layık, sözü en doğru, yolu en düzgün ve Rasûlullah'a en yakın kişinin itaatinden çıkmamı istiyor; senin itaatine, bu işten en uzak, sözü en yalan, en sapık, Allah (c.c.) ve Rasûlü'nden en uzak, sapıkların ve saptıranların oğlu, İblis'in tağutlarından bir tağut olan senin itaatine girmemi mi emrediyorsun? Senin

"Ben Mısır'a gelip etrafını atlı ve yaya askerlerle doldururum" sözüne gelince; vallahi eğer senin için en önemli şey kendin olacak derecede seninle uğraşmazsam, sen (kötülükte) çok çalışacaksın. Selam."

Soru: Ali (radıyallâhu anh) Kays'dan şüphelendi mi, ne yaptı?

Cevap: Ancak Muaviye, Kays adına, O'nun Muaviye tarafında olduğunu ilan eden bir mektup uydurarak onu insanlar arasında yaydı.

Bu mektuplaşmalar ve sahte olmasına rağmen bu mektup Ali'nin içine Kays'ın samimiyeti hususunda şüphe soktu. Oğulları Hasan ve Hüseyin ile Abdullah b. Cafer'e danıştı. Onlar "Şüpheli halden kesin hale çık.. Kays'ı görevinden al" dediler. Hz. Ali başta tereddüt etti, sonra O'nu görevden alıp yerine Muhammed b. Ebû Bekir'i atamaya karar verdi.

Soru: Eşter en-Nehai Mısır'a ulaştı mı?

Cevap: Rivayete göre Hz. Ali Mısır'a Muhammed b. Ebû Bekir'den önce Eşter en-Nehai'yi gönderdi. Eşter yola çıktı ve Kızıldeniz'e vardığında içtiği bir bal şerbetinden dolayı öldü.

Hz. Ali bunun üzerine Muhammed b. Ebû Bekir'i gönderdi.

Soru: Hz. Ali Eşter'in yerine kimi gönderdi?

Cevap: Daha önce Mısır'da Muhammed b. Ebû Bekir vardı ve orada vali değildi. Sonra Osman'a (radıyallâhu anh) karşı ayaklananlarla birlikte Mısır'dan çıktı, sonra Ali'ye katıldı. Zaten küçüklüğünde Hz. Ali'nin yanında, O'nun muhabbetiyle büyümüştü. İçinde Abdullah b. Sebe'nin O'na içirdiği bir kin vardı. O, Hz. Osman'ı (radıyallâhu anh) kuşatan ve saldıran kinci isyancıların başındakilerden sayılmıştır.

Soru: Eşter ve Muhammed b. Ebû Bekir kimdir?

Cevap: Eşter lakabıdır ve bununla meşhurdur. Asıl ismi Malik b. Haris b. Abdiyeğus en-Nehai'dir. Cahiliyye döneminde yetişmiştir. Kabilesinde liderdi. Yermuk savaşına katıldı ve bir gözünü orada kaybetti.

Osman'a karşı toplanan, Medine'deki evinde kuşatan ve daha sonra Ali'ye (radıyallâhu anh) destek verenlerdendi. Çok cesur ve yürekli biriydi. Hz. Ali O'nun hakkında: "Allah Malik'e merhamet etsin; ben Rasûlullah için nasıldıysam O da benim için öyleydi" dedi.

Muhammed b. Ebû Bekir'i ise daha önce tanıttık.

Soru: Hz. Ali Cemel vak'asından sonra nereye yerleşti? Kûfe'yi neden başkent edindi? Bu hangi yılda oldu?

Cevap: Hz. Ali (radıyallâhu anh) Cemel vak'asından sonra Basra'ya girdi, daha sonra Kûfe'ye yöneldi. Kûfe'ye varıp tepeden bakınca "Vah ey Kûfe, havan ne güzel, toprağın ne verimli! Senden çıkan dertle çıkar, sana giren rahmetle girer. Birkaç gün ve gece geçmeden buraya her Mü'min gelsin ve buradan her facir çekip gitsin. Öyle kalkın ve büyü ki birisi Cuma namazı için erkenden yola çıksın da, uzun mesafeden sonra sana ulaşamasın!"

Sonra Kûfe'ye yerleşti. Bu Osman'ın (radıyallâhu anh) şehadetinden altı ay sonra, Hicrî 36 yılının Recep ayının 12'sinde oldu.

Daha sonra Hz. Ali burayı halifeliğinin merkezi ve başkenti yaptı. Fars diyarına, Horasan'ın en son noktalarına, Şam'daki

Cezire'ye ve diğer İslâm ülkelerine valilerini buradan yeniledi, buradan dağıttı.

Soru: Ali (radıyallâhu anh) Muaviye'ye kiminle ne gönderdi? Muaviye'nin cevabı ne oldu?

Cevap: Ali (radıyallâhu anh) Muaviye'ye Cerir b. Abdullah el-Bicli ile şu mektubu gönderdi: "Bismillahirrahmanirrahim. Allah'ın kulu ve Mü'minlerin emiri Ali'den Muaviye b. Ebû Süfyan'a! Ben Medine'de sen Şam'da iken, senin ve senden öncekilerin bana biat etmesi zorunlu oldu. Zira şahidin seçim hakkı, orada bulunmayanın itiraz hakkı yoktur. Bu hususta karar muhacirlerin ve Ensarındır. Onlar bir Müslüman üzerinde birleşirler ve onu imam kabul ederlerse bu Allah'ın buna rızasını gösterir. Bundan sonra her kim onlardan ayrılır ve karşı çıkarsa ve yüz çevirirse çıktığı yere geri döndürülür. Onu da reddederse Mü'minlerin yolundan başka yol tutmasından dolayı onunla savaşırlar. Allah (c.c.) onu geldiği yere getirir, sonra ne kötü bir yer olan cehenneme koyar. Muhacirlerin ve Ensarın girdiği şeye sen de gir. Çünkü sen ve senden öncekiler için en güzel şey afiyettir. Kabul edersen ne âlâ, etmezsen de harp ilan etmiş olursun. Osman'ın (radıyallâhu anh) katilleri hakkında aşırı gittin. Artık herkesin katıldığı kervana sen de katıl. Sonra bunları muhakeme için başvur ve ben de onları Allah'ın Kitabı'na ve Rasûlullah'ın (sallallâhu aleyhi ve sellem) sünnetine götüreyim. Ama senin istediğin şu şey emzikli bebeği aldatmaktan başka bir şey değil."

Bunun üzerine Muaviye adamlarıyla istişare etti. Amr b. Âs'ı da Filistin'den çağırdı ve O'na Mısır'ı vaad etti. Çağırılacak olduğunda hazır olmak için asker topladı ve savaş hazırlığına başladı. Zira ondan kaçış yoktu.

Ali'nin (radıyallâhu anh) mektubuna da şu cevabı gönderdi:

"Bismillahirrahmanirrahim. Muaviye b. Ebû Süfyan'dan Ali b. Ebû Talib'e... Selamun aleyk. Ben kendinden başka ilah bulunmayan Allah'a hamdederim. İmdi...Osman senin yanında, mahallende, sen öğürtüsünü işitürken öldürüldü. Ama sen ne sözünle ne fiilinle O'nu müdafaa etmedin. Samimi olarak Allah'a yemin ediyorum ki, sen samimi bir tavır sergileseydin ve insanları bundan men etseydin bizden hiç kimse sana destekten geri durmazdı. Ama sen zan altındasın. Osman'ın (radıyallâhu anh) katillerini kucakladın; şimdi onlar senin elin, kolun, yardımcıların ve yakın adamların! Eğer samimi isen katillerini ele geçirmemize izin ver de onları Osman'a kısas olarak öldürelim. O durumda biz sana herkesten önce koşacağız. Yoksa sana ve arkadaşlarına bizde kılıçtan başkası yoktur. Kendinden başka ilah bulunmayan Allah'a andolsun ki öldürene veya ruhlarımız Allah'a kavuşuncaya dek Osman'ın (radıyallâhu anh) katillerini karada ve denizde takip edeceğiz. Selam."

Soru: Hz. Ali Şam'a girmeye karar verdi mi?

Cevap: Hz. Ali Muaviye'ye cevap gönderdi; Amr b. Âs'a mektup yazdı. Cevapların tümü de hayra işaret etmiyordu. Gözüken o ki, kavgalı taraflar bir savaşın eşiğinde idiler.

Ali (radıyallâhu anh) zorla Şam'a girmeye karar verdi ve insanları buna teşvik etti. Çoğu bunu kabul etti; çoğu ise yanaşmadı. Bunlar arasında sahâbîlerin sayısı bir elin parmaklarını geçmeyecek kadar azdı.

Soru: Hz. Ali'nin ilk konakladığı yer neresiydi, oraya neden konakladı?

Cevap: Ali ordusuyla Kûfe'den Şam'a doğru yola çıktı. Şam yolunda ve Kûfe yakınlarında Nahile denen yerde konakladı.

Askerleri hayli kalabalıktı. Süvarilerinin sayısı on iki bindi ve onları ordunun önüne yerleştirdi. Her birinin sayısı altı bin olmak üzere ikiye böldü. Birinin başına Ziyad b. Nadr'ı, diğerinin başına da Şurayh b. Hani'yi getirdi. Onlara birbirlerinden ayrı ilerlemelerini tavsiye etti ve savaş buluşturduğunda komutanın Ziyad olacağını söyledi. "Birlikte savaşa girmeden veya size emrim gelmeden savaşa başlamayın"dedi.

Sonra ertesi günü beraberindekilerle onlara yetişti.

Soru: Amr b. Âs, Muaviye'ye ne tavsiye etti?

Cevap: Bu haberler gelince Muaviye Amr b. Âs'a danıştı. Amr b. Âs "Bizzat kendin yürü ve görüşlerinle, hilelerinle savaştan uzakta kalma" dedi.

Kendisi de insanları savaşa teşvik işini üstlendi. Şöyle diyordu: "Iraklılar kendi birlikteliklerini bozdular, güçlerini kırdılar ve iyice zayıf düştüler. Ayrıca Basralılar da Ali'ye muhalifler. Çünkü Ali (yerlerini yurtlarını) yıktı ve onları öldürdü. Cemel günü onların da Basralıların da cesareti tükendi. O, halifenizi öldüren az sayıda insanla geliyor. Allah'tan korkun, Allah'tan da hakkınızdan vazgeçmeyin, kanlarınızın peşine düşmekten geri durmayın...!"

Soru: Muaviye Amr b. Âs'ın görüşünü kabul etti mi? Şam'dan çıkıp nereye gitti?

Cevap: Muaviye Amr b. Âs'ın görüşünü benimsedi. O'na

ve iki oğlu Abdullah ile Muhammed'e birer sancak verdi. Fırat kıyısındaki Rakka yakınlarında bulunan Sıffin denen yere gidilecekti. Ordunun önüne de Ebû A'ver es-Selmi[116] komutasında bir öncü birlik koydu. Bunların hepsi de cesaret ve kahramanlıklarıyla bilinen süvarilerdi.

Soru: Ali'nin (radıyallâhu anh) ordusunun önünde kim vardı ve ona ne tavsiye etti?

Cevap: Daha önce zikrettiğimiz gibi Hz. Ali'nin ordusunun önünde Ziyad b. Nadr ile Şurayh b. Hani' vardı. Bunlar Muaviye'nin ordusuyla karşılaşınca Ali'ye durumu bildirdiler. Ali (radıyallâhu anh) onların başına komutan olarak Eşter'i gönderdi ve O'na şöyle talimat verdi: "Onlar -yani Şamlılar- savaşa başlamadan siz başlamayın ve onları tekrar tekrar biata çağırın… Kabul etmediklerinde yine onlar sizinle savaşmadan siz onlarla savaşmayın. Onlara, savaşı isteyen kişinin yaklaşacağı kadar yaklaşmadığınız gibi, onlardan korkan kişinin uzak duracağı kadar da uzaklaşmayın. Ben gelene kadar askerlerini sabra teşvik et. Ben de İnşaallah arkandan hızlıca geleceğim"

Soru: Muaviye'nin ordusunun önünde kim vardı?

Cevap: Ebû A'ver es-Selmi Muaviye'nin öncü birliği olarak Şam ordusunun en önünde yer alıyordu. Şam, Irak ve Fars diyarındaki fetihler O'nun savaş taktiğinde ustalığına ve dirayetine, cesaret, atılganlık ve kahramanlığına, tüm bunlarla birlikte plancılığına ve sakinliğine şahit olmuştu.

Soru: İki taraf arasında savaş oldu mu? Neden?

Cevap: İki taraf karşı karşıya durdular ve saf tuttular. Ortada bir savaş yoktu. Sadece yığılma, saf tutma ve şovluk

---

116 Adı Amr b. Süfyan'dır.

vardı. Her biri diğerinin başlamasını bekliyordu. Bu her iki tarafın karşıyı denemesi mesabesindeydi. İki gün boyunca böyle kaldılar. Her gece girip ortalık kararınca karargahlarına çekiliyorlardı.

Ertesi günü yine saf tuttular. Önce Eşter başladı ve ortaya atıldı. O esnada Şamlıların süvarilerinden Abdullah b. Münzir et-Tenuhi öldürüldü. O'nu Zıbyan b. Ammara et-Temimi öldürdü. O öldürülünce Ebû A'ver üzerlerine atladı ve onları geri püskürttü. Eşter O'nu teke tek savaşya çağırdı, ancak O reddetti. Sonra birbirlerinden ayrıldılar.

Soru: Hz. Ali (radıyallâhu anh) geri kalan orduyla ne zaman ulaştı?

Cevap: Ali (radıyallâhu anh) hemen Eşter'e yetişti ve durdular. Uzun süre oldukları yerde kaldıktan sonra Ali ordusu için uygun bir karargah yeri bulmak istedi. Bölgeyi teftiş ettikten sonra bir yer buldu ve insanlara emretti; yüklerini koydular. İşleri bitince susadılar. Bir grup asker su içmek için Fırat nehrine giderlerken Şamlılar tarafından engellendiler. Şamlılar orayı daha önce geçmişlerdi. Su azdı ve başka da yoktu. Su için birbirleriyle çatıştılar; birbirlerine ok attılar, kılıçlarla saldırdılar. Şamlıların su başındaki bekçilerinin sayısı on bin savaşçıydı.

Soru: Şamlılar oradan nasıl uzaklaştırıldı?

Cevap: Şamlılar suyu Ali'nin askerlerinden engellemede devam etme hususunda görüş ayrılığına düştüler. Velid b. Utbe Muaviye'ye "Onların Mü'minlerin emiri Osman'a su vermedikleri gibi sen de bugün onlara verme" dedi. Amr b. Âs "Bence onlara izin verilsin; çünkü sen susuz değilken onların susuz kalması olmaz" dedi. Abdullah b. Sa'd ise "Onları geceye kadar engelle. Belki sık ağaçların bulunduğu bölgeye geçmek zorunda kalırlar ve onların bu gidişi kendileri için bir yenilgi olur!"dedi. Hz. Ali Muaviye'ye haber göndererek suya izin verilmesini istedi. Muaviye o gün de su verdirmedi. Böylece Ali'nin ordusu bir gün bir geceyi aşırı susuz geçirdi. Durumları ciddileşince Eş'as b. Kays Hz. Ali'ye gelerek "Ey Mü'minlerin emiri, sen aramızdayken ve kılıçlarımız yanımızdayken bunlar bizi sudan men ediyorlar öyle mi? Üzerlerine yürüme görevini bana ver. Vallahi ya dönmeyeceğim veya öleceğim. Eşter'e söyle O da atlılarıyla bize katılsın" dedi. Hz. Ali de izin verdi.

Sabahla birlikte Eş'as ile Eşter suyu engelleyenlerin üzerine yürüdüler. Çatışma sonunda onları oradan uzaklaştırmayı başardılar ve suyu ele geçirip kullandılar.

Soru: Kavga yapmadan suya gitme hususunda ittifak ettiler mi?

Cevap: Sonra savaştan geri durdular ve ellerini çektiler. İki tarafda karargahında durdu. Ali (radıyallâhu anh) Şamlıları sudan engellemedi. Suyu hep birlikte kullanıyorlar ve bu arada birbirlerine karışıyorlardı. Yine birbirlerinin karargahına gidiyorlardı ve hiç biri diğerine iyilikten başka bir şeyle dokunmuyordu. İnsanlar taraflar arasında barışın olacağı ümidini beslediler.

Soru: Hz. Ali Muaviye'ye ne yazdı?

Cevap: Hz. Ali Muaviye'ye bir heyet göndererek O'na şunu okumalarını emretti: "Ey Muaviye! Dünya elinden çıkıp gidecek ve sen ahirete döneceksin. Allah seni amellerinle hesaba çekecek ve yaptıklarının karşılığını verecek. Senden Allah aşkına istiyorum; bu ümmetin birliğini bozma ve kendi arasında kanını dökme."

Soru: Muaviye heyete ne cevap verdi?

Cevap: Muaviye "Sen bu tavsiyeyi O'na yapsaydın ya!" dedi. Heyet adına konuşan Bişr b. Amr el-Ensari "Bizim adamımız fazileti, dini, İslâm'da ilklerden oluşu ve (Peygambere) yakınlığı ile bu işe en layık kişidir ve seni biata çağırmaktadır. Bu senin dünyan için daha selametli, ahiretin için daha hayırlıdır..!" dedi. Muaviye "Osman'ın (radıyallâhu anh) kanının öcünü geciktiriyor. Hayır vallahi bunu kesinlikle yapmam!" dedi. Sonra birbirlerine dil uzattılar ve sövdüler. Sonunda Muaviye onların çıkartılmalarını emretti.

Soru: Sıffin nerededir? İki taraf arasındaki karşılıklı yoklama tavrı ne kadar sürdü?

Cevap: Sıffin Şam diyarının doğusunda, Fırat nehrinin yakınında bir yerdir.

İki taraf arasındaki karşılıklı yoklama iki ay, Rebiussani ile Cemadiyel'evvel ayları boyunca sürdü. Her bir tarafın diğeri üzerine her yürümesinde aralarını barış olur ümidiyle salih kurralar (Kur'an okuyucuları, hafızlar) ayırıyor ve onlar da bir savaş yapmadan ayrılıyorlardı.

Soru: Ali (radıyallâhu anh) Muaviye'ye başka bir heyet gönderdi mi?

Cevap: İki taraf arasındaki görüşmeler ve mektuplaşmalar hiç kesilmedi, tekrar tekrar girişimlerde bulundular. Her biri diğerini, insanları tırpan gibi biçen bir savaşa itmeden nefsine dönmesi ve onu hesaba çekmesi tavsiyesinde bulunuyordu.

Hz. Ali'nin gönderdikleri arasında Adiyy b. Hatem de vardı.

Soru: O'nunla Muaviye arasında ne konuşma geçti?

Cevap: Adiyy b. Hatem heyettekilerle Muaviye'nin yanına girdikten sonra ayağa kalktı ve Allah'a hamd-u sena ettikten sonra şu konuşmayı yaptı:

"İmdi... Biz seni, Allah'ın (c.c.) onunla ümmetimizi ve sözümüzü birleştireceği, kanlarımızın akmasını önleyeceği, yolları güvenli kılacağı ve araları düzelteceği şeye davet etmek için geldik. Amcaoğlun (Ali) Müslümanların efendisi, ilk Müslümanların en faziletlisi ve İslâm'da en güzel iz bırakan biridir. İnsanlar O'nun etrafında toplandılar. Allah (c.c.) onları gördükleri hakikate yöneltti. Sen ve beraberindekiler dışında kimse kalmadı. Ey Muaviye Allah senin ve arkadaşlarının başına Cemel günü gibi bir musibet getirmesin."

Muaviye şöyle cevap verdi: "Sen ıslah değil de tehdit için gelmiş gibisin! Heyhat ey Adiyy! Hayır, vallahi ben harp adamıyım. Savaş şakırtısı ve tehditi bana işlemez.

Vallahi sen Osman'a karşı kışkırtanlardan ve O'nun katillerindensin ve senin Allah'ın öldürdüklerinden olacağını ümit ediyorum. Heyhat ey Adiyy'in oğlu Sen başına çetin bir bela aldın" dedi.

Bunun üzerine Şis b. Rab'i O'na "Biz yanına, sana ve bize faydası olacak şey için geldik, sen ise bize darbı meseller söylüyorsun. Fayda vermeyecek sözleri bırak da bize, faydası hem sana hem bize olacak hususta cevap ver!" dedi.

Soru: İki tarafın Sıffin'de görüşme ve haberleşmeleri ne kadar sürdü?

Cevap: Taraflar Sıffin'de savaş yapmaksızın üç ay durdular. Sadece zaman zaman birbirlerine küçük saldırılar düzenliyor ve vur kaç yapıyorlardı. Birbirlerine heyetler ve mektuplar gönderiyor, karşı tarafı geri çevirmede ümitsiz girişimlerde bulunuyorlardı.

Soru: Aralarında çatışmalar yaşandı mı?

Cevap: Daha önce söylediğimiz gibi dille dalaşma ve güç gösterisini geçmeyecek basit olaylar oldu. Söylendiğine göre iki tarafın tüm askerleri sulh ve barışın olacağını, kan dökülmeyeceğini umuyordu.

Yine söylendiğine göre iki taraf arasındaki atışmaların toplamı seksen beşi buldu ve bunlarda taraflardan herhangi biri diğerine karşı bir üstünlük veya kazanç elde edemedi.

Soru: Muaviye, Ali'nin (radıyallâhu anh) ordusunun saflarında kargaşa yaratmak için ne yaptı?

Cevap: Recep ayı girdi ve bir sonuç getirmeyen bu bekleyiş uzadıkça uzadı. Muaviye bu bekleyişin uzamasından, salihlerin ve hafızların Ali'nin görüşüne meyletmesinden, böylece önemli bir gücü kaybetmekten korktu. Bu yüzden Ali'nin (radıyallâhu anh) saflarında kargaşa ve kaos yaratmak istedi. Bir okun ucuna bir şeyler yazarak karşı tarafa attı. Okta şöyle yazılıydı: "Nasihatçi bir kuldan: Ey Iraklılar! Muaviye Fırat'ı üzerinize salarak sizi boğmak istiyor. Tedbirinizi alın!". İnsanlar bunu okudular ve haber aralarında yayıldı. Korktular ve Ali'ye gelerek haber verdiler. Ali (radıyallâhu anh) onlara "Bu olmaz, böyle bir şey vukubulamaz" dedi.

Ancak Muaviye iki yüz işçi gönderdi ve bunlar Fırat'ın kenarında kazı çalışmalarına başladılar. İnsanlar bunun gerçek olduğunu sandılar ve saflardaki huzursuzluk ve tedirginlik arttı. Ali'ye (radıyallâhu anh) tekrar geldiler. Ali (radıyallâhu anh) onlara "Yazıklar olsun size! O sizi yerinizden etmek için veya buraya yerleşmek için kandırıyor; çünkü burası O'nun yerinden daha iyi" dedi. Ancak onlar yerin boşaltılmasında ısrar ettiler ve Hz. Ali (radıyallâhu anh) kabul etti.

Soru: Hz. Ali ordusunun yerini nasıl değiştirdi ve hangi şiirini söyledi?

Cevap: Oradan başka bir yere geçtiler. Hemen ardından Muaviye ordusunu alıp onların bulunduğu yere yerleşti. Bunun üzerine Ali pişmanlık duygularıyla şöyle dedi:

Yemame veya Şam tarafına ısrar etseydim,

Milletimi tehlikeden korurdum.

Ancak bir şeye karar verince bana,

Avam oğlu avamlar muhalefet ediyorlar.

Soru: Savaş ne zaman başladı, ne kadar sürdü ve nasıl oldu?

Cevap: Savaş Zilhicce ayında başladı ve o ay boyunca savaşa devam ettiler. Ali (radıyallâhu anh) hergün orduya birini komutan yapıyordu. En çok da Eşter en-Nehai'yi komutan yapıyordu. Muaviye de böyle yapıyordu; ordunun başına her gün başka birisini geçiriyordu. Günde iki defa savaş yapıldığı oluyordu.

Savaş Hicretin 37. yılının Muharrem ayında da ay boyu devam etti.

Ali bir gün güneş batarken Yezid b. Haris'i Şamlılara gönderdi. Yezid "Dinleyin… Mü'minlerin emiri size diyor ki: Ben hakkı gözden geçirmenizi rica ettim ve size delilleri getirdim. Ancak dinlemediniz. Şimdi size harp ilan ediyorum. Allah hainleri sevmez" diye nida etti.

Bu çetin bir savaşın ilanıydı. Şamlılar Muaviye'ye koştular. Muaviye ordusunu toparladı ve hazırladı. Ali de ordusunu toparladı.

Soru: Her bir ordunun savaştaki düzeni nasıldı?

Cevap: Ali (radıyallâhu anh) Kûfeli süvarilerin başına Eşter'i, yayalarının başına Ammar b. Yasir'i, Basralı süvarilerin başına Sehl b. Huneyf'i, yayalarının başına Kays b. Sa'd ile Haşim b. Utbe'yi, hafızlarının başına da Mis'ad b. Fedeki'yi getirdi.

Muaviye de sağ kanada İbni Zilkilah el-Humeyri'yi, sol kanada Habib b. Müslim'i, ön birliğe Ebû A'ver es-Silmi'yi, Dımeşk süvarilerinin başına Amr b. Âs'ı, yayalarının başına Dahhak b. Kays'ı getirdi ve sancağı da Abdurrahman b. Halid b. Velid'e verdi.

Her iki taraf çarpışmak için ilerledi.

Soru: Muaviye ordusuna ne konuşma yaptı?

Cevap: Muaviye ordusunun önünde kalktı ve Allah'a hamd-u sena ettikten sonra şöyle dedi:

"İnsanlar! Vallahi Şam'ı ancak itaatle elde ettim, Iraklılarla savaşa ancak sabır ve hilimle engel oluyorum, Hicazlılara ancak güzellikle karşı koyuyorum. Şam'ı korumak ve Irak'ı ele geçirmek için hazırlandınız ve yürüdünüz. Onlar da Irak'ı korumak ve Şam'ı almak için yürüdüler. Yemin ederim ki, ne Şamlılarda Iraklıların adamları ve malları, ne Iraklılarda Şamlıların tecrübe ve basiretleri var. Onların gerisinde başka adamları var, ancak sizin arkanızda başka kimseler yok. Siz onlara galip gelirseniz sadece tedbirliliğiniz ve sabırlılığınızla galip geleceksiniz. Onlar galip gelirlerse sizden sonrakilere galip gelirler. Bugün onlar sizinle Iraklıların hileliği, Yemenlilerin yumuşaklılığı, Hicazlıların basireti ve Mısırlıların kaba kuvvet-liliğiyle geldiler. Yarın ancak bugün yardım edenlere yardım olunur. "Allah'tan yardım isteyin ve sabredin" (A'raf: 128).

Soru: Hz. Ali nasıl bir konuşma yaptı?

Cevap: Muaviye'nin ordusuna yaptığı konuşma Ali'ye ulaşınca adamlarının huzuruna çıktı ve onları cihada teşvik eden, sabır ve cesaretlerini öven, Şamlılardan kalabalık olma-larıyla yüreklendiren bir konuşma yaptı. Konuşmasında şöyle dedi: "Allah'ın kulları! Allah'tan korkun ve gözleri koruyun, sesleri kısın, kelamı azaltın ve kendinizi savaşa, mücadele-ye, teke tek savaşa, çatışmaya, dövüşmeye, boyun boyuna vuruşmaya, birbirini kovalamaya, birbirini takibe hazırlayın. Sebat edin ve Allah'ı çok anın ki felaha eresiniz. Birbirinizle çekişmeyin; sonra bozguna uğrarsınız ve gücünüz gider. Sab-redin; şüphesiz Allah sabredenlerle beraberdir.

Allahım! onlara sabır ver, üzerlerine yardım indir ve mü-kafatlarını büyük yap!"

Soru: Her bir tarafın askerlerinin sayısı kaçtı?

Cevap: Her bir tarafın askerlerinin sayısı hakkında farklı rivayetler bulunmaktadır. Bir rivayete göre Ali (radıyallâhu anh) savaşa yüz elli binle, Muaviye de o kadar askerle girdi. Bir rivayete göre Ali'nin askerlerinin sayısı yüz bini geçiyordu, Muaviye'nin askerlerinin sayısı ise yüz otuz bin idi.

Bu korkunç sayılar ve büyük kalabalıklar içimize hüzün veriyor, sözümüze acı katıyor ve boğazımızı düğümlüyor.

Müslümanların birbirleriyle savaştıkları ve çekiştikleri günler ne acı günler!

Soru: Savaşa hazırlıkları nasıldı?

Cevap: Şamlılardan bir grup kaçmamak için aralarında sözleştiler ve kendilerini sarıklarla bağladılar. Bunlar beş saftı ve arkalarında da altı saf vardı.

Iraklılar da bunlar gibi on bir saftı ve Safer ayının ilk günü bu vaziyeti aldılar. Günlerden Çarşambaydı.

Soru: Safer ayının ilk günü olan bu Çarşamba günü neler oldu?

Cevap: O gün Iraklıların başkomutanı Eşter en-Nehai, Şamlıların başkomutanı ise Habib b. Mesleme el-Fehri idi. Şiddetli çatışmalar oldu ve gün sonunda karargahlarına döndüler. Taraflar birbirlerinden hınçlarını almışlar, birbirlerine yakın bir mücadele sergilemişlerdi. Hiçbiri diğerine karşı bir zafer veya yenilgi kaydetmemiş, hepsi de karşı taraf karşısında sebat etmişti. İki taraftan ölüler ve yaralılar vardı.

Soru: Perşembe günü neler oldu?

Cevap: Ertesi günü Iraklıların başkomutanı Haşim b. Utbe, Şamlılarınki ise Ebû A'ver el-Esvedi idi. Yine şiddetli çarpışmalar yaptılar. Süvariler süvariler üzerine, yayalar yayalar üzerine atıldı. Sonra gün sonunda geri çekildiler. Her biri diğeri karşısında sebat etti. Yine savaşta birbirlerine eşittiler.

Soru: Cuma günü neler oldu?

Cevap: Sonra savaşın üçüncü günü olan Cuma günü Iraklılar tarafından Ammar b. Yasir, karşısına Şamlılar tarafından Amr b. Âs çıktı. İnsanlar geçmiş günlerden daha şiddetli savaştılar. Ammar b. Yasir Ebû Musa Eş'ari'nin üzerine atıldı ve yerinden uzaklaştırdı. Atlılardan Ziyad b. Nadr el-Harisi

Şamlı bir adamla[117] teke tek savaş yapmak üzere ortaya çıktı. Ancak karşı karşıya gelince birbirlerini tanıdılar; bunlar anne bir kardeştiler. Bunun üzerine her biri diğerini terk edip yerine gitti. Gecenin gelişiyle birlikte yine her iki tarafın adamları yerlerine çekildiler. Bugün de her biri diğeri karşısında sebat etmişti.

Soru: Cumartesi günü neler oldu?

Cevap: Savaşın bu dördüncü gününde sahneye Hz. Ali'nin oğlu Muhammed büyük bir kalabalıkla çıktı. Muhammed cesur süvarilerdendi. Karşısına Ubeydullah b. Ömer büyük bir kalabalıkla çıktı. Geçmiş günlerden daha şiddetli çatışmalar yaşandı. Muhammed teke tek savaş talebinde bulundu, karşısına Ubeydullah çıktı. Birbirlerine yaklaştıkları ve etraflarını toz toprak sardığı bir anda Hz. Ali "Teke tek savaşan yapan kim?" diye sordu. "Oğlun Muhammed ile Ubeydullah b. Ömer" dediler. Rivayete göre Hz. Ali bineğini onlara doğru sürdü ve oğluna durmasını söyledi. Ubeydullah'ın karşısına kendisi çıktı. Ubeydullah "Benim seninle teke tek savaş yapmaya ihtiyacım yok!" dedi. Ali: "Evet var" dedi. Ubeydullah: "Hayır" dedi. Bunun üzerine Ali geri döndü. İnsanlar o günün geri kalan vaktinde birbirlerine saldırmadılar.

Soru: Pazar günü neler oldu?

Cevap: Savaşın beşinci günü olan Pazar günü ortaya Iraklılar tarafından İbn Abbas, Şamlılar tarafından da Velid b. Ukbe çıktı. İnsanlar bugün de şiddetle savaştılar. Velid İbn Abbas'a yaklaşarak O'na "Halifenizi öldürdünüz, ama amacınıza ulaşamadınız. Allah size karşı bize yardım edecek" dedi.

---

117 Adamın adı Amr b. Muaviye b. Müntefik b. Amir idi. Annesi de Beni Ziyad kabilesindendi. El-Bidâye ve'n-Nihâye 7 / 290.

İbn Abbas (radıyallâhu anh) "Karşıma çık" dedi. Ancak Velid kabul etmedi!

Bugünle ilgili bir rivayete göre İbn Abbas (radıyallâhu anh) bugün müthiş bir savaş ortaya koydu.

Soru: Pazartesi günü neler oldu?

Cevap: Savaşın altıncı günü olan Pazartesi gününde Iraklılar başlarında Kays b. Sa'd b. Ubade ile, Şamlılar da İbni Zilkila el-Humeyri olduğu halde meydana çıktılar. Geçmiş günler gibi birbirlerine karşı sebatla savaştılar. Sonra karanlığın basmasıyla birlikte yerlerine çekildiler.

Tüm bunlarla birlikte hiçbir taraf diğerine karşı bir üstünlük gösteremiyordu. Ortada sadece yaralılar, ölüler ve kan vardı. La havle ve la kuvvete illa billahil aliyyil-azim!

Soru: Salı günü neler oldu?

Cevap: Savaşın yedinci yani Salı günü Iraklılar Eşter en-Nehai'nin, Şamlılar da O'nun rakibi Habib b. Mesleme el-Fehri'nin komutasında meydana çıktılar. Geçmiş günlerden daha şiddetli çatışmalar yaptılar ve her iki tarafda geri çekilmeden veya yenilmeden karşı tarafa direndi. Hiç biri karşıdakini yerinden uzaklaştıramadı.

Ordunun tüm güçleri savaşmıyordu. Birinden bir grup di-.ğerinden bir grupla savaşıyordu

Soru: Hz. Ali Çarşamba günü ordusuna ne konuşma yaptı?

Cevap: Hz. Ali Çarşamba günü ikindiden sonra, akşama doğru ordusuna bir konuşma yaptı ve onda şöyle dedi: "Hamd O Allah'a mahsustur ki O'nun bozduğu yapılmaz, yaptığını da bozmaya çalışanlar bozamaz. O dileseydi iki kul ihtilaf etmez, ümmet hiçbir hususta birbiriyle çekişmez, kişi kendinden daha üstün olanların üstünlüklerini inkar etmezdi. Bizi ve bunları bu mekana kader sürükledi ve birbirimizle kavgaya o tutuşturdu. Biz Rabbimiz tarafından görülmekte ve işitilmekteyiz. Dileseydi nimeti geciktirmeden gönderirdi ve değişim O'nun tarafından olurdu. Zalimi yalancı çıkarır, Hakkın sonunun ne olduğunu bildirirdi. Ancak Allah (c.c.) bu dünyayı amel yurdu, katındaki ahireti ise yerleşim yurdu kıldı: "Ta ki kötülük yapanları yaptıklarıyla cezalandırsın, iyilik yapanları da daha iyisiyle mükafatlandırsın." (Necm: 31). Dikkat! Siz yarın bu milletle karşılaşacaksınız. Onun için bu gece namazlarınızı uzatın, bol bol Kur'an okuyun. Allah'tan zafer, sabır, güç, ciddiyet ve kararlılık niyaz ediyorum. Sadıklardan olun!"

Olayı anlatan der ki: Bunun üzerine herkes kılıçlarına, mızraklarına ve oklarına atıldı, onların bakımını yapmaya koyuldular. O esnada oradan geçmekte olan Ka'b b. Cuayl et-Teğalebi yaptıklarını gördü ve şu şiirini söyledi:

Ümmet garip bir hale geldi.

Devlet ve güç yarın galip olana verilecek.

Bir şey söylüyorum, yalan değil:

Yarın Arapların gözdeleri yok olup gidecek.

Soru: Perşembe günü nasıl çatışmalar oldu?

Cevap: Hz. Ali ordusunu istediği şekilde düzene koyduktan sonra ordusunun başına geçti. Muaviye de aynı şekilde Şamlılar ordusunu kendi istediği gibi hazırladıktan sonra başına geçti. Hz. Ali her bir kabileye, karşısındaki Şamlı kabileyle başkasına ihtiyaç duymayacak şekilde çarpışmasını emretti.

İnsanlar birbirleriyle amansız savaştılar. Hiç biri diğerinden kaçamadı, hiç biri diğerine galebe çalamadı. Sonra akşam vakti karanlığın basmasıyla birlikte herkes savaşı bıraktı. Her iki taraf da yorulmuştu.

Soru: Hz. Ali (radıyallâhu anh) Cuma sabahı Rabbine nasıl dua etti?

Cevap: Sabahleyin Hz. Ali ortalık aydınlanmadan, hava karanlık iken sabah namazını kıldı ve erkenden savaşa yöneldi. Sonra Şamlılar geldiler ve karşılarında durdular.

Hz. Ali (radıyallâhu anh) şöyle dua etti: "Allahım! Ey gökyüzünü gece ile gündüzün tavanı kılan, orada Güneş ve Aylara yörünge, yıldızlara burçlar koyan, orada ibadetten bıkıp usanmayan melekler topluluğu yapan, korunmuş ve çevrelenmiş tavanın Rabbi Allahım! Ey yeryüzünün Rabbi Allahım! Ki sen orasını insanlar, haşaratlar, hayvanlar ve gördüğümüz veya göremediğimiz sayılamayacak kadar çok yaratıkların için yerleşim yeri kıldın. Ey denizde insanlara fayda vermek üzere yüzen gemilerin Rabbi! Ey gökle yer arasında insanların faydasına sunulan bulutların Rabbi! Ey alemi kuşatan tutuşturulmuş denizin Rabbi! Ey yerküre için kazık, kullar için ise fayda kaynağı kıldığın köklü dağların Rabbi! Bizi düşmanlarımıza galip kılacak olursan bizi taşkınlıktan ve fesattan uzak tut ve hakikat için bizi doğru davrandır. Eğer onları bize galip kılacak olursan bize şehadet nasip eyle ve geride kalan dostlarımı fitneden uzak et!"

Soru: Bu gün savaş nasıl cereyan etti?

Cevap: Hz. Ali ordunun önüne geçti. Medinelilerle birlikte safın tam ortasındaydı. Sağ kanatta Abdullah b. Bedil, sol kanatta İbn Abbas, hafızların başında Ammar ile Kays b. Sa'd vardı ve her kabilenin kendi sancağı vardı. Bunlar ileri doğru ilerlediler.

Muaviye de, Şamlılar O'na ölüm üzere biat etmiş oldukları halde çıkageldi. İnsanlar çok geniş bir yerde karşılaştılar. Abdullah b. Bedil, Şamlıların Habib b. Mesleme komutasındaki sol kanadına hücum etti ve onları merkeze doğru zorladı. Her komutan kendi askerlerinin karşısına çıkarak onlara konuşma yapıyor, onları savaşa ve sabra teşvik ediyordu. Hz. Ali de konuşmasında şöyle dedi: "Zırhlıları öne, zırhsızları arkaya alın. Azı dişlerinizi sıkın; çünkü bu kılıçları başlara indirmede daha etkilidir. Sağa sola bakmayıp bakışlarınızı kısın; çünkü bu daha cesaret verici ve kalbi daha sakinleştiricidir. Sesleri de öldürün; çünkü sessizlik başarısızlığı kovar ve kişiyi daha vakarlı kılar. Sancaklarınızı da eğmeyin, ortadan kaldırmayın ve onu sadece cesurlarınızın eline verin!"

Hz. Ali'nin o gün, daha önce görülmedik şekilde savaştığı söylenir!

Soru: Hz. Ali (radıyallâhu anh) nasıl savaştı, ordusunu nasıl yönlendirdi?

Cevap: Rivayete göre Hz. Ali bir çok kişiyle teke tek savaştı ve onları öldürdü. Hatta bazı raviler O'nun o gün öldürdüklerinin sayısını beşyüz olarak vermişlerdir!

Hz. Ali ordusunu bir önceki cevapta anlattığımız şekilde yönlendirdi. Söz ve ifadelerinden O'nun ister ferdi savaş düzeyinde teke tek savaşda, ister kalabalıkta savaş düzeyinde ne kadar cesur, usta ve dirayetli olduğunu anlıyoruz.

Soru: Hz. Ali Muaviye'yi teke tek savaşa çağırdı mı? O neden kabul etmedi?

Cevap: Hz. Ali Muaviye'ye "Yazıklar olsun sana ey Muaviye! Karşıma çık da teke tek savaşalım, Arapları seninle benim aramda tüketme" dedi. Bunu işiten Amr b. Âs Muaviye'ye "Fırsatı değerlendir. O dört kişiyi öldürdü" dedi. Ancak Muaviye "Vallahi ey Amr sen biliyorsun ki Ali hiç yenilgiye uğratılamadı. Sen benden sonra halifeliğe oturmak istediğinden böyle yapıyorsun. Beni bırak; benim gibisi aldatılamaz" dedi.

Soru: Hz. Ali neden Amr b. Âs'dan geri çekildi?

Cevap: Savaşın tam kızıştığı bir anda Ali (radıyallâhu anh) Amr'la karşılaştı. O'na bir mızrak vurarak yere serdi. Amr'ın avret yeri göründü. Hz. Ali sonra O'nu bırakıp gitti. O'na "Eym Mü'minlerin emiri, O'nu bırakıp gittin" dediler. "O'nun kim olduğunu biliyor musunuz?" dedi. "Hayır" dediler. "O Amr b. Âs'tır. Benimle avreti açık karşılaştı ve bana akrabalığını hatırlattı. Ben de O'nu bıraktım" dedi.

Soru: Savaş Şamlılar lehine gelişti mi? Hz. Ali ne yaptı?

Cevap: Hz. Ali'nin sağ kanat komutanı Abdullah b. Bedil, Habib b. Mesleme'nin komutasındaki Şamlıların sol kanadını bozguna uğratıp merkeze doğru püskürtünce Muaviye Habib'e üzerlerine tekrar saldırma emri gönderdi. Habib de beraberindeki cesur askerlerle Iraklıların sağ kanadına saldırdı ve onları yerlerinden söküp attı. Hatta komutanın çevresi boşaldı, etrafında sadece üçyüz askeri kaldı. Geri kalan Iraklılar da ürküp çekildiler ve Ali'nin etrafında az sayıda kişi kaldı. Rivayete göre Hz. Ali üzerine gelen birisini tutup havaya kaldırdı, sonra yere çaldı ve kaburga kemiğini kırdı.

Soru: Sonra terazinin gözleri nasıl dengelendi ve daha sonra Hz. Ali'nin gözü nasıl daha ağır bastı?

Cevap: Sonra Ali Eşter'e yenilmekte olan Iraklıların yardımına yetişmesi ve Şamlıları püskürtmesi emrini verdi. Eşter hemen gitti ve onları karşıladı. Onları azarlamaya ve savaşa teşvik etmeye başladı. Bunun üzerine çoğu çevresinde toplandı. Eşter onları geri çekildikleri noktaya, yani Hz. Ali'nin sağ kanadına doğru götürdü. Böylece orası güç kazandı. Sonra karşı atağa geçti. Saldırı öyle şiddetliydi ki Muaviye ordusunun beş safından dördü yarılmış, sadece biri kalmıştı.

Muaviye yenilgiyi görünce kaçarak canını kurtarmak için atını istetti ve bu esnada Amr b. İtnabe'nin şu şiirini söyledi:

Şerefim beni reddetti, yiğitliğim reddetti.

Ve övgüyü çok pahaya kazanmam.

Yoksullukta dahi malımı vermem de,

Ve kahraman cesurların kafalarını uçurmam.

Ve her geğirdiğimde veya kızıp sinirlendiğimde kendime:

"Yerinde kal; övülür veya rahatlarsın" deyişim de.

Soru: O gün öldürülen meşhurlardan bazıları kimlerdir?

Cevap: O gün Hz. Ömer'in (radıyallâhu anh) oğlu Ubeydullah öldü. O gün Muaviye'nin Şam ordusunun başında komutandı ve iki hanımı da beraberindeydi. Adları Esma binti Atardi b. Hacib et-Temimi ile Bahriyye binti Hani' b. Kubeysa olan bu hanımlarını oraya kendisinin savaşını, cesaretini ve kahramanlığını görmeleri için getirmişti.

Şair Ka'b b. Cuayl O'nun için şu mersiyeyi söyledi:

Gözler ancak Sıffin'de atı kaçtığı halde,

Kendisi orada duran kahraman için ağlar.

Esma'dan Vail'in kılıçlarını devralmıştır.

Öyle bir yiğitti ki, belalar (oklar) isabet ettiğinde,

Yere yığılır, O'nu kan gölü kaplardı ve kendisi

Gömleğin yeninden ellerin gözüktüğü gibi gözükürdü.

Ama terk etmediler; Allah sabırlarını görünceye,

Ve Kur'an eller üzerinde yükselinceye dek sebat ettiler.

Bugün öldürülenlerden biri de Ammar b. Yasir' dir (radıyallâhu anh). İmam Ahmed b. Hanbel Abdullah b. Seleme'den şöyle rivayet etmiştir: "Sıffin günü Ammar b. Yasir'i gördüm. Hayli yaşlı ve uzun boylu bir ihtiyardı. Eline mızrağı aldı ve -eli titrek halde- şöyle dedi: "Canımı elinde tutan Allah'a yemin olsun ki bu sancak altında Rasûlullah'la (sallallâhu aleyhi ve sellem) üç defa savaştım. Bu da dördüncüsü. Canımı elinde tutan Allah'a yemin ederim ki onlar bizi yenilgiye uğratarak Hicr hurmalığına kadar sürseler yine de bizim ıslahçımızın hak, onların ise batıl üzere olduklarını bilirim."

Soru: Ammar b. Yasir'in şehadeti hakkında ne söylendi?

Cevap: İmam Ahmed b. Hanbel Ebû Buhteri'den şöyle rivayet etmiştir: Ammar Sıffin günü ayağa kalktı ve "Bana bir bardak süt getirin" dedi. Zira Rasûlullah (sallallâhu aleyhi ve sellem) bana "Senin dünyadaki son içeceğin öldürüldüğün gün içeceğin içecek olacak" buyurdu"dedi. Getirdiler. Sonra insanların üzerine saldırdı. Bir ara iki kişi, İbn Ceviyy es-Sekseki ile Ebû Ğadiye el-Fezzari üzerine saldırdı. Ebû Ğadiye yaraladı, İbn Sekseki ise başını yardı.

Rivayet edildiğine göre Rasûlullah (sallallâhu aleyhi ve sellem) Ammar'a Hendek savaşında "Vah Ammar'a! O'nu asi fırka öldürecek" buyurdu.

Rasûlullah'ın (sallallâhu aleyhi ve sellem) gelecekten verdiği bu haber doğru çıktı. Nitekim muhakkik alimler de Hz. Ali'nin hak üzere olup, Muaviye'nin asi olduğunu söylemişlerdir. Muaviye'nin diliyle söylendiği gibi "Ammar'ı ancak, O'nu çıkaranlar öldürmüştür"

Yine Ammar'ın öldürülürken sürekli "Bugün sevgililerle buluşacağım; Muhammed ve arkadaşlarıyla!" dediği de rivayet edilmiştir.

Soru: Her iki taraf için çok zor olan gecenin ismi nedir?

Cevap: Bu geceye Herir/Hirir gecesi denir. Cuma gecesine tekabül eden bu gecede mızraklar yağdı, oklar uçuştu ve insanlar kılıçlarına sarıldılar. Hz. Ali kabileleri savaşa teşvik ediyor, önlerine geçip sabır ve sebatı tavsiye ediyordu. Sağ kanatta Eşter en-Nehai, sol kanatta İbn Abbas vardı ve insanlar dört bir yanda birbirleriyle savaşmaktaydılar. Bu halleri böylece devam etti.

Rivayete göre insanlar birbirlerine tokat atıyorlar, taş ve toprak savuruyorlar, birbirlerini dişleriyle ısırıyorlardı. Her iki kişi birbiriyle savaşıyor, iyice yorulunca oturup dinleniyorlar, sonra kalkıp tekrar savaşıyorlardı.

Gündüzü geceyle birleştirerek ertesi gün de savaşa devam ettiler. Hatta İnsanlar Cuma günü sabah namazını imayla kıldılar. Duha vakti olunca galibiyet Şamlılar aleyhine Iraklılara döndü. Şamlıların saflarında görülür bir hezimet beliriverdi!

Bu durumu daha kötüye gitmeden hemen durdurmak şarttı. Muaviye Amr b. Âs'a sordu: "Ne düşünüyorsun?"

Soru: Amr b. Âs Muaviye'ye ne tavsiyede bulundu?

Cevap: Amr b. Âs (radıyallâhu anh) şöyle dedi: "Ben bir şey düşünüyorum ki yaptığımızda o bizim ancak birliğimizi, onların da ancak parçalanmasını artıracak. Kur'anları kaldırıp onları Kur'an'a davet edelim. Hepsi buna icabet ederse savaş durulur. Ama ihtilaf ederler ve kimi "Kabul edelim", kimi "Kabul etmeyelim" derse cesaretlerini kaybederler ve güçleri gider." dedi.

Muaviye bu görüşü isabetli buldu ve askerlerine, Kur'anları "Aramızda Allah'ın Kitabı hükmetsin" anlamında mızraklarının ucuna takarak havaya kaldırmalarını emretti. Onlar da yaptılar.

Soru: Kur'anları mızrakların ucunda görünce Hz. Ali'nin saflarında neler oldu?

Cevap: Hz. Ali'nin askerleri mızrakların ucundaki Kur'anları görünce "Allah'ın Kitabı'na icabet edelim ve Allah'a dönelim" dediler ve savaşı bıraktılar. Hz. Ali onlara "Ey Allah'ın kulları, hakkınızı ve doğrunuzu elde etmeye ve düşmanlarınızla savaşa devam edin. Çünkü Muaviye, Amr b. Âs, İbn Ebi Muit, Habib b. Mesleme, İbn Ebisserh ve Dahhak b. Kays din ve Kur'an ehli değildirler. Ben onları sizden daha iyi biliyorum. Çocukluklarında onlarla arkadaşlık yaptım, büyüklüklerinde de onlarla arkadaşlık yaptım. Onlar en şerli çocuklar ve en şerli adamlardılar. Yazıklar olsun size! Vallahi onlar Kur'an'ı ne okudukları ve ne de içindekini bildikleri için kaldırdılar. Onlar sadece hile, tuzak ve aldatma amacıyla kaldırdılar" dedi.

Onlarda "Allah'ın Kitabı'na çağrılıp da kabul etmememiz olmaz. Bunu yapamayız" dediler.

Hz. Ali (radıyallâhu anh) onlara "Ben onlarla zaten Allah'ın Kitabı'na boyun eğmeleri için savaşıyorum. Çünkü onlar Allah'ın emrine karşı geldiler, ahdini terk ettiler ve Kitabı'nı attılar" dedi.

Soru: Bunların başı kimdi?

Cevap: Sebeîlerden Mis'ar b. Fedek ile Zeyd b. Husayn hafızlardan bir grupla birlikte gelerek "Ey Ali, çağrıldığında Allah'ın Kitabı'na icabet et. Yoksa seni biz her şeyinle onlara göndeririz. Bunu yapmazsan sana Osman'a yaptığımızı yaparız. Zira O Allah'ın Kitabı'na göre amel etmemede ısrar etti; biz de O'nu öldürdük. Vallahi ya söylediğimizi yaparsın, ya da sanada böyle yaparız!" dediler.

İşte bu şekilde Hz. Ali'nin saflarında kargaşa ve bölünme meydana geldi. Böylece Haricî fırkasının tarihteki ilk grubu türemiş oldu.

Soru: Hz. Ali (radıyallâhu anh) onlara ne dedi?

Cevap: Hz. Ali (radıyallâhu anh) onlara "Hakkımda söylediklerinizi unutmayın. Bana itaat edecekseniz savaşın; etmeyecekseniz dilediğinizi yapın!" dedi.

O'na "Eşter'e haber gönder, yanına gelsin ve savaşmayı bıraksın" dediler. Hz. Ali (radıyallâhu anh) de mecburen O'na savaşı bırakmasını emrettiğini bildirecek birisini gönderdi.

Soru: Savaş yapmakta kim ısrar etti?

Cevap: Ammar (radıyallâhu anh) reddedenlerdendi. "Allah'tan başka bir hakem istemeden Allah'a kim gidecek?" dedi. Sonra savaştı ve öldü.

Eşter ise Hz. Ali'nin habercisine "Şu vakit beni bulunduğum yerden alma vakti değil. Ben Allah'ın bana fetih nasip edeceğini umuyorum. Beni acele ettirme" dedi ve savaşa devam etti. Muhalifler Ali'ye (radıyallâhu anh) "Vallahi senin O'na sadece savaşa devam etmesini emrettiğini düşünüyoruz" dediler. Ali (radıyallâhu anh) "Benim O'na gizlice bir şey söylediğimi gördünüz mü? O'na haberi sizin de işitteceğiniz şekilde açıktan göndermedim mi?" dedi. Onlar "O'na tekrar haber sal da sana gelsin. Yoksa vallahi seni azlederiz" dediler.

Soru: Hz. Ali (radıyallâhu anh) O'na durmasını emretti mi?

Cevap: Ali (radıyallâhu anh) O'na ikinci defa birisini göndererek savaşı bırakıp yanına gelmesini emretti. Eşter tereddüt etti ve homurdandı. Gelenleri ikna etmeye çalıştı. Zaferi kazanmasına da az kalmıştı.

O'na "Hangisi senin için daha iyi; emri kabul etmek mi, yoksa Ali'nin Osman gibi öldürülmesine sebep olmak mı? Sonra senin burada bakışın sana ne fayda verecek?" dediler.

Soru: Eşter sonunda kabul etti mi, isyancılara ne dedi?

Cevap: Sonunda kabul etti ve Hz. Ali'nin yanına gitti. Huzuruna girdi ve orada bulunan isyancılara "Ey Iraklılar, ey zeliller ve hakirler! Onlara üstün gelince ve sizin yeneceğinizi hissettikleri vakit Kur'anları kaldırarak sizi O'ndakine çağırınca mı? Vallahi onlar Allah'ın O'nda emrettiklerini, kendine indirilenin (sallallâhu aleyhi ve sellem) sünnetini terk ettiler. Onlara icabet etmeyin. Bana süre verin; çünkü güzel bir fetih gerçekleştiriyorum!" dedi. "Hayır" dediler. "Bana mühlet verin; çünkü zafer kazanacağımızı ümit ediyorum" dedi. "O zaman seninle birlikte hata mı yapalım?"dediler.

Sonra hepsi tartışma ve münakaşaya başladılar; ancak nafile.

Eşter onlara şöyle dedi: "Eğer başta bunlarla savaşınız hak idiyse şimdi de devam edin. Batıl idiyse savaştan dolayı cehennemi hak ettiğinize şahitlik edin" dedi. "Bırak bizi; biz sana da, arkadaşına da tahammül edemiyoruz. Biz bunlarla Allah için savaştık ve onu yine Allah için terk ettik" dediler. Eşter onlara "Vallahi aldatıldınız; siz de aldandınız. Savaşı bırakmaya çağrıldınız; siz de icabet ettiniz. Ey kötü arkadaşlar! Sizin namazınızı dünyaya ilgisizlik ve Allah'a kavuşma aşkı sanıyorduk. Sizin ölümden kaçarak dünyaya yapıştığınızı görüyorum. Ey pislik yiyicisi develer! siz artık rabbaniler değilsiniz...."

Soru: İnsanların çoğu hangi görüşe meyletti?

Cevap: Bir süre sonra Iraklıların ve Şamlıların büyük çoğunluğu, Müslümanların kanının akmasını durduracak bir karara varılır ümidiyle, barış ve sulhe meylettiler. Çünkü bu süre içerisinde, özellikle son günlerde ve özellikle Herir gecesinde çok sayıda insan ölmüştü.

Rivayete göre iki taraftan ölenlerin sayısının kırk beş bin Şamlılardan, yirmi beş bin Iraklılardan olmak üzere yetmiş bin idi.

İki taraf arasındaki büyük saldırıların sayısı da doksan'ı bulmuştu.

Yine iki taraf arasındaki çatışmaların yedi ile dokuz ay arası -bir rivayete göre yüz on gün- olduğu rivayet edilir.

Savaşın süresi ve iki taraftaki ölülerin sayısı kalbi parçalayacak, canı yaralayacak ve tarihi lekeleyecek derecedeydi. Yani İslâm davetinin ve İslâm gelişme seyrinin tarihini...[118]

Buhârî ve Müslim'in Ebû Hureyre'den rivayet ettikleri hadiste (radıyallâhu anh)Rasûlullah (sallallâhu aleyhi ve sellem) ne güzel buyurmuştur: "Davaları tek olan iki büyük fırka arasında büyük bir savaş olmadan kıyamet kopmayacaktır".

Soru: Savaş ne zaman bitti?

Cevap: Savaş Hicretin 37. yılında, Safer ayının 13'ün de Cuma günü bitti.

Soru: İki taraftan ölenlerin sayısı kaça ulaşmıştı?

Cevap: Daha önce geçtiği üzere Iraklılardan aralarında yirmi beş bedir ehlinin bulunduğu yirmi beş bin kişi, Şamlılardan da kırk beş bin kişi ölmüştü. Allah hepsine rahmet etsin ve hepsini bağışlasın.

Soru: Bu hususta Rasûlullah'dan (sallallâhu aleyhi ve sellem) bir hadis rivayet edilmiş midir?

Cevap: Biraz önce zikrettiğimiz dışında, Ebû Said-i Hudri'den (radıyallâhu anh) rivayet edilen bir hadiste Rasûlullah (sallallâhu aleyhi ve sellem) şöyle buyurmuştur: "Davaları bir olan iki büyük fırka birbirleriyle savaşmadan kıyamet kopmayacaktır. Onlar bu haldeyken aralarında haktan çıkan bir grup türer ki bunları da ikisinden hakka en yakın olan öldürür".

Soru: Hakemlik hususunda neyde anlaşıldı?

Cevap: Sonra iki taraf çekişmeli görüşmeler, konuşmalar ve yazışmalar sonucunda hakemliğe karar verdiler. Buna

---

118 Zannımca bunun adı "dünya ve devlet için kavga" idi, o kadar.

göre başkanlardan her biri, Ali ile Muaviye, kendinden birisini hakem seçecek, sonra bu iki hakem Müslümanların maslahatına olacak şeyde anlaşacaktı. Muaviye kendisine Amr b. Âs'ı vekil yaptı. Ali İbn Abbas'ı vekil yapmak istedi; ancak kurralar -yani Haricîler- itiraz ettiler ve "Ebû Musa Eş'ari'den başkasını kabul etmeyiz" dediler. Bu ismi öneren kişi Eş'as b. Kays idi.

Ebû Musa Eş'ari fitneden uzaklaşarak uzlete çekilmiş ve insanları savaşmaktan vazgeçirmeye çalışmıştı. Bunlar Eşter'in vekil yapılmasına da karşı çıktılar ve Ebû Musa Eş'ari hakkında ısrar ettiler.

Soru: Hakemlik kararı belgesindeki ifade nasıldı?

Cevap: İki tarafın bağlı kalacağı bir belge yazdılar. Belgede aynen şöyle yazılıydı:

"Bismillahirrahmanirrahim.

Bu Ali b. Ebû Talib ile Muaviye b. Ebû Süfyan'ın sulh metnidir. Ali Iraklılar ve diğer Müslüman taraftarları adına, Muaviye de Şamlılar ve başka Müslüman Mü'minler adına andlaşma yapmıştır. Biz Allah'ın ve Kitabı'nın hükmüne razı oluyor, Allah'ın dirilttiğini diriltiyor, öldürdüğünü öldürüyoruz. Hakemler -ki onlar Ebû Musa Eş'ari ile Amr b. Âs'dır- Allah'ın Kitabı'nda ne bulurlarsa onunla amel edecekler. Allah'ın Kitabı'nda bulamazlarsa adil, toparlayıcı ve ayrılığa sebep olmayacak bir sünnete başvuracaklar."

Soru: Ali (radıyallâhu anh) Ebû Musa Eş'ari'yi hakem yapmaya nasıl mecbur kaldı?

Cevap: Hz. Ali (radıyallâhu anh) hakem olarak önce amcası oğlu İbn Abbas'ı (radıyallâhu anh) söylemek istedi; ancak itiraz ettiler.

Sonra Eşter'i söylemek isteyince "Savaşı başlatan ve yeryüzünü fesada veren Eşter'den başka kimdir?" dediler.

Ahnef b. Kays Hz. Ali'ye "Vallahi sana büyük bir taş (Amr b. Âs'ı kastediyor) atıldı. Onlara ancak kendilerinden biri fayda verir. Onlara yaklaşarak avuçlarının içinde gibi, uzaklaşarak yıldız gibi olacak biri. Eğer beni hakem yapmak istemezsen ikinci veya üçüncü kişi yap; ben her ne düğüm bağlanırsa onu çözer, bağladığım her ne düğüm (onlar tarafından) çözülürse senin için başka bir düğüm yapar veya onu sağlamlaştırırım" dedi.

Ancak kurralar Ebû Musa Eş'ari'de ittifak ettiler.

Soru: Muaviye kendisine vekil olarak kimi seçti?

Cevap: Muaviye kendisine vekaleten, aralarında andlaşmalı olarak Amr b. Âs'ı seçti. İkisi de karşıdakinin sahip olduğu kurnazlık ve ustalığı, konuşup anlaşma ve tuzağa düşürme yeteneğini biliyordu.

İki hakem Ali, Muaviye ve her iki tarafın askerlerinden kendilerinin ve ailelerinin güvende olması, verdikleri hükümde ümmetin onlara destek vermesi, iki taraftan Mü'minlerin ve Müslümanların bu kağıtta yazılı olanlara sadık kalmak için Allah'a söz ve ahit vermesine dair ahitler ve sözler aldı. Kararı Ramazan'a ertelediler ve karşılıklı rızayla daha da erteleyebileceklerini kararlaştırdılar.

Soru: Buluşma ne zamandı ve nerede olacaktı?

Cevap: Aynı yılın Ramazan ayında buluşacaklardı. Andlaşma Hicrî 37 yılında, Safer ayının 13'ünde yapıldığına göre bu tarihten yedi ay sonra idi. Varılan kararın açıklamasının duyurulması için Devmetu'l-cendel'de toplanılacaktı.

Soru: İki hakemle birlikte kim gelecekti?

Cevap: Ali ve Muaviye'den her biri dört yüz adamıyla gelecek, o vakitte bir araya gelmezlerse bir sonraki yılda Ezruh'ta buluşacaklardı.

Bu meseleyle ilgili anlatılan olaylardan biri de Muaviye'nin, andlaşma metninde Hz. Ali'nin Mü'minlerin emiri diye bahsedilmesine itirazıdır. Muaviye: "Mü'minlerin emiri olsaydı ben O'nunla neden savaşaydım! Bilakis adını zikredin. Faziletinden ve önce Müslüman olmasından dolayı da önce O'nun adını yazın" demiştir.

Bir rivayete göre iki metin hazırlanmış, Iraklıların metninde önce Ali'nin, Şamlıların metninde de önce Muaviye'nin ismi yazılmıştır.

Soru: Bu andlaşmada hazır bulunanlar kimlerdir?

Cevap: Andlaşmada Hz. Ali tarafından İbn Abbas, Eş'as b. Kays, Abdullah b. Tufeyl, Hicr b. Yezid, Varaka b. Semiyy, Abdullah b. Bilal, Ukbe b. Ziyad, Yezid b. Cuhfe ve Malik b. Ka'b bulunmuştur.

Şamlılardan da şu on kişi bulunmuştur: Ebû A'ver es-Silmi, Habib b. Mesleme, Abdurrahman b. Halid b. Velid, Meharik b. Haris, Vail b. Alkame, Alkame b. Yezid, Hamza b. Malik, Sebi' b. Yezid, Utbe b. Ebû Süfyan -Muaviye'nin kardeşi- ve Yezid b. Hurr.

Soru: Haricîler ne zaman türediler? Onlara neden bu isim verilmiştir?

Cevap: Hakemlik meselesindeki bu andlaşma Hz. Ali'nin saflarında bölünmelere yol açtı. Olay şöyle oldu: Eş'as b. Kays Beni Temim kabilesine gelerek onlara andlaşma metnini okuyunca Urve b. Üzeyneh kalktı ve "Allah'ın dininde insanları mı hakem yapıyorsunuz?" dedi ve kılıcını Eş'as'ın devesinin bacağına sapladı. Kabilesi de Eş'as'a kızdı. Neredeyse Eş'as'ın kabilesi ile Beni Temim arasında kavga çıkacaktı...

Haricîlerin ortaya çıkışı Urve b. Üzeyneh'in bu sözünden çıktı. Çünkü onlar bu düşünceyi kabullendiler, ona tabi oldular ve "Hüküm ancak Allah'a aittir" dediler. Bunlara aynı zamanda "Muhakkimiyye (hakemciler)" denilmiştir.

Soru: Harurîler kimlerdir?

Cevap: Hz. Ali'den ayrılan ve hakemlik meselesine karşı çıkan bir grup daha vardır ki ona da Harurîler denir. Bunlar, Hz. Ali hakemlik meselesine rıza gösterince O'nun saflarından çıkarak Harura denen yerde toplanmışlar ve bunu reddettiklerini duyurmuşlardır. Sayıları on iki bindi ve liderlerinden bazıları İbn Kevva, İtab b. A'ver, Abdullah b. Vehb er-Rasibi idi.

Soru: Haricîler Ali'den ne zaman ayrıldılar? Sayıları kaçtı ve nereye sığındılar?

Cevap: Sayıları binlerle ifade edilen Haricîler desteklerini Hz. Ali'den Sıffin'den ve hakemlik andlaşmasının imzalamasından sonra çektiler. Bu tavırlarında onlara bir çok insan tabi oldu ve aynı görüşü paylaştılar.

Birisi: "Ali gitti ve boş döndü dedi. Bunun üzerine Hz. Ali şöyle dedi:

"Kardeşin, başına bir felaket geldiğinde,

Seni keder içinde bırakmayandır.

Kardeşin, işlerin çatalladığında seni,

Sürekli yererek söven değildir."

Soru: Rasûlullah'ın (sallallâhu aleyhi ve sellem) bunlar hakkında bir hadisi var mıdır?

Cevap: Buhârî ve Müslim, "Sahih"lerinde Rasûlullah'ın (sallallâhu aleyhi ve sellem) şöyle buyurduğunu rivayet etmişlerdir: "İnsanların bölük parça oldukları bir vakitte bir grup dinden çıkar ve onları iki taifeden hakka en yakın olanı öldürür"

Bu hadisi İmam Ahmed b. Hanbel başka bir çok yolla rivayet etmiştir.

Soru: İbn Abbas (radıyallâhu anh) onlarla konuştu mu? Neler oldu?

Cevap: Ali (radıyallâhu anh) onların sapıklıkta kalmalarına, insanları üzerine kışkırtmalarına ve tavrında şüphe uyandırmalarına izin vermedi. Onlara İbn Abbas'ı (radıyallâhu anh) gönderdi. İbn Abbas (radıyallâhu anh) onlarla tartıştı, münakaşa etti ve durumu anlattı. Onları susturdu ve dilsiz yaptı. Bazıları sapıklığından ve dalaletinden döndü; ancak çoğu Ali'den uzaklaşma, tabii hayli hayli Muaviye'den uzaklaşma tavrını değiştirmedi.

Bir rivayete göre de Hz. Ali bizzat kendisi giderek onlarla konuştu ve hakka çağırdı. Bir çoğu çağrısına icabet etti; O'nunla Kûfe'ye döndü ve itaat edeceğine söz verdi. Ancak çok geçmeden sözlerini tekrar bozdular ve oradan kaçarak arkadaşlarının yanına döndüler. Harura'da kalabalıklaşınca oradan Nehrevan'a gittiler.

Hz. Ali'nin onlara sunduğu delillerden biri Allah'ın "Eğer karı-kocanın aralarının açılmasından korkarsanız, erkeğin ailesinden bir hakem ve kadının ailesinden bir hakem gönderin. Bunlar barıştırmak isterlerse Allah aralarını bulur" (Nisa: 35) buyruğu idi. Bu karı koca arasındaki anlaşmazlık hakkındadır.

Muhammed ümmetinin kanının dökülmesinin haramlılığı ve ümmetin saygınlığı ise daha büyüktür!

Ancak onlar sapıklıklarında ve dalaletlerinde yüzüyorlardı.

Hatta onlar Hz. Ali'ye sövdüler...

Allah onları öldürsün; nasıl çevriliyorlar!

Soru: İki hakem, Ebû Musa Eş'ari ile Amr b. Âs belirtilen zamanda belirtilen yere geldiler mi?

Cevap: Ebû Musa Eş'ari (radıyallâhu anh) Hz. Ali (radıyallâhu anh)'ye vekâleten beraberinde İbn Abbas (radıyallâhu anh) olduğu halde, insanlarla namazı kılmak için dört yüz atlıyla geldi. Aynı şekilde Amr b. Âs da Muaviye'ye vekaleten Abdullah b. Ömer[119] ile, dört yüz atlı arasında insanlara namaz kıldırmak üzere geldi. Böylece anlaştıkları üzere bu kadar askerleriyle Devmetu'l-Cendel'e geldiler ve buluştular.

Soru: Devmetu'l-Cendel nerededir?

Cevap: Devmetu'l-Cendel Kûfe- Şam yolunun tam ortasında yer almaktadır. Her iki beldeye uzaklığı dokuz merhaledir.Burası Halid b. Velid'in Tebük seferinde Rasûlullah'ın (sallallâhu aleyhi ve sellem) emriyle geldiği, Ekide b. Abdulmelik'i esir aldığı yerdir. Rasûlullah (sallallâhu aleyhi ve sellem) daha sonra O'nunla barışmıştır.

Soru: Bu buluşmada insanlardan şahit olarak kimler bulundu?

Cevap: İbn Kesir El-Bidâye ve'n-Nihâye'de (7 / 313) Mes'udi'nin Murucu'z-Zeheb kitabından naklen şöyle demiş-

---

119 Bir rivayete göre beraber geldiği Abdullah b. Ömer değil, Şurahbil b. Samt'dır.

tir: "Bunlarla birlikte bir grup gözde insan da bulundu: Abdullah b. Ömer, Abdullah b. Zübeyr, Muğire b. Şu'be, Abdurrahman b. Haris, Abdurrahman b. Abduyeğus ve Ebû Cehm b. Huzeyfe gibi...Bazıları Sa'd b. Ebi Vakkas'ın da bulunduğunu söylemişler, fakat diğerleri O'nun geldiğini inkar etmişlerdir.

Soru: Sa'd b. Ebi Vakkas da geldi mi? Neden?

Cevap: Taberi'den rivayet edildiğine göre Sa'd b. Ebi Vakkas'ın oğlu Ömer, Beni Süleym kabilesinin yerleşim birimine giderek uzlete çekilen babasının yanına gitti ve "Baba! Sana Sıffin'de olan olaylar ulaştı. İnsanlar Ebû Musa Eş'ari ile Amr b. Âs'ı hakem yaptılar ve görüşmelere bir grup da Kureyşli katıldı; sen de katıl. Çünkü sen Rasûlullah'ın (sallallâhu aleyhi ve sellem) sahâbîlerinden ve şura heyetindensin. Bu ümmetin hoşlanmayacağı hiçbir şeye katılmadın. Sen de bulun; çünkü sen halifeliğe en layık kişisin!" dedi. Sa'd "Bunu yapmam; çünkü Rasûlullah'ı (sallallâhu aleyhi ve sellem) 'Kargaşa olacak. Onda insanların en hayırlısı takvalı ve gizli kişidir' buyururken işittim. Vallahi bu hususta hiçbir şeye katılmam!" dedi. O'na yine 'Vallahi, onunla mü'mine vurduğunda çekilecek, kâfire vurduğunda öldüreceğin bir kılıcı veremem.', 'İslâm'a giren, yetesi rızık verilen ve Allah'ın, verdiğine kanaat getiren kimse mutlaka kurtuluşa ermiştir' dedi.

Soru: İki taraf nasıl pazarlık yaptı? Sonunda neye karar verdiler?

Cevap: İki hakem, Ebû Musa Eş'ari ile Amr b. Âs bir araya gelince Müslümanların maslahatı için pazarlık yapıp konuştular. Meseleleri ölçüp biçtiler ve uzun uzadıya ele aldılar. Sonunda Ali ile Muaviye'yi azletmeye ve bu işi bu ikisinden veya başkasından kendileri için en hayırlı olacak birinde anlaşmaları için Müslümanların şurasına bırakmaya karar verdiler.

Soru: Bunlardan Ali ve Muaviye'nin yerine başka bir isim teklif eden oldu mu?

Cevap: Ebû Musa Eş'ari Hz. Ömer'in (radıyallâhu anh) oğlu Abdullah'ı teklif etti; ancak Amr "Bilakis oğlum Abdullah'ı öner. Zira ilim, amel ve zühdde O'na yakındır" dedi. Ebû Musa Eş'ari: "Sen -Ey Amr- oğlunu bu fitnenin içine soktun..., O ise doğru bir adamdır" dedi. Amr b. Âs insanlar için sadece Muaviye'yi onaylamayı teklif ettiyse de Ebû Musa Eş'ari bunu kabul etmedi.

Uzun süren ve takat bırakmayan konuşmalardan ve görüşmelerden sonra Ali ve Muaviye'nin her ikisinin azledilip meselenin, kendileri için en hayırlısını seçmek üzere Müslümanlara bırakılmasına karar verdiler[120].

Soru: Amr b. Âs, insanlara konuşma yapması ve kararı duyurması için neden Ebû Musa Eş'ari'yi öne geçirdi?

Cevap: Sonra ikisi, yani Ebû Musa Eş'ari ile Amr b. Âs, insanların karşısına çıktılar. Amr b. Âs saygı ve edebinden her şeyde O'nu öne geçiriyordu. Burada da "Ey Ebû Musa, kalk ve kararımızı insanlara açıkla!" dedi.

Bu öne geçirme hususunda çok şey söylenmiştir. Meselenin özeti şudur ki; Amr b. Âs hile ve kurnazlık düşünüyor, Ebû Musa Eş'ari'nin sözüyle Ali'yi azletmeye çalışıyordu. Ebû Musa Eş'ari de hoş, temiz ve imanlı biriydi. Hatta O'nda basitlik ve aleladelik vardır da denmiştir, ancak O (radıyallâhu anh) öyle değildi.

---

120 Burada üzerinde durulması gereken bir nokta var ki o da Şura heyetinin kimlerden oluştuğu ve nasıl olacağı gibi hususlardır. Tarihçiler bunlar hakkında hiçbir şey zikretmemişler ve bu noktalar eski ve son dönem alimlerin dikkatini çekmemiştir. Bu önemli bir boşluk ve gediktir.

Soru: Ebû Musa Eş'ari nasıl bir konuşma yaptı?

Cevap: Ebû Musa Eş'ari yaptığı konuşmada, Allah'a (c.c) hamd-u sena, Rasûlullah'a (sallallâhu aleyhi ve sellem) salat ve selam ettikten sonra şöyle dedi: "Ey İnsanlar, biz bu ümmetin durumuna baktık ve ben ile Amr, onun en yararına olacak, acısını en dindirecek şey üzerinde karar kıldık. O da şudur ki, biz Ali ile Muaviye'yi bu işten azlediyor, meseleyi Şuraya bırakıyoruz. Bu işi ümmet tek başına halledecek. Onlar bu işe istediklerini getirsinler. Ben Ali ile Muaviye'yi azlediyorum". Ebû Musa Eş'ari bunu söyledikten sonra kenara çekildi.

Soru: Amr b. Âs nasıl bir konuşma yaptı?

Cevap: Amr gelip yerine geçti ve Allah'a (c.c) hamd-u senadan sonra şöyle dedi: "Ebû Musa Eş'ari işittiklerinizi söyledi. O arkadaşını azletti. Ben de O'nun gibi O'nu (Ali'yi) azlediyor ve arkadaşım Muaviye'yi bu işte bırakıyorum. Çünkü O Osman'ın (radıyallâhu anh) dostu ve O'nun kanının davacısıdır. O bu işe en layık kişidir."

Soru: Ebû Musa Eş'ari Amr b. Âs'a ne dedi, O ne cevap verdi?

Cevap: Birbirlerine laf attılar, hakaret ettiler ve ağır sözler söylediler. Ebû Musa Eş'ari aldatıldığını anladı ve uzlete çekilmek üzere Mekke'ye gitti.

Soru: Amr b. Âs sonuçtan dolayı Muaviye'yi nasıl kutladı?

Cevap: Amr Muaviye'ye şu şiiri yazdı:

Sana hilafet geldi,süslenmiş halde,

Hoş, bereketli ve göz aydınlığıyla.

Gelin getirilir gibi adeta.

Zırhlıları yaralamandan daha kolay oldu bu sana.

Eş'arili adam çakmağı sert veya

Kabilesinde önemsenmeyen biri değildir.

Ancak karşısına öyle bir yılan çıktı ki,

Karşısında cesurların boyun eğdiği.

Onlar dediler, ben de dedim.

Öyle bir tavır koydum ki, yumuşattım O'nu.

Uzakta olmasına rağmen al bakalım onu (hilafeti)

Ey Hind'in oğlu,

Onların gelmesinden sakındıkları şeyi Allah savundu.

Allah Şam'ınızdan savsın, uzak tutsun,

Açık bir düşmanlığı ve hazin bir harbi.

Soru: Eş'ari kabilesindekiler Ebû Musa Eş'ari'yi nasıl yerdiler?

Cevap: Eş'ariler Ebû Musa Eş'ari'ye şöyle dediler:

Ey Ebû Musa aldatıldın sen,

Oysa tuzağı hazır, yüreği güçlü adamdın.

Ey Kays'ın oğlu! Amr senin bu sıfatlarını dama attı.

İki elin kaldırmakta zorlanmayacağı kadar basit bir yükte.

Biz içimizde şüpheler taşıyorduk.

Ama zanlar ayan beyan, açık oldu.

Elini pişmanlıktan birbirine vur (diyeceğiz) ama,

Parmaklarını ısırsan ne faydası var ki sana.

Soru: Haricîler ne yaptılar?

Cevap: İki hakem, Ebû Musa Eş'ari ile Amr b. Âs arasında olan olaylar Iraklılara ulaşınca Haricîler bunu öfke ve kızgınlıkla karşıladılar. Ne yapacakları, fitnenin iyice büyüyüp çatlağın genişlediği bu vakitte mevcut fırsatı nasıl kullanacakları hususunda aralarında istişare yaptılar.

Soru: Kimin yanında toplandılar? O onlara ne dedi?

Cevap: Abdullah b. Vehb Rasibi'nin yanında bir araya geldiler. Abdullah kalkarak şu konuşmayı yaptı: "Ey kardeşlerim! Dünya menfaati azdır; oradan ayrılma vakti yakındır. Bu yönetime karşı çıkmak için bizimle çıkın. Çünkü hüküm ancak Allah'a aittir. Allah müttakilerle ve iyilerle beraberdir."

Soru: Liderliklerine kim geçti, onlara ne dedi?

Cevap: Liderlik teklifini aralarındaki çok dindar biri olan Yezid b. Husayn'a götürdüler; ama kabul etmedi. Sonra Ali b. Ebû Evfa el-Absi'ye götürdüler; O da kabul etmedi. Bunun üzerine Abdullah b. Vehb er-Rasibi'ye götürdüler. O şöyle dedi: "Onu getirin (verin)! Vallahi bunu dünyaya meylimden veya ölümden kaçtığımdan değil, sadece büyük bir sevap umduğumdan kabul ediyorum."

Sonra elini uzattı ve onlar da yanına gidip biat ettiler. Abdullah daha sonra şu konuşmayı yaptı: "İmdi...Allah bizden emr-i bi'lmaruf venehy-i ani'lmünker yapmak, hakkı söylemek ve yolunda cihad etmek hususunda bizden sözler ve ahitler aldı. Allah'ın yolundan sapanlara şiddetli bir azap vardır. Allah (c.c.) "Her kim Allah'ın indirdikleriyle hükmetmezse onlar fasıkların ta kendileridirler (Mâide: 47)." Allah'ı dindaşlarımızın davete muhtaç kişilere şahid tutuyorum ki, onlar hevalarına uydular, Kitab'ın hükmünü attılar, hükümlerinde zalim oldular. Sizin cihadınız haktır. Yüzlerin önünde eğildiği ve gözlerin korkudan öne indiği Allah'a yemin ederim ki onlarla savaşmada bir kişi dahi bulmasaydım onlarla, Rabbim'e şehid olarak kavuşana dek savaşırdım."

Soru: Medain'de toplandılar mı? Neden Nehrevan köprüsüne doğru gittiler?

Cevap: Abdullah b. Vehb er-Rasibi, Şurayh b. Ebû Evfa ve adamları aralarında anlaşarak Medain'de toplandılar. Yezid b. Husayn bu ikisinden ve adamlarından toplantının Nehrevan'da yapılması talebinde bulundular. Çünkü Medain güvenlikli değildi ve Nehrevan'ı müdafaa edenler bulunduğundan orası daha güvenlikliydi. Bunlar "Basra'daki ve başka yerlerdeki arkadaşlarımıza oradan yazarız ve yanımıza gelirler" dediler.

Soru: Basra'daki taraftarlarına ve adamlarına ne yazdılar?

Cevap: Taraftarlarına şöyle yazdılar: "Bismillahirrahmanirrahim. Abdullah b. Vehb er-Rasibi, Yezid b. Husayn, Harkus b. Züheyr, Şurayh b. Ebû Evfa'dan Basra'daki mektubun kendilerine ulaştığı Mü'minlere ve Müslümanlara! Allah'ın selamı üzerinize olsun! Biz size Allah'ı överiz. O Allah ki en sevdiği kullarını Kitabı ile en çok amel eden, itaat ve ibadetinde hakkı en ayakta tutan, rızası için en çalışan kimseler kıldı. Davet ettiğimiz kimseler ise Allah'ın emri hususunda insanları hakem yaptılar; onlar da Allah'ın Kitabı'nda, Rasûlullah'ın (sallallâhu aleyhi ve sellem) sünnetinde olmayan şeyle hükmettiler. Böylece kâfir oldular ve doğru yoldan alıkoydular. Biz onlara açıktan savaş duyurusu yaptık. Allah hainleri sevmez. Evet! Biz Nehrevan köprüsünde toplanmış bulunmaktayız; siz de- Allah size merhamet etsin- bize doğru gelin. Ta ki sevap ve ecirden nasibiniz alasınız, emr-i bi'lmaruf venehy-i ani'lmünker yapasınız. Bu mektubumuz size kardeşlerinizden, önderlik ve dindarlık vasfına sahip biri tarafından ulaşacak. Ona istediğinizi sorun. Sonra bize görüşünüzü yazın. Selam."

Soru: Ali onlara ne yazdı?

Cevap: Ali (radıyallâhu anh) kararlaştırdıkları ve toplandıkları şeyi öğrenince onlara şu mektubu gönderdi: "Bismillahirrahmanirrahim. Allah'ın kulu ve Mü'minlerin emiri Ali'den Abdullah b. Vehb er-Rasibi, Yezid b. Husayn ve beraberlerindekilere! Selamun aleyküm! Hakemliklerine razı olduğumuz iki adam Allah'ın Kitabı'na aykırı davrandılar; Allah'tan bir hidayet olmaksızın hevalarına uydular. Sünnetle amel etmeyip Kur'an'la hükmetmeyince onların kararlarından beri olduğumuzu duyurduk. Biz evvelki halimiz üzereyiz. Onun için -Allah size merhamet etsin- bana gelin. Allah bizimle onlar arasında hükmünü verene dek savaşmak üzere sizin ve bizim düşmanlarımıza doğru gidiyoruz. O hakimlerin en hayırlısıdır."

Soru: O'na ne cevap verdiler?

Cevap: Haricîler Hz. Ali'nin davetine icabet etmediler. O'na kaba ve katı bir cevap yazdılar. Mektuplarında şöyle dediler: "İmdi... Sen Rabbin için değil nefsin için kızdın. Eğer hakemleri hakem tayin etmekle kâfir olduğuna şahitlik edip, yeni baştan tevbe ve iman edersen sana dönme talebini değerlendiririz. Yoksa biz sana açıkça savaş açıyoruz. Allah hainlerin tuzağını başarıya ulaştırmaz."

Soru: Hz. Ali neden üzerlerine yürüdü?

Cevap: Hz. Ali artık iki düşmanla karşı karşıyaydı. Biri Muaviye ve Şam'daki taraftarları; diğeri Haricîler, beraberlerindekiler ve onlara kulak verenler. Bunların en yakınından başlamak gerekiyordu ki onlar Haricîlerdi. Çünkü bunlar kendi (eski) taraftarlarından ve beraberindeki kişilerden oluşuyordu. Aralarında doğru ve iyiliğe yönelmesi umulan kişiler vardı. Ancak Şam'a gitmeye karar verdi. Muaviye'nin işini bitirince Haricîlere başlayacaktı.

Ancak Haricîler bozgunculuk yapmaya başladılar. Kendi görüşlerinden olmayan birine veya bir topluluğa rastlasalar onlara saldırıp öldürüyorlardı. İnsanlar rahatsız oldular ve Hz. Ali'ye gelerek "Ey Mü'minlerin emiri, yeryüzünde bozgunculuk yapmaları veya insanlara kılıçla saldırmaları için, bunları sapıklıklarında bırakıp gidiyor musun? Üzerlerine yürü ve onları itaate, cemaate çağır. Tevbe ve kabul ederlerse Allah tevbekârları sever. Reddederlerse onlara savaş ilan et. Ümmeti onlardan yana rahatlattıktan sonra Şam'a gidersin" dediler.

Soru: Savaş başlamadan önce konuşup tartışması için onlara birini gönderdi mi? Aralarında ne konuşma geçti?

Cevap: Hz. Ali seksen bin kişilik orduyla üzerlerine yürüdü. Nehrevan'a ulaşınca onlardan bir fersah (üç mil) uzaklıkta bir yere karargah kurdu. Sonra onlarla görüşüp konuşması için Kays b. Sa'd ile Ebû Eyyub el-Ensari'yi gönderdi.

Bunlar yanlarına giderek "Allah'ın kulları, siz İnsanlara sataşmak, onları öldürmek ve bize şirk yaftasını vurmakla çok büyük bir cürüm işlediniz ! Oysa şirk çok büyük bir zulümdür!" dediler.

Onlara Abdullah b. Şuhayr şöyle cevap verdi: "Çekilip gidin yanımızdan; zira hak bize sabah aydınlığı gibi açık oldu. Ömer b. Hattâb misali birini başa getirmedikçe size biat edecek de, dönecek de değiliz."

Kays "Biz aramızda bu iş için en uygun Ali b. Ebû Talib'i görüyoruz. Siz O'nu bu iş için tanıyor musunuz?" dedi. O "Hayır" deyince Kays: "Allah aşkı için, nefsinizi helak etmemeniz için sizi uyarıyorum; zira fitnenin ta kalbinize girdiğini görüyorum..." dedi.

Haricîler Kays'a olumlu bir cevap vermedikleri gibi Ebû Eyyub el-Ensari'ye de bir cevap vermediler.

Nihayet bu iki elçi Hz. Ali'ye dönerek olanı haber verdiler.

Soru: Yanlarına bizzat Hz. Ali de gitti mi?

Cevap: Hz. Ali fitnenin bu Haricîlerin içinde artmaya ve şiddetlenmeye başladığını ve durumun gayet zorlaştığını anladı. Belki sözünü dinler ve makamına saygı gösterirler umuduyla yanlarına kendisi gitti.Sözlerini işitebilecekleri kadar yakınlarına gitti ve onlara bir şeyler söyledi.

Soru: Hz. Ali onlara ne dedi? Onlar ne dediler?

Cevap: "Ey dikkafalılığın ve inadın ortaya çıkardığı, hevanın haktan engellediği, hata ve yanlışa düşen topluluk! Sizi uyarıyorum. Rabbinizden hiçbir delil ve burhan olmadan sapıklığınızda ısrar ederseniz mahvolursunuz. Ben hakemlere Allah'ın Kitabı'yla amel etmelerini şart koşmadım mı ve size bunların hakemliklerinin bir tuzak olduğunu söylemedim mi? Ama siz mutlaka hakemlik olsun diye ısrar edince onlara Kur'an'ın dirilttiklerini diriltmeleri, öldürdüklerini öldürmeleri şartını koştum. Onlar ise Kitap ve Sünnet'e muhalefet ettiler ve hevalarına göre hükmettiler. Biz de onların kararlarını reddettik ve biz evvelki halimiz (hakemlik öncesi) üzereyiz. Hal böyleyken siz nereden kandırılıyorsunuz, neler getiriyorsunuz?"

Onlar "Biz hakemlere razı olmakla kâfir olduk; sonra bundan Allah'a tevbe ettik. Sen de bizim gibi tevbe edersen biz seninleyiz. Yoksa savaşa hazır ol. Biz sana apaçık savaş ilan ediyoruz" dediler.

Sonra Hz. Ali ile onlar adına İbn Kevva konuştu. Aralarında uzun bir konuşma geçti. Hepsinde de hak Hz. Ali'den (radıyallâhu anh) taraftaydı ve İbn Kevva'nın yaptığı şey inatçılık, sefihlik ve batılda ısrardı.

Sonunda Haricîler adamları İbn Kevva'ya konuşmayı ve tartışmayı bırakması için bağırdılar ve "O'nunla konuşmayı bırak ve gel. O'nunla aramızda kılıçtan başka bir şey yoktur" dediler.

Bunun üzerine Hz. Ali karargahına döndü ve insanlara harp ve savaş için hazırlanmalarını emretti. Zira onlarda işitecek kulaklar, görecek gözler ve hak söze saygı gösterecek kalpler yoktu.

Soru: İki taraf savaşa nasıl hazırlandı?

Cevap: Hz. Ali askerlerini hazırladı. Sonra sağ kanada Hacer b. Adiyy'i, sol kanada Şibs b. Rib'i'yi, süvarilerin başına Ebû Eyyub el-Ensari'yi, yaya savaşçıların başına da Ebû Katade'yi getirdi.

Ali de (radıyallâhu anh) sancağı orta kanatta taşıdı ve orta kanada iki bin yaya savaşçı koydu.

Haricîler de hazırlandılar ve sağ kanatlarına Yezid b. Husayn'ı, sol kanatlarına Şurayh b. Ebû Evfa'yı, yaya savaşçıların başına Hurfus b. Züheyr'i, süvarilerin başına da Abdullah b. Vehb'i getirdiler.

Soru: Bazı Haricîler savaştan neden çekildiler?

Cevap: Hz. Ali'nin sözleri Haricîlerin hepsinde olmasa da bazılarında etki etti. Liderlerinden olan Ferve b. Nevfel kalktı ve arkadaşlarına "Ey millet! Vallahi Ali'yle ne için savaştığımızı bilmiyoruz. O'nunla savaşımızda bizim hiçbir delil ve hüccetimiz yoktur. Millet! Basiretimiz O'nunla savaşıp savaşmamada bize yol gösterene kadar bizimle gelin" dedi.

Sonra kendisine biat edenlerle -sayıları beş yüz idi- oradan ayrıldı ve Nehrevan'ın yakınlarına kadar gitti ve Hz. Ali'ye düşmanlığı ve savaşı bıraktı.

Soru: Savaşı kim başlattı?

Cevap: Hz. Ali (radıyallâhu anh) adamlarına "Onlar savaşa başlamadan siz başlamayın" dedi.

Haricîler de "Müşrikler istemeseler de hüküm ancak Allah'a mahsustur" dediler; sonra Ali'nin (radıyallâhu anh) adamlarının üzerine saldırdılar. İki gruba ayrıldılar. Birisi sağ tarafa, diğeri sol tarafa yöneldi. Hz. Ali'nin adamları da onlara saldırdılar. Hz. Ali'nin adamlarından Kays b. Muaviye el-Bermeci, Şurayh b. Ebû Evfa'nın üzerine atladı ve kılıcıyla kolunu kesip ayırdı. O da hem tek elle savaşıyor, hem de "Eli kolu bağlıyken (elsizken) şerefini koruyan yiğit erkek!" diyordu. Kays bir hamle daha yaptı ve O'nu öldürdü.

Soru: Savaş nasıl sona erdi? Hangi tarihte vuku buldu?

Cevap: Haricîler büyük bir yenilgiye uğradılar ve çoğu öldürüldü. Hz. Ali onlardan ölmek üzere olanları kabilelerine teslim etti. Zira dört yüz kişi ağır yaralanmıştı. Karargahlarındaki silah ve hayvanları getirtti ve adamları arasında taksim etti. Kalanlarının da varislerine verilmesini emretti. Hz. Ali'nin safından ise sadece yedi kişi öldü.

Bu Nehrevan savaşı Hicrî 37 yılında, Safer ayının 9'unda oldu.

Soru: Hz. Ali askerlerine hemen Şam'a yönelmeleri emrini verdi mi?

Cevap: Nehrevan'dan sonra Hz. Ali İnsanları beklemeden Şam'a gitmeye çağırdı. Yaptığı konuşmada "Ey insanlar! Şimdi de yaptığınız cihadla Allah'a yaklaşacağınız ve katındaki nimetlere kavuşacağınız milletle savaşa hazırlanın. Ki onlar hakikat hususunda şaşkın, Kur'an'a karşı soğuk, dinden uzak, taşkınlıklarında yüzen, sapıklık karanlığında gezen kimselerdir. Üzerlerine gitmek için hazırlık yapın! Bunlara karşı gücünüz yettiği kadar kuvvet ve cihad için bağlanıp beslenen atlar hazırlayın. Allah'a tevekkül edin; şüphesiz vekil olarak Allah yeter, yardımcı olarak Allah yeter" dedi.

Soru: Onlar bu çağrıya icabet ettiler mi? Neden?

Cevap: O'na icabet ve itaat etmediler. Mazeret olarak da Haricîlerle yaptıkları savaşın meşakkat ve yorgunluğunu öne sürdüler. Dinlenmeye ve istirahat etmeye ihtiyaçlarının olduğunu, uzun süredir uzak olduklarından hanımlarının, çocuklarının ve ailelerinin yanına gitmek zorunda olduklarını söylediler.

Soru: Hz. Ali'ye ne dediler?

Cevap: "Ey Mü'minlerin emiri! Oklarımız bitti, kılıçlarımız azaldı, mızraklarımızın uçları soldu ve çoğu da kırıldı. Onun için bizi şehrimize (Kûfe) götür de en iyi şekilde hazırlanalım. Belki Mü'minlerin emiri yok olan mühimmatımıza destek verir. Zira O düşmanımıza karşı bize son derece vefakardır." Bunları onlar adına Eş'as b. Kays söyledi.

Soru: Hz. Ali Kûfe'ye döndü mü? İnsanlara ne konuşma yaptı?

Cevap: Hz. Ali (radıyallâhu anh) onların isteklerine evet demekten başka çare bulamadı ve onlarla Kûfe yakınındaki Nahile denen yere döndü ve oraya konakladı. Burada kalmalarını ve cihad için hazırlık yapmalarını, hanım ve çocuklarını ise az ziyaret etmelerini emretti ve istirahatten sonra düşmanın üzerine yürüyeceklerini söyledi.

Burada birkaç gün kaldıktan sonra askerler kaçamak yaparak ailelerinin yanına gittiler. Artık karargah askerlerden boşalmış, bomboş kalmıştı. Bunun üzerine Hz. Ali (radıyallâhu anh) Nahile'yi terk ederek Kûfe'ye girmeye mecbur kaldı. Ordunun toplanmasından ümidini kesince başkanları ve ileri gelenleri yanına çağırdı ve gevşekliklerinin ve gecikmelerinin sebebini sordu. İstemeyerek ve geçersiz gerekçelerle cevapladılar. Bu işe çok az sayıda kişi rağbet gösterdi. Bunun üzerine Hz. Ali onlara şu konuşmayı yaptı: "Allah'ın kulları! Size ne oldu da hep birden cihada çıkın deyince yere çakılıp kaldınız? Ahirete karşı dünyaya, izzete karşı zillete ve alçaklığa mı razı oldunuz? Sizi ne zaman cihada çağırdıysam ölüm sarhoşluğundaymışçasına gözleriniz dönmedi mi? Sanki kalbiniz karmakarışık da idrak edemiyor musunuz? Veya gözleriniz kör de göremiyor musunuz? Vallahi siz kavgaya çağrıldığınızda aynen orman aslanları ve kurnaz tilkiler gibisiniz."

Onlara sert ve katı cevap verdi ve onların kendisindeki nasihat ve vefakarlık hakkını, kendisinin onlardaki itaat ve davete icabet hakkını açıkladı. Ancak tembellik yaptılar ve kulaklarını tıkadılar.

Soru: Amr b. Âs Mısır valiliğine nasıl döndü?

Cevap: Hz. Ali'nin Mısır'daki valiliği Kays b. Sa'd ile Muhammed b. Ebû Bekir arasında el değiştirmiş, ama her ikisi de oradaki Osman taraftarlarını bertaraf edememişlerdi. Çünkü Mısır'da Muaviye b. Hudeyc komutasında Hz. Osman taraftarı on binden fazla savaşçı bulunuyordu ve bunlar İskenderiye yakınlarındaki Harbeta denen kaleye çekilmişlerdi.

Muhammed b. Ebû Bekir, Mısırlılara katılığına ve Osman taraftarlarını etkisiz hale getirmeye çalışmasına rağmen tam bir hakimiyete muvaffak olamamıştı. Oradaki bu askerî güç Mısır'ın tümünün Hz. Ali'ye boyun eğmesini tehdit eden bir güç olagelmişti.

Soru: Hz. Ali Muhammed b. Ebû Bekir yerine kimi vali tayin etti, neden?

Cevap: Hz. Ali, Kays b. Sa'd'ı Mısır valiliğinden alıp yerine Muhammed b. Ebû Bekir'i getirmişti. Muhammed de durumu kontrol altına almaktan aciz kalınca Hz. Ali (radıyallâhu anh), Eşter'i (Malik b. Haris) yanına çağırdı ve Muhammed'in yerine O'nu tayin etti. O'na "Oraya senden başkası olmaz. Allah sana rahmet eylesin, git. Ben sana bir tavsiyede bulunmayacağım. Senin görüşünle yetiniyorum. İşlerinde Allah'tan (c.c.) yardım iste. Katılıkla yumuşaklığı birbirine kat. Daha etkili olduğu sürece yumuşak davran ve katılıktan başka bir şey işine yaramadığında da katılığa başvur," dedi.

Soru: Eşter Mısır'a ulaştı mı?

Cevap: Eşter verilen görevi yerine getirmek için hazırlık yaptı. Çağrıldığında Nusaybin'deydi ve Mısır'a doğru yöneldi. Kızıldeniz'e ulaşınca dinlenmek için konakladı. Rivayete göre sonra yemek yedi ve içine zehir atılmış bal şerbetinden içince zehirlenerek öldü.

Böylece Eşter Mısır'a varamadı ve Muhammed b. Ebû Bekir bir süre daha Mısır valisi olarak kaldı.

Soru: Ali ile Muhammed b. Ebû Bekir arasında mektuplaşmalar oldu mu?

Cevap: Eşter'in üzerinde Hz. Ali tarafından gönderilen bir mektup bulundu. Mektupta Muhammed yerine Eşter'in vali tayin edilmesinden bahsediliyordu. Bu O'nun Ali'ye bağlılığından şüphe ettiğinden veya cihadındaki ve yönetimindeki zaafından değildi. Eşter'i tercihindeki sebep, O'nun düşmanı vurmasını ve hala onlarla savaşmakta ve kavga etmekte olan topluluğu ortadan kaldırmasını sağlamaktı.

Eşter'in ölümünden sonra Muhammed b. Ebû Bekir Hz. Ali'ye, emre itaat ettiğini ve ahde sadık olduğunu ve bu hususta Allah'tan yardım istediğini belirten bir mektup gönderdi.

Soru: Muaviye Mısır hususunda Amr b. Âs ile istişare yaptı mı?

Cevap: Mısır'da olanlar olduktan sonra Muaviye arkadaşları ve yakın dostlarıyla Mısır hakkında istişare yaptı. Amr b. Âs O'na şöyle dedi: "Bence güvendiğin ve emin bildiğin kararlı ve azimli bir kumandanın komutasında kalabalık bir ordu gönder. Bu ordu Mısır'a girince bizim görüşümüzde olanlar da gelip katılacaklardır. Onlarla düşmanlarımıza karşı yardımlaşırız. Ordunla oradaki savaşçıların bir araya geldiğinde Allah'ın muzaffer ve galip olman için sana yardım edeceğini umuyorum."

Soru: Muaviye Mısır'daki adamlarına ne yazdı?

Cevap: Muaviye Mesleme b. Mahled el-Ensari ile Muaviye b. Hudeyc es-Sikuni'ye yazdı ve onda şöyle dedi: "Bismillahirrahmanirrahim. İmdi...Allah sizi büyük bir iş için gönderdi. Onunla ecrinizi büyük ve şanınızı yüce kıldı ve onunla sizi Müslümanlara sevimli gösterdi. Allah sizden mazlum halifenin kanının öcünü almanızı istedi. Kur'an'ın hükmü terk edilince kızdınız ve asilerle, zalimlerle cihad ettiniz. O yüzden Allah'ın rızası ve Allah dostlarının yakında olacak zaferiyle sevinin. Bu iş, sizin hoşnut kalacağınız bir noktaya ulaşana ve orada size hak ettiğinizi verilene kadar devam edecek. Müsterih ve sevinçli olun. Düşmanlarınıza karşı sabır ve sebat edin. Kaçanı sizin yolunuza ve himayenize çağırın. Zira ordu yoldan çıktı. Hoşlanmadığınız her şey dağılacak ve arzuladığınız her şey olacak. Allah'ın selamı üzerinize olsun."

Soru: Onlar ne cevap verdiler?

Cevap: Mektubu alınca şöyle cevap yazdılar: "İmdi... Allah'ın emrine uyarak uğruna canlarımızı ortaya koyduğumuz bu davayla Rabbimizden sevap, muhaliflerimize karşı zafer ve İmamımıza (Osman) karşı çalışıp cihadımıza köstek olanlardan intikam almayı umuyoruz. Biz yeryüzünün bu toprağında isyancıları sürdük; adalet ve insaf taraftarlarını ayağa kaldırdık.

Saltanatından ve dünyalıklardan bahsetmişsin. Vallahi biz

bunlar için kalkmadık; onları istemedik. Allah bize istediğimizi toplar ve temennimizi verirse dünya da ahiretde Alemlerin Rabbi Allah'ındır. Allah bunların ikisini birden kullarından bir yöneticiye verebilir. Zira Allah Kur'an'ında "Allah da onlara dünya mükafatıyla ahiret mükafatının güzelini verdi. Allah iyileri sever" (Âl-i İmran: 148). buyurmuştur ki O (c.c.) vaadinden dönmez. Bize hemen atlı ve yaya askerlerini gönder. Düşman bizimle savaş halindeydi ve biz onlara göre azdık. Şimdi ise bizden korkar oldular ve onlara güç yetirebilir hale geldik. Allah bize sizin tarafınızdan bir yardım gönderirse Allah size fethi nasip eder. Lâ havle ve lâ kuvvete illâ billâhi ve ni'me'l-vekil. Selamun aleyküm."

Soru: Mısır seferine nasıl bir hazırlık yaptı? Amr b. Âs'a ne tavsiye etti?

Cevap: Muaviye o sırada Filistin'deydi ve Amr b. Âs da O'nunla birlikteydi. Altı bin kişilik bir ordu hazırladı ve onları her türlü imkanla donattı. Amr b. Âs'ı da komutanlığına getirdi. O'na şu tavsiyede bulundu: "Sana Allah'tan korkmanı, yumuşak, yavaş ve sakin olmanı tavsiye ediyorum. Çünkü acelecilik Şeytan'dandır. Sana döneni kabul etmeni, gideni affetmeni tavsiye ediyorum. Eğer (karşı taraf teklifini) kabul ederse ne âlâ. Kabul etmezse, belli bir fırsat verdikten sonra kullanılan şiddet hüccetçe daha güçlü ve sonuç itibariyle daha güzeldir. İnsanları sulhe ve birleşmeye çağır. Sen galip gelirsen kendi adamlarını daha çok tercih et."

Soru: Amr b. Âs, Muhammed b. Ebû Bekir'i nasıl uyardı?

Cevap: Amr b. Âs Muaviye'nin Muhammed b. Ebû Bekir'e gönderdiği şu mektupla birlikte Mısır'a doğru yola çıktı:

"İmdi... Ey Ebû Bekir'in oğlu! Kanını benden uzak tut; zira benden sana bir tırnağın dahi isabet etmesini istemem. Bu diyarlardaki insanlar senin aleyhinde ve seni redde toplandılar ve sana uyduklarına pişman oldular. İki tarafın has adamları bir araya gelecek olurlarsa onlar seni teslim edecekler. Oradan çık; senin yararına söylüyorum. Selam."

Amr b. Âs da O'na tehdit içeren şu mektubu yazdı: "Zulmün ve haksızlığın neticesi büyüktür. Haram kanı döken dünyada intikamdan, ahirette mahvedici akibetinden kurtulamaz. Biz Osman'a senden daha zalim, daha edepsiz ve daha muhalif birini bilmiyoruz. Aleyhinde çalışanlarla çalıştın; kanını dökenlerle birlikte kanını döktün. Sonra da beni uyuyor veya unutmuş sanıyorsun ki, hemen yanıbaşımdaki[121] ve çoğunluğu benim adamlarım olan bir beldede emir oluyorsun. Onlar beni görüyor, sözlerimi takip ediyorlar ve onları senden kurtarmam için bana imdat diyorlar. Üzerine sana çok kızgın, kanını içecek ve seninle savaşı Allah'a ibadet kabul eden kimseleri gönderdim. Bunlar seni fena şekilde öldüreceklerine dair Allah'a söz verdiler. Onlar seni sadece öldürecek olsalardı sana haber vermez ve uyarmazdım. Mızrağınla boğazından yaralandığı o günde Osman'a yaptığın zulüm, düşmanlık ve akrabaya kötülüğünden dolayı seni öldürmelerini arzulardım. Ancak Kureyşli birini işkenceyle öldürtmek istemem. Fakat Allah seni kesinlikle kısastan selamette yapmayacaktır."

Soru: Muhammed b. Ebû Bekir Amr b. Âs ile Muaviye'ye nasıl karşılık verdi?

Cevap: Muhammed b. Ebû Bekir Muaviye'ye de Amr b. Âs'a da red cevabı verdi ve mektubunda şöyle dedi: "İmdi. Ey As'ın oğlu! Mektubunda yazdıklarını anladım. Senden bana

---

121 Amr b. Âs o zaman Filistin valisiydi.

bir tırnağın dahi geçmesini istmediğini iddia etmişsin. Şahidlik ederim ki sen yalancısın. Nasihatçı olduğunu söylemişsin. Şahidlik ederim ki sen benim nezdimde şüpheli ve kötü niyetlisin. Beldemin (Mısır) görüşümü ve yönetimimi reddettiklerini ve bana uyduklarına pişman olduklarını iddia etmişsin. Onlar senin olsun. Kovulmuş Şeytan'ın da dostları vardır. Bize ise Alemlerin Rabbi Allah yeter. Büyük arşın sahibi Allah'a tevekkül ettim. Selam."

Soru: Amr b. Âs'ın Filistin'den Mısır'a girişi ne zaman oldu?

Cevap: Amr b. Âs Mısır'a Hicretin 38'inde, Safer ayının 14'ünde girdi ve en uzak mıntıkasına konakladı. Bunun üzerine Muhammed b. Ebû Bekir insanların huzuruna çıkarak bir konuşma yaptı. Konuşmasında onları cihada, düşmanlarla savaşmaya çağırdı. Amr b. Âs'la savaşmaları için iki bin adam topladı ve başlarına kendi adamlarından Kinane b. Bişr'i geçirdi.

Soru: Karşılaşma nasıl oldu ve nasıl son buldu?

Cevap: O yüzden Kinane ile Amr'ın askerleri arasında çetin çatışmalar oldu. Bu çatışmalarda savunucuların soğukkanlılık ve cesaretle savundukları gözlendi. Hatta Amr'ın çok sayıda adamı öldü. Amr bunun üzerine Muaviye b. Hudeyc'den yardım istedi. O da kalabalık bir orduyla hemen geldi ve Kinane ile beraberindekileri kuşattı ve onları mağlup etti. Kinane şu âyeti okuya okuya şehid düştü:

"Hiçbir kimse yok ki, ölümü Allah'ın iznine bağlı olmasın. (Ölüm), belli bir süreye göre yazılmıştır. Her kim, dünya nimetini isterse, kendisine ondan veririz; kim de ahiret sevabını isterse, ona da bundan veririz. Biz şükredenleri mükâfatlandıracağız." (Âl-i İmran: 145)."

Soru: Muhammed b. Ebû Bekir nereye kaçtı, tutuklandı mı?

Cevap: Muhammed b. Ebû Bekir neye uğradığını şaşırdı. O'nunla çıkan hiçbir arkadaşı O'nu korumayınca tek başına kaçtı ve bir harabeye sığınıp saklandı. Muaviye b. Hudeyc izini takip etti ve sonunda O'na yetişti. Yerini söyleyenlerin yardımıyla buldu ve yakaladı. Bu harabe Fustat'a (şimdiki Kahire'nin kenar bölgesi) yakın bir yerdeydi. Sonra O'nu Amr b. Âs'ın huzuruna getirdi. Susuzluktan ölmek üzereydi!

Soru: Muhammed b. Ebû Bekir nasıl öldürüldü?

Cevap: Muaviye b. Hudeyc, Muhammed'e karşı en katı kimselerdendi. Su isteyince O'na "Sana su verirsek Allah bize bir damla su vermesin" dedi. Ebû Bekir'in diğer oğlu ve Muhammed'in kardeşi Abdurrahman, Amr'ın ordusundaydı ve kardeşine acıdı. Amr b. Âs'a, kardeşine güzel davranması için Muaviye'ye emretmesini istedi. Ancak O yapmadı. Karşılıklı sayıp sövme sonunda Muhammed b. Ebû Bekir'in boynu vuruldu. Sonra cesedi bir merkebin leşinin yanına konarak yakıldı.

Soru: Âişe kızkardeşine ne yaptı?

Cevap: Muhammed b. Ebû Bekir'in öldürülürken üzerinde bulunan gömleği Medine'ye götürüldü. Osman taraftarları buna sevindiler. Âişe (radıyallâhu anhâ) ise O'nun ölümüne çok üzülüp kederlendi ve Muaviye b. Hudeyc ve Amr b. Âs'a beddua etti. Sonra kardeşinin aile efradını yanına aldı ve bakımlarını üstlendi. Bunların en barizlerinden biri Âişe'den (radıyallâhu anh) ilim alarak ender bir alim olarak yetişen ve tabiinin büyüklerinden sayılan Kasım b. Muhammed b. Ebû Bekir'dir

Soru: Muaviye Irak'ı Hz. Ali'nin hakimiyetinden almaya nasıl çalıştı?

Cevap: Mısır Muaviye b. Ebû Süfyan'a boyun eğdi ve bir süre sonra oraya Amr b. Âs vali tayin edildi. Bunun ardından Muaviye Irak cephesini harekete geçirmek ve Hz. Ali'nin istikrarlı yönetimini sarsmak istedi. Basra'ya Abdullah b. Hadrami komutasında bir ordu gönderdi ve O'na şu tavsiyede bulundu: "Oranın halkının çoğu Osman hakkında bizimle aynı görüşteler. Nitekim imamlarının intikamı ve kan davası uğrunda öldürüldüler. Mudar kabilesine git; Ezd kabilesinin dostluğunu kazanmaya çalış. Rebia'yı ise bırak. Bu kabile dışında hiçbiri senden ayrılmaz. Buna karşı dikkatli ol!"

İbn Hadrami Basra'ya ulaşınca insanları geldiği davaya katılmaya çağırdı. Halk ikiye ayrıldılar ve bu yüzden kavga ve savaş ettiler. İbn Hadrami de yenildi ve Senbil sarayına sığındı. Hz. Ali'nin Basra'nın imdadına koşan ordusu O'na yetişti ve sarayı içindekilerle birlikte yaktı.

Soru: Hz. Ali (radıyallâhu anh), taraftarlarını nasıl gayrete getiriyordu ve onlar Hz. Ali'nin bu çağrısına icabet ediyorlar mıydı?

Cevap: Irak'tan Fars diyarının son noktasına kadar Hz. Ali'nin yönetimindeydi. Ancak halkı az ve şaşkındı. Muaviye'nin yönetiminin parlayışını ve güçlenmesini, Hz. Ali'nin ve taraftarlarının yenilgisini görüyorlardı. O yüzden bu beldelerin bir çok önde gelenleri Hz. Ali'ye karşı ihtilal ve O'nun yönetiminden çıkmak için harekete geçtiler. Hz. Ali başta onlara yumuşak davranıyor ve iyi diyaloğunu sürdürüyordu. Sonra düşmanlığını açığa vuranlarla savaşmak zorunda kaldı. Bunların Hz. Ali'den en uzağı Ehvaz şehriydi. Burada çok sayıda Haricî kalıntısı ve Osman taraftarı bulunuyordu. Hz. Ali'ye biatlarını bozmuşlar, isyanlarını ilan etmişler ve zekat verme-meye başlamışlardı. Bunlar ancak Ziyad b. Ebih'in yönettiği çetin bir savaş sonunda itaat ettiler.

Soru: Hz. Ali Fars diyarına kimi gönderdi, neden?

Cevap: Ziyad'ın isyancıları bastırması ve sindirmesi ba-şarısı sonucu Hz. Ali O'nu Fars diyarına vali yaptı. Hz. Ali'ye O'nu İbn Abbas (radıyallâhu anh) tavsiye etmiş ve O'nu görüşün-de kararlı ve siyaseti bilen biri olarak nitelemişti.

Hz. Ali O'na dört bin de asker verdi. Ziyad oraya geldi ve halkı yönetime boyun eğdirdi. Onlar da haraçlarını ödemeye, diğer sorumluluklarını yapmaya ve önceki gibi işitip itaat et-meye başladılar.

Soru: Ziyad onlara nasıl davranıyordu?

Cevap: Onlara adaletle ve emanet bilinciyle davranıyor-du. Hatta oraların halkı sonraları "Yumuşaklıkta ve nezakette Kisra Anuşirvan'e bu adam kadar benzeyen birini görmedik" derlerdi.

O'nun adaleti, ilmi ve tavizsizliğiyle bu beldelerin tümü sorunsuz şekilde kendi yönetiminde kaldı. Toplanılan malı koymak için Beyda ile İstahar arasında sağlam bir kale yaptır-dı ve burası "Ziyad'ın kalesi" adıyla bilinirdi.

Soru: Muaviye Hicrî 40 yılında Medine'yi nasıl ele geçirdi?

Cevap: Muaviye b. Ebû Süfyan, Medine'ye Büsr b. Ebi Ertah komutasında üç bin kişilik kalabalık bir ordu gönderdi. O dönemde Medine Hicaz'ın kalesiydi. Sahâbelerin ve onla-rın adamlarının çoğunluğu buradaydı. Rasûlullah'ın (sallallâhu aleyhi ve sellem) mübarek kabrinin bulunduğu yer ve İslâm devletinin başkentiydi. Büsr buraya geldi ve hiçbir savaş olmadan sakince girdi. Minbere çıktı ve insanlara konuşma yaptı. İlk sözleri şöyle oldu: "Ey dinar, ey neccar, ey mavicik! Hocam, hocam! dün o -yani Osman- buradaydı, şimdi nerede?" Sanki bununla insanları galeyana getirmek, onlarda zulmen öldürülen halife için intikam duygularını harekete geçirmek istiyordu.

Soru: Hz. Ali'nin Medine valisi kim idi?

Cevap: Hz. Ali'nin Medine valisi Ebû Eyyub el-Ensari idi. Oradan kaçtı ve Kûfe'de bulunan Hz. Ali'ye sığındı. Büsr de Medinelileri tehdit ederek "Ey Medineliler! Vallahi Muaviye'nin bana emri olmasaydı burada hiçbir baliğ bırakmadan herkesi öldürürdüm" dedi.

Soru: Medine'de Muaviye'ye biat nasıl alındı?

Cevap: Medinelilerin çoğu -bazıları isteyerek, bazıları korkusundan- Muaviye'nin halifeliğine biat ettiler. Sonra Beni Seleme kabilesinden biri "Vallahi Cabir b. Abdullah'ı biatlı getirmediğiniz sürece benden size ne eman ne de biat vardır." dedi. Cabir Mü'minlerin annesi Ümmü Seleme'ye giderek "Anneciğim, ben öldürülmekten korkuyorum, ama bu biat batıl bir biat. Ne dersin?" dedi. Ümmü Seleme "Biat etmeni tavsiye ediyorum. Nitekim Abdullah b. Ömer ile damadım Abdullah b. Zem'a'ya da (kızı Zeyneb'in kocası) biat etmelerini emrettim" dedi. Bunun üzerine Cabir giderek biat etti.

Soru: Muaviye Yemeni de ele geçirdi mi?

Cevap: Büsr Medine'den sonra Yemen'e yöneldi. Ubeydullah b. Abbas (radıyallâhu anh) Hz. Ali'nin oradaki valisiydi.

Ubeydullah O'ndan korktu ve Kûfe'deki Hz. Ali'nin yanına kaçtı. Büsr Yemen'e girdi ve halka zulmetti. Hatta Ubeydullah b. Abbas'ın iki bebeğini öldürmekten çekinmediği söylenir.

Soru: Hz. Ali Yemen'i geri nasıl aldı?

Cevap: Hicaz ve Yemen'deki bu tehlikeli gelişmeler Hz. Ali'yi (radıyallâhu anh) bu fitneyi, büyüyerek başka beldelere de sıçaramadan, buralarda yok etmek için harekete geçirdi. Yemen'e Cariye b. Kudame komutasında iki bin kişilik bir ordu gönderdi. Cariye Necran'a gelince Osman taraftarlarından çok sayıda insanı öldürdü. Bunun üzerine insanlar korktular ve Büsr Yemen'den kaçtı. Cariye onlara Dicle'de yetişti ve Hz. Ali'ye biata zorladı. Bu arada Hz. Ali O'na Vehb b. Mesud komutasında iki bin kişilik yardımcı birlik gönderdi. Bunlar Hz. Ali'ye biat ala ala Medine'ye kadar gittiler.

Soru: Hicaz tekrar nasıl ele geçirildi?

Cevap: Hicaz'ın tümü ve Yemen böylece tekrar Mü'minlerin emiri Ali'nin (radıyallâhu anh) itaatine girdi. Mısır, Hicaz ve Yemen'deki bu olaylarda dikkati çeken bir husus var: Hz. Ali'nin Kûfe'ye yerleşmesi ve Haricîlerle savaşla uğraşması O'nu biraz meşgul etti. Muaviye de bunu, özellikle hakem olayının hem ülkelerde hem -şuna veya buna biat etme hususunda- Müslümanların nefislerinde yol açtığı parçalanmayı fırsat bilerek ülkeleri Mü'minlerin emirinin yönetiminden çıkarmaya çalışıyordu.

Soru: Ali ile Muaviye barıştılar mı?

Cevap: İbn Sebe'nin tahrik edip adilerin, kincilerin ve intikamcıların uyması sonucu Hz. Osman'ın (radıyallâhu anh) şehid edildiğinden itibaren yıllardır Müslümanları sarsmaya devam eden bu büyük depremlerden ve felaketlerden sonra; yönetimde kavga ederken fetihten ve Allah'ın (c.c.) dinini yaymaktan geri kalındıktan sonra; tüm bunlardan sonra Ali ile Muaviye birbirleriyle bir süre mektuplaştılar. Her biri diğerini, elinde ve yönetiminde bulunan bölgelerde kabul ediyordu. Bununla İslâm ülkeleri barış ve sükunet ortamına girdi.

Rivayete göre Muaviye Hz. Ali'ye yazdığı bir mektupta şöyle demiştir: "İmdi... Ümmet birbirini öldürdü. Artık Irak senin, Şam benim olsun". Hz. Ali bunda O'nu onayladı ve her biri diğeriyle savaşı bıraktı.

Soru: Barış hangi şartlarda yapıldı?

Cevap: Bu noktada karar kılındı. İki taraf birbiriyle barıştı; birbirine rıza gösterdi. Böylece Müslümanların kanının dökülmesi engellendi.

Bu, burada teker teker zikretmemiz mümkün olmayan yazışmalar ve mektuplaşmalar sonunda oldu. Bunların temel tarih kitaplarında ve şiir kitaplarında kaynakları vardır. Yazarlar bunları metinleri, tarihleri ve detaylarıyla kitaplarında zikretmişlerdir.

Bu gerçekten bir barıştı. Ancak kül altındaki bir ateşti ve daha büyük bir felaketin, daha şiddetli bir depremin alarmını veriyordu.

Soru: İbn Abbas (radıyallâhu anh) Hz. Ali'den (radıyallâhu anh) ayrıldı mı? Neden? Nereye gitti?

Cevap: İmam Kurtubi, "Tarih"inde, Basra valisi Ebû Esved ed-Düeli'nin Basra valisi olan İbn Abbas'ı (radıyallâhu anh) Hz. Ali'ye şikayet ettiğini rivayet etmiştir. Buna göre İbn Abbas (radıyallâhu anh) beytü'l-maldan bir miktar mal aldı ve aralarında münakaşa oldu. Hz.Ali (radıyallâhu anh) İbn Abbas'a O'nu azarlayan ve aldığı malı iade etmesini emreden bir mektup gönderdi. Buna kızan İbn Abbas da -anlaşılan O' sadece hakkı olan miktarı almıştı- Hz. Ali'ye bir mektup yazdı ve mektubunda "Valiliğe istediğini gönder. Ben valiliği terk ediyorum. Selam" yazdı.

Sonra ailesinden bir grup kişiyle birlikte Hicaz'a, Mekke'ye gitmek üzere Basra'dan yola çıktı. Beraberinde maaşından biriktirdiği maldan başkası yoktu.

Bazı Basralılar O'nu engellemeye ve Basra'da alıkoymaya çalıştılar. Ancak taraftarlarından bazıları onları engellediler. Nihayet gitmesine izin verildi; O da Mekke'ye girdi.

Ali (radıyallâhu anh) ile İbn Abbas (radıyallâhu anh) arasındaki bölünme hadisesi sadece başkalarına yaradı; bir cihetten Muaviye'nin, diğer cihetten Haricîlerin. Ve bu bölünme Hz. Ali'nin safında zaafa yol açtı.

Soru: O vakitte Müslümanların beldelerinin durumu nasıldı?

Cevap: İmam İbn Kesir (radıyallâhu anh) der ki[122]:

"Mü'minlerin emirininin (radıyallâhu anh) işleri sıkışmış, ordusu O'na karşı sarsılmaya başlamıştı. Iraklılar O'na muhalefet ediyor ve O'nunla birlikte çalışmaktan yüz çeviriyorlardı. Şamlılar sorunu da büyüdükçe büyümüştü. İkisi birden görevden alındıktan sonra hakemlerin Ali'yi azledip Muaviye'yi seçmeleri gereği yönetim hakkının Muaviye'de olduğunu iddia ederek, sağa sola gidip saldırıyorlardı. Şamlılar Muaviye için emir (başkan) diyorlardı. Şamlılar güçlendikçe de Iraklıların

---

122 El-Bidâye ve'n-Nihâye 7 / 357, 358.

ve döneminin en abidi, en zahidi, en alimi ve Allah'tan en korkanı olan emirleri Ali'nin gücü zayıflıyordu. Bir de Iraklılar O'ndan desteklerini çekmiş ve O'nu yardımsız bırakmışlardı. O artık hayattan nefret ediyor, ölümü arzuluyordu[123].

Soru: Ali, Muaviye ve Amr b. Âs'ın öldürülmesinde anlaşan üç Haricî kimdir?

Cevap: Bunlar İbn Mülcem el-Humeyri adıyla meşhur Abdurrahman b. Amr, Berk b. Abdullah et-Temimi -adının Haccac olup Berk'in O'nun lakabı olduğu da söylenmiştir- ve Amr b. Bekir et-Temimi'dir. Bunun isminin de Zaduyeh (manası: altın otlağı) olduğu da söylenir. El-Ahbaru't-Tıval'da (s.213) geçtiği üzere adının Abdullah b. Malik es-Saydavi olduğu rivayeti de vardır.

Soru: Bunlar aralarında ne konuştular?

Cevap: Bunlar bir araya gelerek Ali'nin Nehrevan'daki (Haricî) kardeşlerini öldürmesini konuştular ve onlar için rahmet dileğinde bulundular. "Onlardan sonra hayatta kalmakla ne yapacağız ki! Onlar Allah yolunda, yerenlerin yermesinden korkmuyorlardı. Canımızı ortaya koyarak bu dalalet önderlerine gidip onları öldürürsek beldeleri onlardan kurtarmış olur, hem de kardeşlerimizin intikamını almış oluruz!"dediler.

Bu şekilde birbirlerini teşvik ettiler. Sonra kesin karar verip birbirleriyle ahitleştiler ve yeminleştiler; herbiri öldürmek üzere gittiği kişiyi öldürene veya kendisi ölene kadar çalışacaktı.

---

123 Bu O'ndan, çok sayıda - sekizi aşkın-ravi yoluyla rivayet edilmiştir.

Soru: Hz. Ali'yi öldürme görevini kim üstlendi?

Cevap: İbn Mülcem: "Ben Ali b. Ebû Talib'i öldürme görevini,size gerek kalmadan yaparım"dedi.

Soru: Muaviye'yi öldürmeyi kim üstlendi?

Cevap: Berk b. Abdullah et-Temimi: "Ben de Muaviye'yi öldürme görevini,size gerek kalmadan yaparım"dedi.

Soru: Amr b. Âs'ı öldürmeyi kim üstlendi?

Cevap: Amr b. Bekir de "Ben de Amr b. Âs'ı öldürme görevini, size gerek kalmadan yerine getirebilirim" dedi.

!Kılıçlarını keskinlediler ve zehirlediler

Soru: Görevlerini ne zaman yerine getireceklerdi?

Cevap: Kararı Ramazan ayının on yedinci gecesinde uygulamakta anlaştılar. O geceyi herkes öldüreceği kişinin şehrinde geçirecekti: İbn Mülcem Kûfe'de, Berk Dımeşk'te, Amr b. Bekir de Fustat'ta.

?İbn Mülcem Kûfe'de kimlerle buluştu

Cevap: İbn Mülcem Kûfe'ye gelip konakladı. Görevini Haricî arkadaşlarından bile gizledi. Sonra Nehrevan'da öldürülen dostlarından bahsetmekte, onlar için ağlamakta ve iç çekmekte olan Beni Rabab kabilesinin sohbet meclisine gitti ve onlarla oturdu.

Soru: Kıtam binti eş-Şicenne kimdir?

Cevap: O esnada Kıtam binti eş-Şicenne -bir rivayete göre; binti el-Esbu'- adında bir kandın çıkageldi. Nehrevan'da babası ve kardeşi öldürülen bu kadın kendisini camide ibadete vermişti. Son derece güzel ve çekiciydi ve bununla meşhurdu.

Soru: İbn Mülcem O'na meyletti mi? Kadın ondan ne istedi? İstekleri O'nun fikir ve duygularına uygun muydu?

Cevap: İbn Mülcem O'nu görür görmez kendinden geçti ve neden geldiğini unuttu. O'na aşık oldu ve kendisine istedi. Kadın hayır demedi; ancak mehir olarak üç bin dirhem, hizmetçi ve kadın şarkıcı ile kendisi için Ali b. Ebû Talib'i öldürmesini şart koştu. O da "Tamam, bunlar senin. Vallahi ben de buraya sadece Ali'yi öldürmek için gelmiştim" dedi.

Ve evlendiler. Kadın O'nu sürekli, içinde yanan ateşi söndürmesi için en kısa zamanda intikam almaya teşvik ediyordu.

Soru: Kadın O'nun yardımına birisini verdi mi?

Cevap: Kadın O'na yardımcı olması ve suikastı gerçekleştirmede destek olması için kabilesinden Verdan adında birini seçti.

Kadın her gece O'na neden geldiğini ve aralarındaki ittifakı hatırlatıyordu. O da söylediklerini zevkle dinliyor ve suikasti gerçekleştirmedeki azmi artıyordu.

Soru: İbn Mülcem ayrıca kiminle anlaştı, nasıl?

Cevap: Mel'un İbn Mülcem kendisine yardımcı olması için Şebib b. Necde el-Eşcai el-Haruri adında biriyle daha anlaştı. O'na "Dünya ve ahiret şerefini ister misin?" dedi. Şebib: "Nedir o?" diye sorunca İbn Mülcem "Ali'nin öldürülmesi!" dedi. Şebib önce ürktü ve "Annen seni kaybetsin. Vallahi sen çok çirkin bir şey söyledin! Bunu nasıl yapacaksın?" dedi.

"O'nu öldürmek için camide saklanacağım. Sabah namazına çıkınca üzerine atlayıp öldürürüz. Kurtulursak kendimizi kurtarmış ve intikamımızı almış oluruz. Öldürülürsek de Allah'ın katındaki ödül dünyadan daha hayırlıdır." Şebib: "Yazıklar olsun sana! Ali'den başkası olsaydı bana daha basit gelirdi. O'nun İslâm'da ilklerden ve Rasûlullah'ın (sallallâhu aleyhi ve sellem) akrabalarından olduğunu biliyorum. O yüzden kalbimi bu işe açılmış bulamıyorum." dedi. İbn Mülcem O'nunla uzun uzadıya konuştuktan sonra, O'nu, Nehrevan'da öldürülen arkadaşlarının intikamını almak için öldüreceklerine ikna etti.

Soru: İbn Mülcem ve iki adamı mescide nasıl girdiler ve nereye oturdular?

Cevap: Bu üç kişi, yani İbn Mülcem, Verdan ve Şebib kılıçları üzerinde olduğu halde mescide girdiler. Hz. Ali'nin çıktığı kapının karşısına geçerek üzerine saldırmaya hazır bir halde oturdular.

Soru: Hz. Ali (radıyallâhu anh) mescide nasıl girdi?

Cevap: Hz. Ali mescide girdi ve insanları namaz için uykularından uyandırmaya başladı. "Namaz, namaz" diyerek yavaş ve sakin bir şekilde aralarında dolaşıyordu.

Soru: Üzerine kılıçla ilk kim yürüdü?

Cevap: Üzerine ilk Şebib saldırdı. Kılıcıyla vurdu; ancak kılıç elbisesine saplandı. Sonra İbn Mülcem kılıcını Hz. Ali'nin başının ön kısmına sapladı. O'nun mübarek kanı sakalına doğru akmaya başladı.

Kılıcıyla vururken bir yandan da "Hüküm ancak Allah'ındır. Senin de değil, arkadaşlarının da değil ey Ali" diye bağırıyordu.

Soru: İbn Mülcem Hz. Ali'nin neresine vurdu ve ne dedi?

Cevap: Daha önce zikrettiğimiz gibi başının ön kısmına vurdu. Sürekli şu âyet-i kerimeyi okuyordu:

"İnsanlardan kimileri Allah rızası için canlarını satarlar. Allah kullarına çok şefkatlidir" (Bakara: 207).

Hz. Ali "Şunu yakalayın!" diye seslendi.

Soru: Verdan kaçtı mı?

Cevap: Verdan kaçmaya çalıştı. Ancak Hadramevt'li birisi O'nu takip etti. Sonunda yetişip O'nu öldürdü.

Soru: Şebib kaçtı mı?

Cevap: Şebib kaçtı ve insanların elinden kurtuldu. İnsanlar bu çirkin hadisenin etkisiyle neye uğradıklarını şaşırmışlardı ve imamları Mü'minlerin emiri (radıyallâhu anh) ile ve O'nun akarak pak sakalını ıslatan kanıyla meşguldüler.

Soru: İbn Mülcem yakalandı mı?

Cevap: İbn Mülcem yakalanıp tutuklandı. İnsanlar dört bir yandan etrafına üşüşmüşken kaçması ve sıyrılıp gitmesi ne mümkündü? Ardından namaz sonrasında gözetim altında tutuldu.

Soru: Hz. Ali (radıyallâhu anh) insanlara namaz kıldırdı mı?

Cevap: Hz. Ali (radıyallâhu anh) akan kan ve yarasının yol açtığı bitkinlik sebebiyle insanlara namaz kıldıramadı. Caminin bir kenarına alındı.

Soru: Hz. Ali (radıyallâhu anh) imamlığa kimi geçirdi?

Cevap: İnsanlara imamlık vazifesini unutmadı. Ca'de b. Hibeyre b. Ebû Vehb'i öne geçirdi. O da insanlara sabah namazını kıldırdı.

Soru: Hz. Ali nereye götürüldü?

Cevap: Hz. Ali evine götürüldü. Bir bayılıp bir ayılıyordu. Zira zehirin bedene sirayeti etkisini göstermeye başlamıştı.

Soru: Huzuruna getirilince İbn Mülcem'e ne dedi?

Cevap: İbn Mülcem elleri bağlı Hz. Ali'nin (radıyallâhu anh) huzuruna getirildiğinde O'na "Ey Allah'ın düşmanı, ben sana iyilik yapmadım mı?" dedi[124].

Soru: İbn Mülcem O'na ne cevap verdi? Konuşmaları nasıl devam etti?

Cevap: İbn Mülcem O'na, "Evet, yaptın" dedi. Ali (radıyallâhu anh) "Peki bunu neden yaptın?" dedi. İbn Mülcem: "Kırk sabah bunu -yani: kılıcımı- çektim ve bununla en kötü kulunu öldürmesi için Allah'a dua ettim" dedi. Hz. Ali "Senin ancak bununla öldürüleceğine ve ancak Allah'ın en kötü kulu olduğuna inanıyorum" dedi.

Soru: Hz. Ali'nin cevabı ne anlama geliyordu?

Cevap: Hz. Ali'nin cevabı susturucuydu. Hem O'na iyiliğini ikrar ettirdi, hem de O'nun Allah'ın en kötü kulu olduğunu kendi diliyle söyletti; zira İbn Mülcem Hz. Ali'ye vurduğu kılıçla öldürüldü.

---

124 Tarihçiler bize Hz. Ali'nin İbn Mülcem'e iyiliğinin ne olduğunu söylememiş, açıklamamışlardır.

Soru: Hz. Ali İnsanlara ne dedi?

Cevap: Ali (radıyallâhu anh) etrafındakilere, özellikle oğullarına "Ölürsem O'nu öldürün. Yaşarsam O'na ne yapacağımı biliyorum" dedi.

Soru: Orada bulunanlardan biri kendinden sonra oğlu Hasan'a biat edilip edilmemesini sordu mu? Hz. Ali ne cevap verdi?

Cevap: Cündüb b. Abdullah "Ey Mü'minlerin emiri, sen ölürsen Hasan'a biat edelim mi?" diye sordu. Hz. Ali "Ben size hiçbir şeyi emretmiyor, hiçbir şeyden men etmiyorum. Siz daha iyi bilirsiniz" dedi. Sanki meseleyi, din ve dünya işlerinde kendileri için en hayırlı olacak kişiyi seçmeleri için, adamlarından oluşan şuraya bırakıyordu.

Soru: Hz. Ali vefat edeceği zaman ne diyordu?

Cevap: Hz. Ali (radıyallâhu anh) sürekli "Lâilâhe illallâh" diyor, başka bir kelime söylemiyordu. Durmadan bunu tekrarlıyordu. Çünkü henüz ergenlik çağına gelmeden önce Müslüman olduğundan itibaren kalbine ve diline takılan ilk söz bu olmuş, bunun yolunda, bunun için ve bununla cihad etmişti. Rasûlullah'ın (sallallâhu aleyhi ve sellem) müjdelediği cennete girişteki anahtarı da buydu!

Soru: Allah'ın Kitabı'ndan son telaffuz ettiği âyet ne oldu?

Cevap: Rivayete göre Hz. Ali'nin son telaffuz ettiği ve Allah'ın Kitabı'ndan son okuduğu son âyet şu oldu:

"Kim zerre miktarı hayır yapmışsa onu görür. Kim de zerre miktarı şer işlemişse onu görür." (Zelzele: 7, 8).

Soru: Hz. Ali (radıyallâhu anh) oğulları Hasan ile Hüseyin'e -Allah hepsinden razı olsun- ne tavsiye etti?

Cevap: Hz. Ali (radıyallâhu anh) yanı başında duran ve Rasûlullah'ın kızı Fatıma'dan olma, erkek çocuklarının en büyükleri Hasan ile Hüseyin'e döndü. Onlara Allah'tan korkmayı, namazı, oruçu, öfkeyi yutmayı, sıla-ı rahimi, cahile karşı sakin olmayı, dinde bilgilenmeyi, işte sebat etmeyi, sürekli Kur'an'la irtibat halinde olmayı, güzel komşuluğu, iyiliği emredip kötülükten men etmeyi, çirkinliklerden kaçınmayı vs. tavsiye etti.

Soru: Onlara kardeşleri Muhammed b. Hanefiyye'yi hatırlattı mı? O'na da ağabeyleri ile ilgili tavsiyede bulundu mu?

Cevap: Hz. Ali Hasan ile Hüseyin'e kardeşleri Muhammed b. Hanefiyye'yi hatırlattı. Muhammed b. Hanefiyye'ye de ağabeylerine tavsiye ettiği şeylerin aynısını söyledi. Ayrıca onlara saygı göstermesini ve onlarsız hiçbir şeye karar vermemesini tavsiye etti.

Hz. Ali'nin onlara Muhammed b. Hanefiyye hakkındaki tavsiyesi O'nun kendi yanında özel bir yerinin ve makamının bulunması sebebiyledir. Zira son derece bilgili, vakarlı, cesur ve şecaatli biriydi[125].

Muhammed b. Hanefiyye'ye ağabeyleri hakkındaki tavsiyesi ise onların Rasûlullah'ın (sallallâhu aleyhi ve sellem) yanındaki özel yerlerinden dolayıdır. Bunlar iki pak ve değerli iki insanın oğulları, iki aziz torun ve de cennetin gençlerinin efendileridirler.

---

125 Bunların tümü O'nun vasiyeti kitabında geçmektedir. El-Bidâye ve'n-Nihâye 7 / 362, 363.

Soru: Hz. Ali'nin cenazesinin teçhizi ve defni nasıl gerçekleştirildi?

Cevap: Hz. Ali'nin (radıyallâhu anh) cenazesinin teçhizini oğlu Hasan ve Hüseyin ile ağabeyinin oğlu Abdullah b. Cafer yaptı; bunlar yıkadılar ve kefenlediler!

Soru: Cenaze namazını kim kıldırdı?

Cevap: Cenaze namazını en büyük oğlu Hasan kıldırdı.

Dokuz tekbir getirdi. Bir rivayete göre dört, başka bir rivayete göre yedi tekbir getirdiği de rivayet edilmiştir.

Soru: Muaviye'yi öldürecek kişi O'nu öldürmeye muvaffak olabildi mi?

Cevap: Muaviye'yi öldürmekle görevlendirilen Berk'e gelince; anlaşılan aynı gece sabah namazına çıkarken Muaviye'nin üzerine atladı ve kılıcını -bir rivayete göre zehirli hançerini- sapladı. Anlaşılan o ki; adam bu durumdan korkuya kapıldı, panikledi ve titredi.

Soru: İndirdiği darbe Muaviye'nin neresine isabet etti?

Cevap: Darbe Muaviye'nin kalçasının arka tarafına, baldırına isabet etti.

Muaviye caniyi yakaladı ve yapmak için geldiği işini tamamlamasına engel oldu.

Soru: Öldürülme emri verildikten sonra Muaviye'ye ne dedi?

Cevap: Ne için geldiğini itiraf ve ikrar ettikten sonra Muaviye öldürülmesini emretti. Bunun üzerine Muaviye'ye "Bırak, sana bir müjde vereceğim!" dedi. "Nedir o?" deyince, "Kardeşim (İbn Mülcem) bugün Ali b. Ebû Talib'i öldürdü" dedi.

Soru: Muaviye inandı mı ve O'nu serbest bıraktı mı?

Cevap: Muaviye bu tür hilelere kanacak biri değildi. Berk'e "Belki de yapamamıştır!" dedi. "Yapmıştır; çünkü O'nun koruması yoktur" dedi. Muaviye sözüne itibar etmedi ve Berk'in öldürülmesini emretti; O da öldürüldü.

Soru: Doktor Muaviye'ye ne dedi?

Cevap: Muaviye'nin yarasını tedavi etmek için doktor geldi ve "Yaran zehirli! Ya dağlayacağım ya da zehiri gidermesi için sana bir içecek vereceğim. Ancak bu durumda neslin kesilir! Bir daha çocuğun olmaz!" dedi.

Soru: Muaviye ne cevap verdi?

Cevap: "Ateş dağlamasına dayanamam. Neslime gelince; Yezid ve Abdullah'ın soyundan beni mutlu edecek bir neslim var!" dedi. Bunun üzerine doktor ilaç içirdi ve Muaviye acısından ve yarasından kurtuldu[126].

Soru: Camilerde neden maksura denen odacık yapıldı? Bu ne anlama gelir?

Cevap: Bu olaydan sonra Muaviye camilerde maksura (camide mihrabın yanında hükümdar için ayrılmış odacık) yapılmasını emretti. Bu halife veya padişah veya başkanın namaz kılması için yapılan ve etrafında -özellikle secdedeyken- koruma görevlilerinin ve polislerin bulunacağı özel bölmedir.

---

126 Bir rivayete göre doktor ufak düz bıçağıyla testis damarlarını çevreleyen eti kesip kopardı.

Soru: Amr b. Âs'ı öldürmekle görevli kişi O'nu öldürebildi mi, neden?

Cevap: Amr b. Âs'ı öldürecek Amr b. Bekr'e gelince; o gece Amr'ı gözetledi ve onun için hazırlandı; gerekeni yaptı. Ancak Amr karnındaki veya midesindeki bir ağrıdan dolayı o gün sabah namazına çıkmadı.

Soru: Peki kim öldürüldü?

Cevap: Amr, Beni Amir b. Lüiy kabilesinden Harice b. Huzafe isimli korumasına kendisinin yerine gidip namaz kıldırmasını emretti. Amr b.Bekir de O'nu Amr b. Âs sanarak üzerinde atıldı ve vurup öldürdü[127]. Tutuklanarak Amr b. Âs'a götürüldü. Girerken insanlar "Vali" diye hitap ediyorlardı. "Kim bu vali?" dedi. "Amr b. Âs" dediler. "O zaman kimi öldürdüm ben?" dedi. "Koruma Harice b. Huzafe'yi öldürdün" dediler.

Soru: Bu hususta hangi darb-ı mesel söylenmiştir?

Cevap: Bunun üzerine Amr b. Bekir -Allah belasını versin- "Amr'ı istedim, ama Allah Harice'yi istedi" demiş ve bu cümle hedefe ulaşılamayan ve okun isabet ettirilemediği hususlarda darb-ı mesel olarak kullanılmıştır.

Bir rivayete göre ise bu sözü Amr b. Âs demiş, daha sonra darb-ı mesel olmuştur. Doğrusunu Allah bilir.

Soru: Cezası verildi mi?

Cevap: Evet. Amr b. Âs daha sonra kafasının uçurulmasını emretti. Böylece cezasını buldu.

---

127   Amr b. Âs sanması ya O'nu tanımadığından veya vaktin tam sabah olmaması sebebiyle ışığın zayıf olmasından idi.

Soru: İmam Ali (radıyallâhu anh) nereye defnedildi?

Cevap: İmam Ali Kûfe'de, Haricîlerin cesedini çalması korkusuyla halifelik konağının içinde defnedildi. Çoğu siyer ve tarih kitaplarında zikredilen meşhur görüş budur.

O'nun bineğine konup bırakıldığı ve gönderildiği ve nereye gittiğinin bilinmediğini söyleyenler ise yanılmakta, hata yapmakta ve yanlış zanda bulunmaktadırlar. Necef'teki makamına gelince; bir çok Peygamber ve salih için şurada burada makam ve (manevî) türbe yapılması adeti süregelmiştir (Bu sebeple O'nun kabrinin de orada olduğu kesin değildir).

Örneğin Dımeşk'teki Emevi Mescidi'ndeki ve Lübnan'ın güneyindeki Sayda şehrinin dış semtlerinin birinde bulunan Yahya (a.s.) türbeleri gibi.

Bunlar hakkında kesin bir şey söylenememektedir.

Yine Hz. Ali'nin kızı Zeynep hanımın da hem Dımeşk'te, hem Kahire'de makamı bulunmaktadır.

Buna benzer daha pek çok örnek vardır.

Necef'teki kabrin Muğire b. Şu'be'ye ait olduğu da söylenmektedir[128].

Görüşler pek çok ve birbirleriyle çelişkilidir.

Soru: Hz. Ali'nin Fatımatü'z-Zehra'dan olma oğulları ve kızları kimlerdir?

Cevap: O'ndan olma oğulları Hasan ile Hüseyin'dir. Bir de Muhsin adında oğlunun olup küçükken öldüğü de rivayet edilir. Oğulları bunlardır.

---

128   Bunu Hatib-i Bağdadi, Hafız Ebû Nuaym'dan, O Ebû Bekir et-Talhi'den, O Muhammed b. Abdullah el-Hadrami'den, O da Matar'dan rivayet etmiştir. El-Bidâye ve'n-Nihâye 7 / 365.

Kızları ise Zeynep, Ukayle beni Haşim ve Ümmü Gülsüm'dür.

Zeynep babası hayattayken amcası oğlu Abdullah b. Cafer ile evlenmiştir. Ümmü Gülsüm'le de halifeliği döneminde Hz. Ömer evlenmiştir.

Allah (c.c.) hepsinden razı olsun.

Soru: Hz. Ali'nin Fatıma'dan sonraki hanımları kimlerdir?

Cevap: Fatıma (radıyallâhu anh) babasından (sallallâhu aleyhi ve sellem) altı ay sonra vefat etti. Ölünce Hz. Ali (radıyallâhu anh) başka pek çok kadınla evlendi. Bazıları hayattayken vefat etti; bazılarını boşadı. Vefat ettiğinde ise dört hanımı vardı.

Hanımlarından biri Ümmü Benin (oğulların annesi) künyeli Binti Haram'dır. O'ndan Abbas, Cafer, Abdullah ve Osman adında oğulları olmuştur. Bunlar Kerbela günü Hz. Hüseyin'le birlikte şehid edildiler. Bunlardan sadece Abbas kaldı.

Bir diğer hanımı Temimi kabilesinden Mesud kızı Leyla'dır. O'ndan Ubeydullah ile Ebû Bekir isimli oğulları olmuş, bunlar da Kerbela günü öldürülmüşlerdir.

Diğer hanımı Has'ami kabilesinden Umeys kızı Esma'dır. Bundan Ali ile küçük Muhammed isimli oğulları olmuştur. Bir rivayete göre bu Avn'dır ve küçük Muhammed'in annesi aslen cariyedir.

Bir diğeri Zem'a kızı Habibe'dir. Bu aslen bir cariye olup Halid b. Velid Aynuttemr'de ele geçirmiştir. Bunun otuz beş yıl yaşayan Ömer adında oğlu ile Rukiyye adında bir kızı olmuştur.

Bir diğeri Sakafi kabilesinden Urve kızı Ümmü Said'dir. Bundan Ümmü Hasan (Hasan'ın annesi) ve büyük Remle adında kızları olmuştur.

Bir diğer hanımı Kelb kabilesinden meşhur şair İmruu'l-Kays'ın kızıdır. Bundan bir kızı olmuştur. Küçükken babasıyla birlikte camiye gider, "Dayıların kimler?" diye sorulunca Beni Kelb (köpek oğulları) kabilesini kastederek "Hav hav" derdi.

Bir diğer hanımı Ümame binti (kızı) Ebu'l-As b. Rebi'dir. Bunun annesi Rasûlullah'ın (sallallâhu aleyhi ve sellem) kızı Zeynep'tir. Bundan Muhammed el-Evsat (orta Muhammed) olmuştur.

Muhammed el-Ekber (büyük Muhammed) oğlunun annesi ise Havle binti Cafer el-Hanefiyye'dir. Bu Ebû Bekir (radıyallâhu anh) döneminde ele geçirilen cariyelerdendir ve Hz. Ali almıştır.

Görüldüğü gibi Hz. Ali'nin pek çok kadından pek çok çocuğu vardır. Daha önce zikrettiğimiz gibi vefat ettiğinde dört hür hanımı, on dokuz cariyesi vardı. Bazı evlatları vardır ki anneleri bilinmemektedir. Onlardan bazıları şunlardır: Ümmü Hani', Meymune, Zeyneb-i Suğra (küçük Zeynep), Remle-i Kübra (büyük Remle), Ümmü Gülsüm-ü Suğra, Fatıma, İmame, Hatice, Ümmü Kiram, Ümmü Cafer, Ümmü Seleme ve Cümane.

İmam Taberi "Ali'nin çocuklarının toplamı on dört erkek, on yedi kızdır[129]" demiştir.

Allah hepsinden razı olsun.

---

129 İbn Sa'd'ın Tabakat'ında on dokuz kız diye geçmektedir.

Soru: Oğullarının sayısı kaçtır? Adları nedir?

Cevap: Önceki cevaplarda geçti, oraya başvurun. Oğullarının sayısı 14'dür.

Soru: Kızlarının sayısı kaçtır, adları nedir?

Cevap: Bunların adı da daha önce zikredildi. Sayıları ise on yedidir.

Soru: Hz. Ali'nin (radıyallâhu anh) nesli ve soyu nereden devam etmiştir?

Cevap: Hz. Ali'nin soyu sadece şu beş oğlundan devam etmiştir:

Soyu bir, Fatımatü'z-Zehra'dan (radıyallâhu anh) olma iki oğlu Hasan ile Hüseyin'den devam etmiştir ki bu pak ve temiz nesildir; şerefli neseptir.

Bir de Muhammed b. Hanefiyye, Abbas -ibnu'l Kilabiyye- ve Ömer'den-ibnu't-Tağlebiyye- devam etmiştir.

Soru: Hz. Ali (radıyallâhu anh) ardında miras olarak mal bıraktı mı?

Cevap: Tarih-i Taberi'de Halid b. Cabir'den şöyle rivayet edilmiştir: Ali'nin öldürüldüğü gün Hasan'ı şöyle derken işittim: "Bu gece bu adamı öldürdünüz[130]. Bu öyle bir gecedir ki Kur'an bu gece inmiştir, İsa (a.s.) göğe bu gece yükseltilmiş, Musa'yla yolculuğa çıkan Yuşa b. Nûn bu gece öldürülmüştür. Vallahi daha önce hiç kimse O'nu geçemedi, bundan sonra da hiç kimse O'nu geçemez. Vallahi, Rasûlullah (sallallâhu aleyhi ve sellem) O'nu savaşa gönderirken, sağında Cebrail (a.s.), solunda Mikail (a.s.) olurdu. Vallahi O sarıdan ve beyazdan (altın

---

130   Hicretin kırkıncı yılının Ramazan ayının on yedinci gecesi.

ve gümüşten) sadece, bir olay için sakladığı sekiz yüz -veya dokuz yüz- bıraktı.

Soru: Rasûlullah'ın (sallallâhu aleyhi ve sellem) "Ben kimin dostuysam Ali de onun dostudur" hadisinin anlamı nedir, bunu ne zaman söylemiştir?

Cevap: Bunun manasını ve kastedilen şeyi anlamak için sebebini zikretmek şarttır. Ta ki hevamız bizi saptırmasın ve aşırılığa götürmesin. Zira Rasûlullah'tan (sallallâhu aleyhi ve sellem) sahâbîleri hakkında teker teker veya topluca yaptığı övgüleri rivayet edilmiştir.

Rasûlullah'ın (sallallâhu aleyhi ve sellem) "Ben kimin dostuysam Ali de onun dostudur" hadisini söylemesinin sebebi şudur: Rasûlullah (sallallâhu aleyhi ve sellem) Veda Haccından dönerken Mekke ile Medine arasında Ğadir-i Rum denen yerde, Zilhicce ayının on ikisinde insanlara bir hutbe verdi ve hutbesinde "Ben kimin dostuysam Ali de onun dostudur" buyurdu. Bazı rivayetlere göre "Allahım! O'na dost olana dost, düşman olana düşman ol. O'na yardım edene yardım et, yardımsız bırakanı yardımsız bırak" diye dua etti. Asıl sahih rivayet birincisidir.

Rasûlullah'ın (sallallâhu aleyhi ve sellem) bu hutbesinin ve onda Hz. Ali'nin faziletine vurgu yapmasının sebebi, İbn İshak'ın rivayetine göre şuydu: Rasûlullah (sallallâhu aleyhi ve sellem) O'nu ve Halid b. Velid'i Yemen'e göndermiş, Ali dönmüş ve Veda Haccında Rasûlullah'a (sallallâhu aleyhi ve sellem) katılmıştı.

Acele Rasûlullah'ın (sallallâhu aleyhi ve sellem) yanına giderken yardımcısının (Halid b. Velid) hibe ettiği bazı malların iadesini istemişti. Bunun hakkında çok laf edilmiş, beraberindeki bazı insanlar Hz. Ali hakkında ileri geri konuşmuşlardı. Rasûlullah (sallallâhu aleyhi ve sellem) da Veda Haccı bitince Hz. Ali'nin kendisine nisbet edilen asılsız iddiadan beri olduğunu beyan etmek istemiş ve bu sözü söylemiştir.

Soru: Rasûlullah'ın (sallallâhu aleyhi ve sellem) "Ali benden, ben Ali'denim. O benden sonraki her Mü'minin dostudur" hadisinin anlamı nedir?

Cevap: Hakim ve bir çok hadis alimi Said b.Cübeyr'den, O İbn Abbas'tan, O da Büreyde b. Hasib'den şöyle rivayet etmiştir: Hz. Ali ile birlikte Yemen'e savaşa gittiğimde onda biraz sertlik gördüm. Rasûlullah'a (sallallâhu aleyhi ve sellem) geldiğimde Ali'den bahsettim ve değerini düşürücü şeyler söyledim. Baktım ki Rasûlullah'ın (sallallâhu aleyhi ve sellem) yüzü değişti. "Ey Büreyde, ben Mü'minlere kendi canlarından daha yakın değil miyim?" dedi. "Öylesin Ya Rasûlallah!" dedim. "Ben kimin dostuysam Ali de onun dostudur" buyurdu.

İmam Ahmed b. Hanbel, yine Büreyde'den şöyle rivayet etmiştir: Rasûlullah (sallallâhu aleyhi ve sellem) Yemen'e iki birlik gönderdi. Birine Ali'yi, diğerine ise Halid b. Velid'i komutan tayin etti ve "Buluştuğunuzda komutanınız Ali olsun. Ayrıldığınızda da her biriniz kendi birliğinin komutanı olsun" buyurdu. Yemenlilerden Beni Zeyd kabilesiyle karşılaştık ve savaştık. Müslümanlar müşriklere galip geldiler. Savaşçıları öldürüp kadınları cariye olarak esir aldık. Ali esir kadınlar arasından birini kendisine seçti. Bunun üzerine Halid b. Velid benimle Rasûlullah'a (sallallâhu aleyhi ve sellem) bunu bildiren bir mektup gönderdi. Rasûlullah'a (sallallâhu aleyhi ve sellem) gelince mektubu O'na verdim. Okununca Rasûlullah'ın (sallallâhu aleyhi ve sellem) yüzünde öfke gördüm. "Ya Rasûlallah! Burası (Kâbe, cehennemden Allah'a) sığınanların mekanı! Sen beni biriyle gönderdin ve ona itaat etmemi emrettin. Ben de benimle gönderileni ulaştırdım" dedim. Rasûlullah (sallallâhu aleyhi ve sellem) "Ali'ye dokunma! O bendendir, ben de O'ndanım. Ve benden sonra sizin velinizdir; dostunuzdur"[131].

Soru: Rasûlullah (sallallâhu aleyhi ve sellem) onu cennetle nasıl müjdelemiştir?

Cevap: Cabir b. Abdullah'tan (radıyallâhu anh) şöyle rivayet edilmiştir: "Rasûlullah'la (sallallâhu aleyhi ve sellem), kendine ait "Esraf" adında hurma bahçesinde bulunan Ensardan bir kadının yanına gittik. Rasûlullah (sallallâhu aleyhi ve sellem) için yaş hurma ağaçlarının altına bir sergi serdi. (Bir ara) Rasûlullah (sallallâhu aleyhi ve sellem) "Şimdi yanınıza cennetlik biri gelecek" buyurdu; hemen ardından Ebû Bekir (radıyallâhu anh) geldi. Sonra "Şimdi yanınıza cennetlik biri gelecek" buyurdu, hemen ardından Ömer (radıyallâhu anh) geldi. Rasûlullah (sallallâhu aleyhi ve sellem) yine "Şimdi yanınıza cennetlik biri gelecek" buyurdu. -Cabir der ki: Ben O'nu ağaçlarını altında başını eğmiş halde gördüm- Rasûlullah (sallallâhu aleyhi ve sellem) daha sonra "Allahım! İstersen O'nu Ali yap" dedi; hemen ardından Ali (radıyallâhu anh) geldi. Sonra Ensar kadın Rasûlullah'a (sallallâhu aleyhi ve sellem) bir koyun kesti ve yemeğini yaptı. Rasûlullah da (sallallâhu aleyhi ve sellem) yedi; biz de yedik. Sonra öğle vakti geldi. Rasûlullah (sallallâhu aleyhi ve sellem) kalkıp namaz kıldı; biz de onunla birlikte kıldık. O da abdest almadı biz de almadık. İkindi vakti gelince namaz kıldı. O da biz de abdest almadık"[132].

---

131   Hadisin bu kısmı münkerdir. Ravi zincirinde Eclah el-Kindi vardır ki o adaleti hususunda cerhli biridir. Sanki bu cümle hadise eklenmiş gibidir.

132   Abdestlilerdi ve et yediklerinden dolayı tekrar abdest almadılar.

Soru: Rasûlullah (sallallâhu aleyhi ve sellem) Hz. Ali'nin ilmi hakkında ne buyurmuştur?

Cevap: İbn Abbas'tan (radıyallâhu anh) şöyle rivayet edilmiştir: Rasûlullah (sallallâhu aleyhi ve sellem) "Ben ilmin şehriyim, Ali de O'nun kapısıdır. O yüzden her kim ilim isterse ona kapısından gelsin."

Bu hadis-i şerif bir çok senetle gelmiştir ve birbirlerini güçlendirmektedirler.

Ali (radıyallâhu anh) der ki: "Rasûlullah (sallallâhu aleyhi ve sellem) beni, yaşım küçük ve kadılıkla ilgili hiçbir bilgim olmadığı halde Yemen'e gönderdi. (Yolcu ederken, elini) göğsüme vurdu ve "Allah kalbine yol gösterecek ve dilini sebat ettirecek" buyurdu. Ondan sonra iki kişi arasında verdiğim hiçbir hükümde tereddüt etmedim."

Hz. Ömer'in (radıyallâhu anh) şöyle dediği sabittir: "Ali kadılıkta en güçlümüz, Übeyy Kur'an'ı en iyi okuyanımızdır". Yine "Ebû Hasanı (Ali'si) olmayan bir müşkilden Allah'a sığınırım" demiştir.

Soru: Âişe (radıyallâhu anhâ) Rasûlullah'ın (sallallâhu aleyhi ve sellem) Ali'ye (radıyallâhu anh) sevgisi hakkında ne demiştir?

Cevap: Cümey' b. Umeyr'den şöyle rivayet edilmiştir: Babamla Âişe'nin huzuruna girdim ve O'na Ali'yi sordum. "Rasûlullah'ın O'ndan çok sevdiği bir adam ve O'nun hanımından -yani: Fatıma'dan-çok sevdiği kadın görmedim"dedi.

Soru: Hz. Ali'nin (radıyallâhu anh) zahidliği (dünyayı önemsemezliği) nasıldı?

Cevap: Hz. Ali (radıyallâhu anh) insanlara verdiği bir hutbesinde şöyle dedi: "Ey insanlar! Kendinden başka ilah bulunmayan Allah'a yemin ederim ki, malınızdan az veya çok sadece şunu -fistanının yeninden içinde esans bulunan bir şişe çıkardı-aldım. Bunu da bana Fars büyüğü hediye etti" dedi. Sonra beytü'l-mala geldi ve "Bunu alın" dedi.

Bir şiirinde şöyle demiştir:

Kurtuluşa ermiştir bir tabağı bulunan,

Ondan her gün bir adet hurma yiyen.

Süfyan-ı Sevri der ki: "Ali'nin tuğla üzerine tuğla veya kamış inşa ettiği vaki değildir. İhtiyaçları Medine'den bir çanta içinde getirilirdi."

Rivayete göre bir gün kılıcını pazara götürmüş ve "Bu kılıcı benden kim satın alacak? Onunla peştamal alacağım dört dinarım olsaydı bunu satmazdım" demiştir.

Hz. Ali (radıyallâhu anh) bir fistan giydiğinde elini yeninden çıkarır, parmağından artan kısmını keser ve "Yenin parmaklardan bir üstünlüğü yoktur" derdi. Halifeyken çarşı ve pazarlarda tek başına yürür, yolunu kaybetmişe yol gösterir, güçsüze yardım ederdi. Satıcılara, bakkallara uğrar ve Kur'an'ın "İşte ahiret yurdu! Onu biz yeryüzünde böbürlenmek ve bozgunculuk yapmak istemeyenlere veririz." (Kasas: 83) âyet-i kerimesini okurdu.

Hasan-ı Basri'ye (radıyallâhu anh) Hz. Ali (radıyallâhu anh) soruldu; şöyle dedi: "Allah Ali'ye rahmet eylesin. Ali, Allah'ın, düşmanlarına yönelttiği bir okuydu. İlim taşıyanların en şereflisi, Rasûlullah'ın en yakınıydı. Bu ümmetin ruhbanıydı. Allah'ın malını çalan, Allah'ın emrinde uyuyan biri değildi. Kur'an'a gayretlerini, amelini ve ilmini verdi. Kur'an'ın güzel bahçelerinde ve açık nişanelerindeydi. İşte Ali b. Ebû Talib buydu..."

Soru: Halifeliği esnasında insanlar arasındaki yaşantısı nasıldı?

Cevap: Halifeliğinin süresinin kısalığına ve onda fitneleri yok etme, beldeleri zaptetme ve Cemel, Sıffin ve Nehrevan günlerinden giriştiği savaşlara, sürekli askerî bir alarmda gibi olmasına rağmen, adil ve kararlı bir yönetici olarak iz bıraktı.

Oturup halkın şikayetlerini dinler, sonra onları iyiye ve hakka yönlendirirdi.

Çarşılara gelir, satıcıları ve alıcıları kontrol altına alırdı.

Hüküm ve karar vermek için davalara katılırdı. Vakti yetmeyince Şurayh'ı kadı tayin etti. Bir defasında Hristiyan biriyle Şurayh'ın huzurunda davalı oldu ve hiçbir kibirlilik ve büyüklenme göstermedi. Kadının kararını hiçbir itiraz göstermeden kabul etti. Çünkü kendisi haklıydı ama delili yoktu. Oradan ayrıldıktan sonra Hristiyan arkasından gitti ve haksız olduğunu itiraf etti. Zırhını vermek istedi ve önünde şehadet getirerek Müslüman oldu. Hz. Ali (radıyallâhu anh) gülümsedi ve "Müslüman olman yeter" dedi.

Soru: Hz. Ali (radıyallâhu anh) ilim hakkında ne derdi?

Cevap: İlimle, ilim şehrinin kapısı Ali'den daha çok ilgilenmeye kim layıktır ki? Rasûlullah'ın (sallallâhu aleyhi ve sellem) ilim şehrinin kapısı Ali'den... Şöyle derdi: "İlim öğrenin, onunla tanınırsınız. Onunla amel edin, onun ehlinden olursunuz. Çünkü sizden sonra öyle bir zaman gelecek ki hakkın onda dokuzu inkar edilecek. O zamanda sadece tövbekârlar ve Allah'a tam yönelenler kurtulacak. Onlar hidayet önderleri ve ilim meşaleleridirler."

"Bilin ki, dünya arkasını dönüp gitti; ahiret te dönmüş geliyor. Bunlardan her birinin adamları vardır. Siz dünyanın adamları değil ahiretin adamları olun".

Soru: Ölüm hakkında ne derdi?

Cevap: Şöyle derdi: "Allah'ın kulları! Ölümden kaçış yoktur. Karşısında durursanız gözlerini dikip bakar. Kaçarsanız arkanızdan yetişir. Kurtulmaya bakın, kurtulmaya! Vahye koşun vahye! Arkanızda ısrarlı bir talip vardır ki o kabirdir. Onun sıkmasından, karanlığından ve ıssızlığından sakının. Bilin ki kabir ya cehennem çukurlarından bir çukur veya cennet bahçelerinden bir bahçedir. Bilin ki kabir her gün üç defa konuşur ve şöyle der: "Ben karanlık yurdu, ben kurtçuklar yurdu, ben ıssızlık diyarıyım." Bilin ki bu günün ötesinde küçüğün saç-sakalının ağıracağı, yaşlının şükredeceği bir gün vardır.

"Onu gördüğünüz gün, her emzikli kadın emzirdiği çocuğu unutur, her gebe kadın çocuğunu düşürür. İnsanları da sarhoş bir halde görürsün. Oysa onlar sarhoş değillerdir; fakat Allah'ın azabı çok dehşetlidir!" (Hacc: 2).

Bilin ki, bugünün ardında daha zor günler vardır. Ateşinin sıcaklığı şiddetli, çok derin, süs ve zineti demir, suyu irin, bekçisi (cehennem zebanilerinin başı) Malik (isimli melek) olan, onda Allah'ın hiçbir rahmetinden eser bulunmayan günler vardır.". Hz. Ali bu hutbesinden sonra ağladı; etrafındaki Müslümanlar da ağladılar.

Soru: Dünya ve geçici nimetleri hakkında ne derdi?

Cevap: Birisi Hz. Ali'nin yanında dünyayı yerdi. Hz. Ali (radıyallâhu anh) ona şöyle dedi: "Dünya ona karşı doğru olan için doğruluk yeri, onu anlayan için kurtuluş diyarı, ondan depolayan için zenginlik ve erzak diyarı, Allah'ın vahyinin indiği mekan, meleklerinin namazgahı, peygamberlerinin mescidi, evliyalarının ticarethanesidir. Onlar burada rahmeti kazanır, Cenneti hak ederler. Dünyayı kim yeriyor; oysa dünya hilesini ilan etmiş, ayrılığı duyurmuş, mutluluk onun şerriyle yaşlanıp ağarmış, ona rağbet ve tamahkarlık onun belasıyla ağarmıştır (dünya zararını apaçık ilan etmiştir,korkulacak bir şey yoktur). Ey dünyayı yeren ve kendini boş temennilerle aldatan adam! Dünya seni ne zaman aldattı veya ne zaman kendine bağladı ki? Babalarının bezlere sarılmış halleriyle mi veya annelerinin toprak altındaki yataklarıyla mı kandırdı seni? Hep kendi elinle hasta oldun! Sonra da şifasını aradın ve tabiplerden reçete istedin. Oysa onların ilacı derdine derman olamaz; ağlaman sana hiçbir fayda veremez!"

Soru: Valilerine ne tavsiyede bulunurdu?

Cevap: Hz. Ali (radıyallâhu anh) Mısır'a vali tayin ettiğinde Eşter en-Nehai'ye tavsiye olarak şöyle yazmıştır: "İmdi... Halkından uzun süre uzak kalma; çünkü valilerin halklarından uzak kalması sıkıntıya ve gelişmelerden bihaber olmasına yol açar. Onlardan uzak durmak insanların ihtiyaç duydukları şeyleri öğrenmesine engel olur. Böylece onlar katında büyük engellenir, küçük yüceltilir, iyi çirkin çirkin iyi sayılır ve hak ile batıl birbirine karışır. Vali sadece bir beşerdir ve insanların ondan gizli kalan durumlarını bilemez. İnsanların alınlarında da doğruyu yanlıştan belli edecek nişaneler yoktur. İnsanların haklarına geçmemek için yumuşak bekçiler koy. Sen şu iki kişiden birisin: ya hakları vermekte cömertsindir ki bu durumda bekçin sebebiyle ödemen gereken hakları nasıl ödeyecek, güzel ahlakı nasıl sunacaksın? Veya cimrilik ve engellemek belasına düçarsındır ki o durumda da nimetinin elinden gitmesi, isteklerini elde etmekten ümitsizleşen insanların senden istemekten vazgeçmeleri çok yakındır. Oysa insanların sana mal hususunda en çok ihtiyaçları ya bir haksızlığı kaldırmada veya bir adaleti gerçekleştirmede olacaktır. İnşaallah, sana anlattıklarımdan istifade et; nasibinle ve doğruyla yetin."

Soru: Hz. Ali (radıyallâhu anh) birinin ihtiyacını nasıl gidermiş ve O'na ne demiştir?

Cevap: Bir adam Hz. Ali'ye (radıyallâhu anh) gelerek "Ey Mü'minlerin emiri, benim sana bir ihtiyacım düştü. Onu sana getirmeden önce Allah'a götürdüm. Sen işimi yaparsan Allah'a hamd, sana teşekkür ederim. Yapmazsan Allah'a hamdeder, seni de mazur görürüm" dedi. Hz. Ali (radıyallâhu anh) "İhtiyacını yere yaz; çünkü ben yüzünde isteme zilletini görmek istemiyorum" dedi. Adam da "Ben muhtacım" diye yazdı. Hz. Ali bir elbise istedi; getirdiler. Adam alıp giydi; sonra şöyle dedi:

Bana güzelliği belli elbise giydirdin.

Ben de sana güzel övgüden elbiseler giydireceğim.

Güzel övgümü alırsan şerefe ulaşırsın.

Ben söylediğime karşılık bir şey de istemiyorum.

Övmek övülenin hatırasını canlı tutar.

Islaklığı çölü ve dağı dirilten yağmur gibi.

Yakınında olduğun bir nimete hiçbir zaman isteksiz olma.

Çünkü her kul yaptığının karşılığını görecektir.

Bunun üzerine Hz. Ali dinarlardan istedi. Yüz dinar getirdiler, onları adama verdi. Oradakiler "Ey Mü'minlerin emiri, hem elbise, hem de yüz dinar mı veriyorsun?" dediler. "Evet, ben Rasûlullah'ı (sallallâhu aleyhi ve sellem) "İnsanlara hak ettikleri değeri verin." derken işittim. Bu adamın değeri de benim yanımda budur" dedi.

Soru: Hz. Ali hiç şiir söylemiş midir?

Cevap: Şa'bi'den (radıyallâhu anh) şöyle rivayet edilmiştir: "Ebû Bekir (radıyallâhu anh) şiir söylerdi; Ömer (radıyallâhu anh) şiir söylerdi. Ali de (radıyallâhu anh) şiir söylerdi ve Ali üçünün en ustasıydı". Bunda hiçbir şüphe yoktur!

Bu kitapçıkta O'nun tüm söylediklerini sunmamız mümkün değil[133]. Ancak biz onlardan bazılarını seçelim:

Kendini övdüğü bir şiiri şöyledir:

Nebi Muhammed kardeşim ve kayınbabam.

Şehidlerin efendisi Hamza ise amcam.

Gece gündüz meleklerle birlikte uçan,

Cafer ise benim amcam oğlu.

Muhammed'in kızı huzurum ve eşim,

O'nun eti kanımla ve etimle iç içe.

Sizden önce Müslüman oldum zor dönemde

Ve ergenliğe ulaşmadan küçük yaşta.

Dünya hayatının süsünün önemsizliği hakkında şöyle demiştir:

Giydimmi ben yeni elbise giyerim; çünkü elbise,

Yiğitlerin süsüdür, onunla izzet ve ikram görürler.

---

133 Babası Ebû Talib de şiir söylerdi. Siret kitaplarında O'nun uzun kasideleri vardır. Bunlar derlenecek olsa bir divan olur.

Zühd kastıyla elbisede tevazuyu bırak.

Çünkü Allah gizlediğini ve sakladığını bilmektedir.

Sen mahrum bırakılmış bir kul isen eğer,

Elbisenin eski olması seni İlah'a yaklaştırmaz.

İlah'tan korktuktan ve haramından sakındıktan sonra,

Elbisenin güzel olması sana zarar vermez.

Soru: İrticalen (direk,anlık) şiir söylediği de olmuş mudur?

Cevap: Bir hadise daha Hz. Ali'nin irticalen şiir söyleyişine, vakarına, istek belirtenin izzetini korumasına, bunu özellikle Allah'ın (c.c.) haklarında "Bilmeyen kişi onları çekingenliklerinden zengin sanar" buyurduğu kimselere yapmasına şahitlik etmektedir:

Hz. Ali Kûfe'de hilafet merkezinde oturuyordu. Bir adam geldi ve yanına oturdu. Görünüşünden fakir ve muhtaç olduğu belliydi. Konuşmuyor, sadece bir şeyler mırıldanıyordu. Hz. Ali ona baktı ve "İhtiyacını kumun üzerine yaz!" dedi.

Bunun üzerine adam şöyle yazdı:

Yanımda para edecek bir şeyim kalmadı.

Görünüşüm söylememe gerek bırakmaz.

Yanımda sadece satmamakta direndiğim birazcık su var.

İşte şimdi onu da satıyorum; satın al onu.

O vakit Hz. Ali'nin evinde de beytü'l-malda da bir dirhem para yoktu. Tam o esnada bir adam gelerek "Ey Mü'minlerin emiri, sana filan beldenin gümüşünün humusu ulaştı" dedi.

Hz. Ali sevindi ve tebessüm etti. Sonra kum üzerine şöyle yazdı:

Bize geldin, rızkımız sana hemen ulaştı.

Bize süre verirsen cimrilik yapmayız.

Biraz al ve sanki sen hayat suyunu,

Satmamış, biz de almamış gibi olalım.

Adam nasibini aldı ve tam bir izzet ve şerefle döndü.

Soru: Hz. Ali Fâtıma'ya mersiyesinde ne demiştir?

Cevap: Defnedildikten sonra kabrinin başında durmuş ve şöyle demiştir:

Acılarımı hatırlattın ve sanki

Geçmiş acıların hatırlanmasına vekil yapıldım.

Dostların birleşmesinin bir de ayrılması vardır.

Ölüm öncesinin hepsi azdır.

Ard arda kaybetmem delildir ki,

Hiçbir dost daimi değildir.

Benden bahsetmeyi bırakacaklar ve sevgim unutulacak.

Benden sonra dostun dostu olacak.

Bir gün yaşam sürem sona erdiğinde,

Ağlayanların faydası az olacak.

Soru: Tevazu hakkında ne demiştir?

Cevap: Tevazu ve tevekkül hakkında şöyle demiştir:

Ölecek olana tevazu yaraşır.

Kişiye dünyasından günlük gıdası kafidir.

Ne oluyor kişiye ki anlatılamayacak derecede,

Hüzünleriyle ve hırsla sabahlıyor.

Padişahımız ne yapsa iyidir, güzeldir.

Rızıkları bizi geçip gitmeyecektir.

Ey adam, yakında çekip gideceksin.

Sözleri sükuttan ibaret insanların yanına.

Soru: Kûfeliler hakkında ne demiştir?

Cevap: Hakkı müdafaa ve ona yardım için savaş himmet ve gayretleri Kûfelileri çoğu defa harekete geçirirdi. Ancak gevşek davrandıkları ve oturdukları da çok olmuştur. Hz. Ali'den bu hususta pek çok söz ve meşhur hutbe rivayet edilmiştir.

Ebû Salih el-Hanefi'den şöyle rivayet edilmiştir: "Ali b. Ebû Talib'i gördüm. Kur'an'ı alıp başına koydu. Hatta yapraklarının hışırtısını duyuyordum. Sonra şöyle dedi: "Allahım! Bunlar benim ümmeti bu durumdan kurtarmak için ayağa kalkmamı engellediler. Bana onun sevabını ver. Allahım! Ben onları bıktırdım; onlar da beni bıktırdılar. Onlara öfkelendim, onlar da bana öfkelendiler. Beni tabiatıma, ahlakıma aykırı ve alışık olmadığım karaktere göre harekete zorladılar. Allahım! bana onlardan daha hayırlılarını, onlara da benden daha şerlilerini ver. Allahım! Kalplerini tuzun suda ölmesi (erimesi) gibi öldür." (Kastı Kûfelilerdir).

Ebû Dâvud'un rivayetinde de[134] Ebû Salih şöyle demiştir: Haricîlerin (sorunlu oldukları) günlerde Ali'nin adamlarından her gece on kişi O'nu korumak için mescidde silahla kalıyor-

---

134   Ebû Dâvud, Sünen'inde, Kader kitabında rivayet etmiştir.

du. Hz. Ali onları gördü ve "Burada neden oturuyorsunuz?" diye sordu. "Senin muhafızlığını yapıyoruz" dediler. Şöyle dedi: "Göktekiler kim oluyor? Gökte belirlenmeden (takdir edilmeden) yeryüzünde hiçbir şey olmaz. Allah'ın üzerimde sağlam bir kalkanı (koruması) vardır. Her insanın melekten bir vekili vardır. Ona doğru herhangi bir hayvan veya şey (zarar) gelecek olsa "Sakın, sakın" der, kader gelince de onu terk ederler. Hiç bir kul kendisine gelen hiçbir şeyin (nimet veya musibetin) gelmemezlik edemeyeceğini, gelmeyenin de gelme durumunun olmadığını bilmedikçe (inanmadıkça) imanın tadını alamaz."

Soru: Hz. Ali (radıyallâhu anh) vefat ettiğinde Ebû Esved ed-Düeli'nin söylediği mersiye nedir?

Cevap:

Muaviye b. Harb'e duyur,

Düşmanların gözleri aydın olmasın.

Oruç ayında mı yaptınız bize bu işkenceyi,

Tüm insanların en hayırlısına yaptığınız kötülükle

Bineklere binen, onu yürütenlerin en hayırlısını,

Gemilere binenlerin en hayırlısını öldürdünüz,

Ve ayakkabılar giyen ve onunla yol tutan,

Tekrarlanan âyetleri (Kur'an'ı) okuyanların.

Hüseyin'in babasına baktığında görürsün,

Bakanların gözünü alan Dolunay'ı.

Her yerdeki Kureyşli bilir ki sen,

Onların şeref ve dince en üstünüsün.

Soru: Bekir b. Hassan el-Bahiri'nin söylediği mersiye nedir?

Cevap:

Kader galiptir, ama söyle İbn Mülcem'e ki:

Dinin ve İslâm'ın temelini yıktın,

Ayakların üzerinde yürüyenlerin en faziletlisini,

İnsanların İslâm ve imanda en büyüğünü!

Kur'an'ı ve Peygamber'in bize,

Koyduğu, açıkladığı sünnetini en iyi bileni.

Nebi'nin damadı, dostu ve yardımcısını.

Menkîbeleri nur ve burhan olanı.

Hasetçileri rahatsız olsa da O'nun Peygamber'le durumu,

Harun'un Musa b. İmran'la durumu gibiydi.

Onlara öldürüleceğini haber verirdi,

Ölümünden yıllar, yıllar önce.

Katilini hatırladım, gözyaşları sel gibi aktı

Ve dedim: Münezzehtir Arş'ın Rabbi münezzehtir.

Öyle sanıyorum ki o insan değildi, asla.

Bilakis o bir şeytandı.

Allah yapmış olduğu hiçbir günahı affetmesin.

İmran b. Hattan'ın kabrini hiç sulamasın.

Bedbahtın vuruşu, onunla güya sadece,

Arş sahibinin rızasını arzulamış.

Bilakis o sapmışın ve cehennemliğin vuruşuydu.

Bundan dolayı da Rahman'ın gazabıyla karşılaşacak.

Adeta o, vuruşuyla sadece ve sadece,

Cehennem'in ebedi azabına konmayı kastetmiş!

Soru: Fadl b. Abbas ne demiştir?

Cevap:

Sanmıyorum ki bu iş (halifelik) gidecek,

Haşim'den, sonra Ebû Hasan'dan.

O kıbleye ilk namaz kılandır,

Kur'an'ı ve sünnetleri de en iyi bilen.

Rasûlullah'la (sallallâhu aleyhi ve sellem) en son birlikte olan.

Yıkarken, kefenlerken Cibril'den yardım gören.

Ondaki kişiler, O'ndaki şeyler O'nda şüphe etmezler ki:

O'ndaki güzellikler hiç kimsede yoktur.

Soru: İsmail b. Muhammed el-Humeyri ne söyledi?

Cevap:

Akrabasıysan sor O'nu Kureyş'e

Dinde kökü en sağlam olanı.

En önce Müslüman olan ve bilgisi en çok,

Ailesi ve evladı en pak olanı.

Yalanlayıcılar Allah yerine putları, ortakları çağırırken,

Allah'ı birleyen O insanı.

O'nu yalnız felakete terk ettiklerinde hamasetle atılan.

Sıkıntıda cimrilik yaparlarken kendisi kerim olanı.

Hükümde en adil, eli en bol,

Vaad ve tehdidinde en doğru olanı.

Müttakilerin hasetçilerine rastlamazsan eğer,

Kibirli kimselerle ve Allah'ın hakkını inkar eden,

İnatçılarla karşılaşmazsan eğer..

Ve sana inanırlarsa şayet...

Ebû Hasan'a düşmanlık besleyemezler.

Soru: Şehid edildiğinde kaç yaşındaydı?

Cevap: Tarihçilerce en sahih ve tercih edilen görüşe göre Cuma günü yaralandı. Cuma ve Cumartesi günleri geçti, sonra Pazar gecesi 63 yaşında vefat etti. Hicretin 40. yılının Ramazan ayıydı ve ayın bitmesine on bir gün kalmıştı (Ramazan'ın 19'u).

Bunu İbn Sa'd, Tabakat'ında Muhammed b. Ömer el-Vakidi'den rivayet etmiştir.

Soru: Halifeliği ne kadar sürmüştür?

Cevap: Hicrî 35 yılının Zilhicce ayının 25'de Cuma günü biat edildi. Buna göre halifeliği beş yıl ve birkaç ay sürmüştür.

Soru: Hz. Ali'nin fazileti hakkında Rasûlullah'tan (sallallâhu aleyhi ve sellem) rivayet edilen hadisler nelerdir?

Cevap: Hadisler pek çoktur. Bunlardan bazılarını sunalım:

- "(Ey Ali) Harun'un Musa'yla konumu nasıldıysa senin de benimle öyle olmanı istemez misin? Ancak, benden sonra peygamberlik yoktur."

- "Allahım! O'nunla dost olana dost, düşman olana düşman ol"

-"(Ali) bendendir, ben de Ali'denim"

-"Sen benim dünya ve ahirette kardeşimsin".

-"Kim Ali'ye eziyet ederse bana eziyet etmiş olur."

-"Kim Ali'yi severse beni sevmiş olur. Kim beni severse Allah'ı sevmiş olur. Kim Ali'yi sevmezse beni sevmemiş olur. Kim beni sevmezse Allah'ı sevmemiş olur".

-"Ali Kur'an ile, Kur'an da Ali ile beraberdir. Bununla Kevser havuzuna gelinceye kadar birbirlerinden ayrılmazlar".

-"Ali'nin Müslümanlar üzerindeki hakkı babanın evladı üzerindeki hakkı (gibi) dır."

Soru: Hz. Ali'nin tüm hutbeleri ve hikmetli sözleri bir araya getirilmiş midir?

Cevap: (Meşhur tarihçi) Mes'udi der ki: "İnsanların onun hutbelerinden ve başka konuşmalarından ezberlediklerinin ve kaydettiklerinin sayısı 480 küsürdür. İnsanlar bunu O'ndan söz ve fiiliyle almışlardır."

Bunlara bakmak isteyen Hz. Ali'ye nisbet edilen Nehcü'l-Belağa kitabına bakabilirler[135].

Soru: Hz. Ali'nin meşhur bir duası vardır, o nedir?

Cevap: "Allahım! Benden daha iyi bildiğin günahlarımı bağışla! Ona tekrar dönersem sen de bana tekrar bağışınla dön. Allahım! Kendimden vaatte bulunduğum ve benden sadakat görmediğin hususlarda beni bağışla! Allahım! Sözümle (zikirle vs) sana yaklaştığım sonra kalbimin ona muhalefet ettiği hususlarda beni bağışla! Allahım! İmalı bakışlardan, düşük

---

135   Kitabın biri eski biri yeni iki şerhi vardır. Eskisi İbn Ebi Hadid'in, yenisi İmam Muhammed Abduh'undur.

sözlerden, kalbin gafletlerinden ve dilin sürçmelerinden dolayı beni bağışla!"

Soru: Hz. Ali (radıyallâhu anh) cenneti nasıl anlatmıştır?

Cevap: "Cennet, birbirinden üstün olan dereceler ve birbirinden farklı makamlardır. Nimetleri bitmez, sakinleri göçmez, ebedîleri ihtiyarlamaz, yerleşikleri ümitsizlik nedir bilmez."

Soru: Kur'an-ı Kerim hakkında ne demiştir?

Cevap: "Biliniz ki bu Kur'an hiç aldatmayan nasihatçi, hiç saptırmayan kılavuz, yalan söylemeyen konuşmacıdır. Kur'an ziyafetine oturan ya bir ziyadelik veya bir noksanlıkla kalkar; hidayette ziyadelik veya körlükte noksanlıkla.

Bilin ki, Kur'an'dan sonra hiç kimseye fakirlik yoktur. Kur'an'dan önce de kimseye zenginlik yoktu. Öyleyse hastalıklarınıza O'nda şifa arayın; kabalığınıza karşı O'ndan yardım alın. Çünkü O'nda en büyük hastalıklara - ki onlar küfür, nifak, günah ve sapıklıktır-şifa vardır. Allah'tan O'nunla (O'nu tevessül ederek) isteyin, O'na (c.c.) Kur'an'ın sevgisiyle yönelin ve Kur'an'la (O'nu vesile ederek) Allah'ın kullarından bir şey istemeyin. Zira kullar Allah'a O'nun gibi (etkili) bir ibadetle yaklaşmamışlardır. Bilin ki O şefaatı makbul bir şefaatçı ve sözüne inanılan konuşmacıdır. Kur'an kıyamet günü kime şefaat ederse onu doğrular".

Soru: Kardeşlik ve arkadaşlık hususunda ne tavsiyede bulunmuştur?

Cevap: Şöyle demiştir:

"Arkadaşının düşmanıyla arkadaş olma; sonra arkadaşın sana düşmanlık besler. Kardeşine iyi veya kötü olsun onun için en hayırlı olanı tavsiye et. Sana kaba davranana yumuşak davran; çok geçmeden sana yumuşak davranır. Kardeşinle alakayı kesmek istediğinde, bir gün ona dönme ihtimalinden içinde ona karşı bir kalıntı bırak. Arkadaşın hakkında biri iyi zanda bulunursa (iyi bahsederse) zannını tasdikle. Aranızdaki dostluğa güvenerek kardeşinin hiçbir hakkını zayi etme...

Ailen, mutsuzluğu en çok seninle yaşayanlardan olmasın. Seni istemeyene meyletme!

Kardeşinin seninle ilişkiyi kesme gerekçesi, sürdürme gerekçesinden kuvvetli olmasın!

Sana kötülüğü iyilikten daha güçlü olmasın!

Sana zulmedenin zulmünü içinde büyütüp üzülme; zira o kendi zararına, senin menfaatine çabalıyor!

Seni sevindirenin karşılığı, ona kötülük yapman olmasın!

Soru: Hikmetli sözlerinden birkaç örnek verir misiniz?

Cevap: "Muhtaçken boyun eğmek, muhtaç değilken kaba olmak ne çirkindir!"

"İtidali bırakan zulmeder".

"Arkadaş uyumlu olan, dost kusurunu kabul edendir"

"Heva (ya uymak) körlüğün ortağıdır".

"Nice yabancı kişi akrabadan yakın, nice akraba uzaktakinden uzaktır. Akraba sevdiği olmayandır."

"Hak hukuku çiğneyenin yolu daralır".

"Bazen ümitsizlik idrak ve anlama sebebi olur. Bu tamahkarlık helake yol açacak derecede olduğunda da böyledir."

"Cimrilik âr, korkaklık noksanlıktır. Fakirlik akıllı kişiyi ihtiyaçları hususunda dilsiz yapar. Yoksul kendi diyarında gariptir."

"Acizlik bir felaket, sabır cesaret, zahidlik servet, vera (haramlara karşı dikkat) kalkandır. Hoşnutluk ne güzel bir arkadaştır."

Değerli okuyucu! Hz. Ali'nin sözlerini, hutbelerini ve hikmetlerinin hakkını vermemiz imkansızdır. Bu hususta daha çok okumak isteyen bunları içeren eskiden ve yeni yazılmış kitaplara başvurabilir. Şüphesiz biz zirveye ulaşmakta daha güçsüz; görüş, dil ve kalem itibariyle de daha zayıfız.

Soru: Hz. Ali (radıyallâhu anh) Hasan'ı ardından halef bıraktı mı?

Cevap: Vefat etmeden O'na (radıyallâhu anh) "Ardında birini bırak ey Mü'minlerin emiri!" dediler. "Hayır. Bilakis sizi Rasûlullah'ın (sallallâhu aleyhi ve sellem) bıraktığı gibi bırakıyorum. Allah hakkınızda hayır dilerse, sizi Rasûlullah'dan sonra en hayırlınız etrafında topladığı gibi (benden sonra da) en hayırlınız etrafında toplar" dedi.

Soru: Cenaze namazını kim kıldırdı?

Cevap: En büyük oğlu Hasan kıldırdı.

Soru: Babasından sonra oğluna biat etmeye çalışan oldu mu, O kabul etti mi?

Cevap: Hasan babasının cenaze işlerini bitirince Kays b. Sa'd b. Ubade O'na giderek "Elini uzat da Allah'ın Kitabı ve Rasûlü'nün sünneti üzere sana biat edeyim" dedi. Hasan sustu. Kays da O'na biat etti; daha sonra diğer insanlar biat ettiler.

Soru: Bu Hz. Ali'nin defnedilmesinden önce mi oldu?

Cevap: Hasan'a biat Ali (radıyallâhu anh)'nin vefat ettiği gün ve defnedilmeden önce gerçekleşti.

Soru: Kays neden ilk biat eden kişiydi?

Cevap: Kays, Hz. Ali'nin vefat ettiği gün Azerbaycan valisiydi ve emri altında kırk bin savaşçı vardı. Muaviye'ye en çok düşmanlık besleyen kişiydi ve Hz. Ali'ye bu uğurda ölme sözü vermişti.

Soru: Hasan ne yaptı?

Cevap: Kays'ı Azerbaycan valiliğinden aldı ve yerine Ubeydullah b. Abbas'ı atadı. Çünkü hiç kimseyle savaşma niyeti yoktu. Ancak insanlar baskın çıktılar ve benzeri duyulmamış bir kalabalıkla toplandılar.

Soru: Hz. Hasan Muaviye ile savaşmaya çıktı mı? Ordusunun komutanı kimdi?

Cevap: Biata çağıran, savaşa davet eden, bu görüşün ilk sahibi ve Hz. Hasan'a ısrar eden Kays b. Sa'd, ordunun da komutanlığını üstlendi. On bin kişilik ordunun başındaydı.

Soru: Ordu nereye ulaştı? Muaviye karşılarına çıktı mı?

Cevap: Ordu Şam yolundaki Medain şehrine geldi. Muaviye de onlara doğru geldi ve Mesken denen yere konakladı.

Soru: Hasan'ın ordusunda neden kargaşa oldu?

Cevap: Orduda birisi "Kays b. Sa'd öldürüldü" diye bağırdı. Bunun üzerine insanlar birbirlerine girdiler ve birbirlerinin mallarını yağmaladılar.

Soru: Hasan nerede ve nasıl yaralandı?

Cevap: Kargaşa o hadde vardı ki insanlar Hasan'ın çadırına kadar geldiler ve içeri daldılar. Yere serdiği sergiyi söktüler ve O'nu baldırından yaraladılar.

Ordunun param parça oluşu ve onu yardımsız bırakmalarından dolayı Hz. Hasan'ın bu işe isteği kalmadı.

Medain'e girdi ve oradaki Beyaz Saray'a indi.

Soru: Muaviye ile arasında barış görüşmeleri oldu mu?

Cevap: Hasan beraberinde kalan insanlarla birlikte Kûfe'ye döndü. Sonra Muaviye'ye barış görüşmeleri yapmaları için Abdullah b. Amir ile Abdurrahman b. Semire'yi gönderdi.

Soru: Hz. Hasan (radıyallâhu anh) Muaviye'ye neyi şart koştu?

Cevap: Hz. Hasan bu işten vazgeçme karşılığında Kûfe'nin beytü'l-malından beş milyon dirhem almayı, Dar-u Ebced'in haracının O'na olmasını ve Hz. Ali'ye (radıyallâhu anh) sövmenin bırakılmasını şart koştu.

Soru: Muaviye bunları kabul etti mi ve barış oldu mu?

Cevap: Muaviye Hasan'ın tüm isteklerini kabul etti. Barış yapıldı ve Muaviye'ye biat edildi.

Böylece Rasûlullah'ın (sallallâhu aleyhi ve sellem), torunu Hasan hakkında söylediği, Allah'ın O'nun eliyle Müslümanlardan iki grubun arasını düzelteceği gaybî haberi doğrulandı.